KU-185-022

· MILET ·
BILINGUAL VISUAL
DICTIONARY
ENGLISH · BENGALI

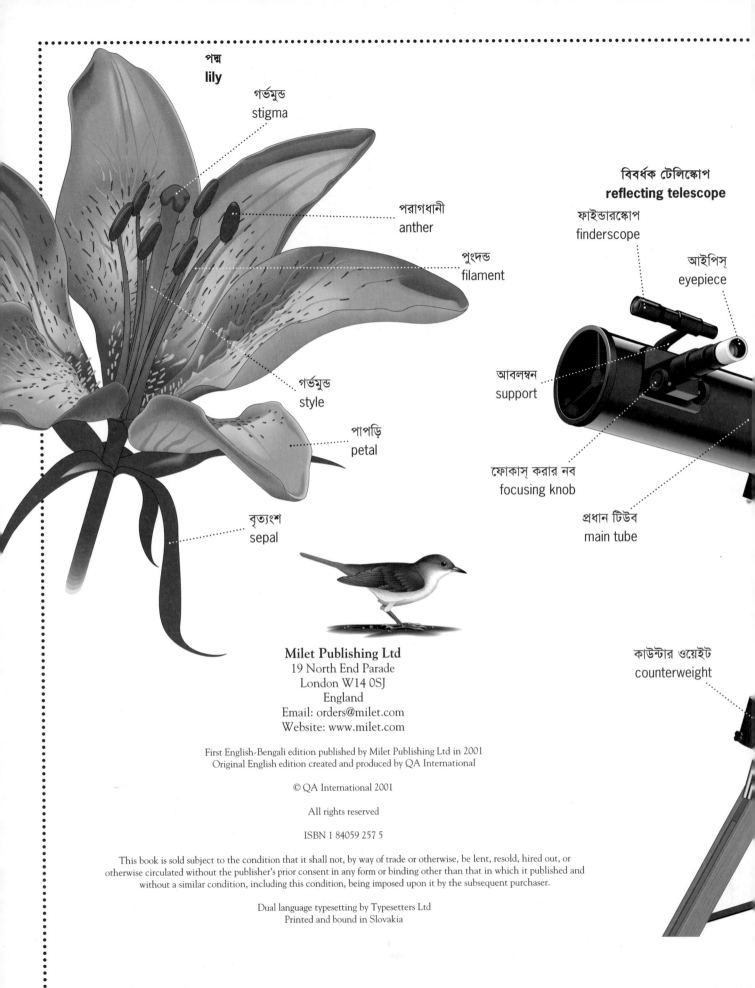

পদ্ম
lily

গর্ভমুন্ড
stigma

পরাগধানী
anther

পুংদন্ড
filament

গর্ভমুন্ড
style

পাপড়ি
petal

বৃত্যংশ
sepal

বিবর্ধক টেলিস্কোপ
reflecting telescope

ফাইন্ডারস্কোপ
finderscope

আইপিস্
eyepiece

আবলম্বন
support

ফোকাস্ করার নব
focusing knob

প্রধান টিউব
main tube

কাউন্টার ওয়েইট
counterweight

Milet Publishing Ltd
19 North End Parade
London W14 0SJ
England
Email: orders@milet.com
Website: www.milet.com

First English-Bengali edition published by Milet Publishing Ltd in 2001
Original English edition created and produced by QA International

© QA International 2001

ISBN 1 84059 257 5

Dual language typesetting by Typesetters Ltd
Printed and bound in Slovakia

Jean-Claude Corbeil • Ariane Archambault

• MILET •
BILINGUAL VISUAL
DICTIONARY
ENGLISH • BENGALI

Authors
Jean-Claude Corbeil, Ariane Archambault
Director of Computer Graphics
François Fortin
Art Directors
Jean-Louis Martin, François Fortin
Graphic Designer
Anne Tremblay
Computer Graphic Designers
Marc Lalumière, Jean-Yves Ahern,
Rielle Lévesque, Anne Tremblay, Jacques Perrault,
Jocelyn Gardner, Christiane Beauregard,
Michel Blais, Stéphane Roy, Alice Comtois,
Benoît Bourdeau
Computer Programming
Yves Ferland, Daniel Beaulieu
Data Capture
Serge D'Amico
Page Make-up
Lucie Mc Brearty, Pascal Goyette
Technical Support
Gilles Archambault
Production
Tony O'Riley

Bengali translation supplied by Typesetters Ltd

Editorial Note: For objects whose English terms are
different in North America and Britain,
we have used both terms: the North American term
followed by the British term. In the
index, these dual terms are listed alphabetically
by the first term.

Translation Note: In cases where there is no direct
Bengali term for an object, the translator has
used an approximate term or a descriptive term.
In cases where the English term is commonly used
in Bengali, or where there is no Bengali term,
the translator has used a transliteration of
the English term.

Jean-Claude Corbeil • Ariane Archambault

THEMES AND SUBJECTS

4

সৌর জগত
SOLAR SYSTEM

গ্রহ ও উপগ্রহসমূহ
planets and moons

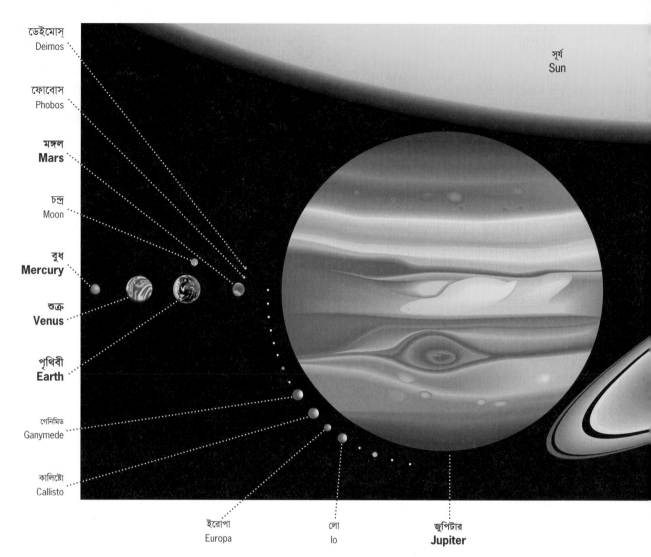

ডেইমোস্
Deimos

ফোবোস
Phobos

মঙ্গল
Mars

চন্দ্র
Moon

বুধ
Mercury

শুক্র
Venus

পৃথিবী
Earth

গেনিমিড
Ganymede

কালিস্টো
Callisto

ইরোপা
Europa

লো
Io

জুপিটার
Jupiter

সূর্য
Sun

গ্রহসমূহের কক্ষপথ
orbits of the planets

গ্রহানুপুঞ্জ
asteroid belt

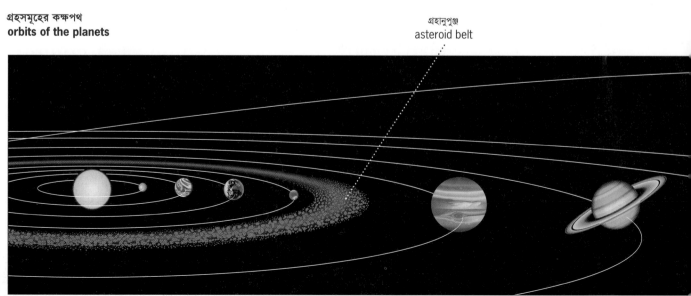

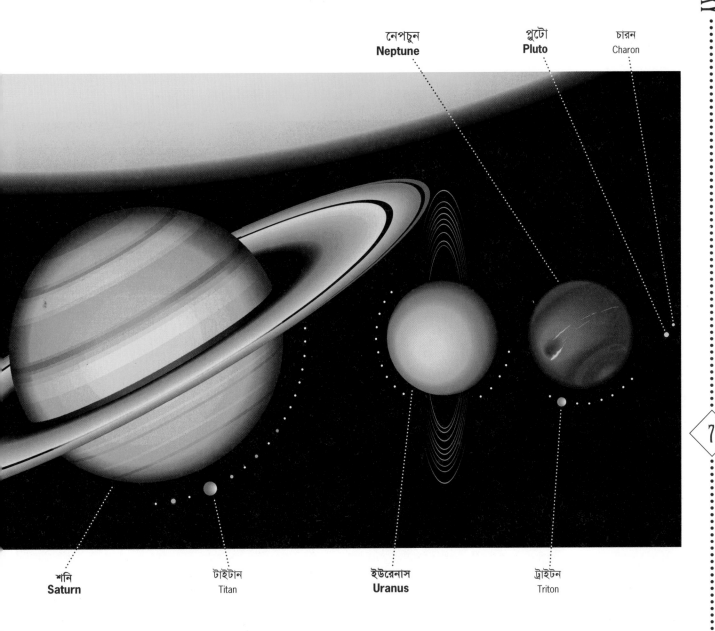

নেপচুন
Neptune

প্লুটো
Pluto

চারন
Charon

শনি
Saturn

টাইটান
Titan

ইউরেনাস
Uranus

ট্রাইটন
Triton

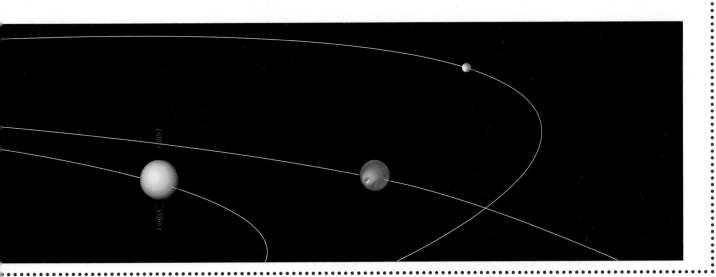

সূর্য
SUN

সূর্যের কাঠামো
structure of the Sun

বিকীরণ এলাকা
radiation zone

তরল গ্যাস এলাকা
convection zone

সূর্যের পৃষ্ঠদেশ
Sun's surface

জ্যোতির্বলয়
corona

শিখা
prominence

সৌর কলংক
sunspot

কেন্দ্র
core

শিখা
flare

চাঁদ
MOON

চাঁদের গঠণপ্রকৃতি
lunar features

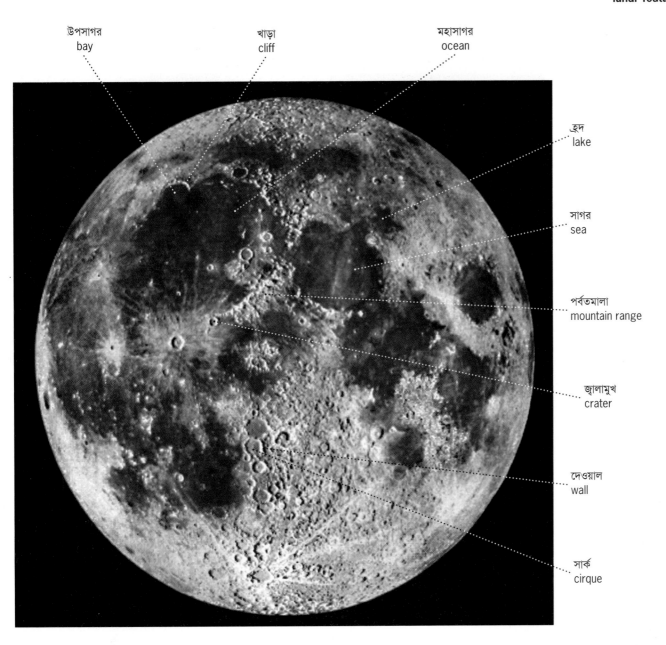

উপসাগর
bay

খাড়া
cliff

মহাসাগর
ocean

হ্রদ
lake

সাগর
sea

পর্বতমালা
mountain range

জ্বালামুখ
crater

দেওয়াল
wall

সার্ক
cirque

চাঁদের পর্যায়সমূহ
PHASES OF THE MOON

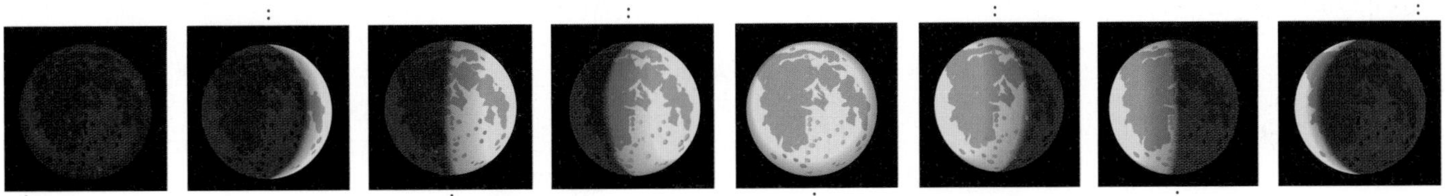

(প্রতিপদ) নতুন অর্ধচন্দ্র
new crescent

শুক্ল উত্তল চন্দ্র
waxing gibbous Moon

কৃষ্ণ উত্তল চন্দ্র
waning gibbous Moon

পুরাতন অর্ধচন্দ্র
old crescent

নতুন চাঁদ
new Moon

শুক্ল সপ্তমী
first quarter

পূর্ণ চন্দ্র
full Moon

কৃষ্ণ সপ্তমী
last quarter

ধূমকেতু
COMET

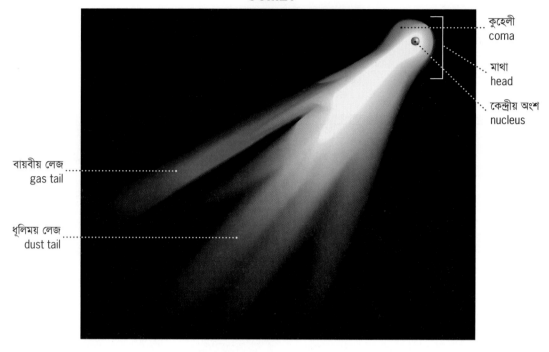

কুহেলী
coma

মাথা
head

কেন্দ্রীয় অংশ
nucleus

বায়বীয় লেজ
gas tail

ধূলিময় লেজ
dust tail

সূর্য গ্রহণ
SOLAR ECLIPSE

সূর্য
Sun

চাঁদ
Moon

চাঁদের কক্ষপথ
Moon's orbit

পৃথিবী
Earth

প্রতিচ্ছায়া
umbra shadow

উপছায়া
penumbra shadow

সূর্য গ্রহণের ধরণসমূহ
TYPES OF SOLAR ECLIPSES

পূর্ণ গ্রহণ
total eclipse

বলয় গ্রাস
annular eclipse

আংশিক গ্রহণ
partial eclipse

চন্দ্র গ্রহণ
LUNAR ECLIPSE

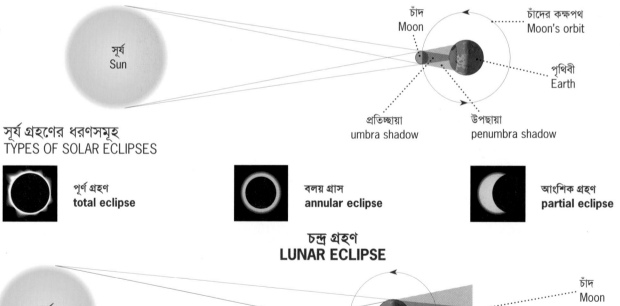

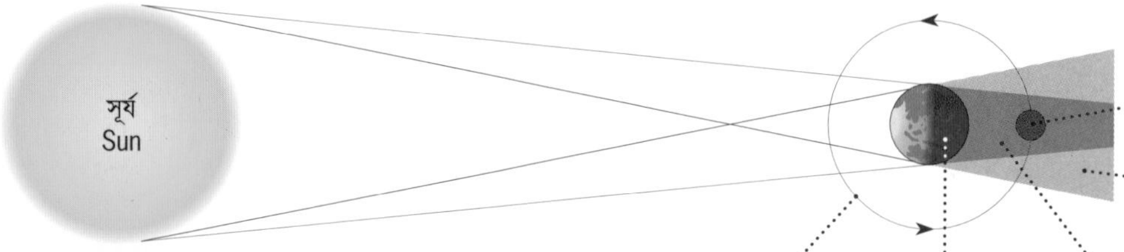

সূর্য
Sun

চাঁদ
Moon

উপছায়া
penumbra shadow

চাঁদের কক্ষপথ
Moon's orbit

পৃথিবী
Earth

প্রতিচ্ছায়া
umbra shadow

চন্দ্র গ্রহণের ধরণসমূহ
TYPES OF LUNAR ECLIPSES

আংশিক গ্রহণ
partial eclipse

পূর্ণ গ্রহণ
total eclipse

বিবর্ধক টেলিস্কোপ
REFLECTING TELESCOPE

ফাইন্ডারস্কোপ
finderscope

আইপিস্
eyepiece

প্রধান টিউব
main tube

ফোকাস্ করার নব
focusing knob

অধোগতি সেট করার স্কেল
declination setting scale

দিগ্বলয় সমন্বয়কারী ক্লাম্প
azimuth clamp

সঠিক উর্ধ্বগতি সেট করার স্কেল
right ascension setting scale

উচ্চতা সমন্বয়কারী ক্লাম্প
altitude clamp

দিগ্বলয় সঠিক সমন্বয়
azimuth fine adjustment

উচ্চতার সঠিক সমন্বয়
altitude fine adjustment

বিবর্ধক টেলিস্কোপের বিভিন্ন অংশ
cross section of a reflecting telescope

আইপিস্
eyepiece

প্রধান টিউব
main tube

প্রধান আয়না
main mirror

সমতল আয়না
flat mirror

আলো
light

11

প্রতিসারক টেলিস্কোপ
REFRACTING TELESCOPE

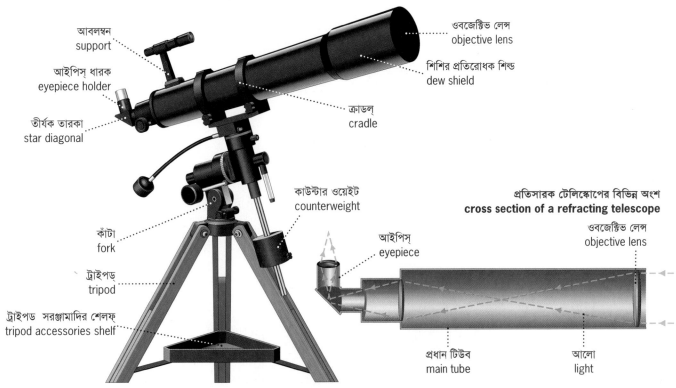

আবলম্বন
support

আইপিস্ ধারক
eyepiece holder

তীর্যক তারকা
star diagonal

কাঁটা
fork

ট্রাইপড্
tripod

ট্রাইপড সরঞ্জামাদির শেল্ফ
tripod accessories shelf

কাউন্টার ওয়েইট
counterweight

ওবজেক্টিভ লেন্স
objective lens

শিশির প্রতিরোধক শিল্ড
dew shield

ক্রাডল্
cradle

প্রতিসারক টেলিস্কোপের বিভিন্ন অংশ
cross section of a refracting telescope

আইপিস্
eyepiece

ওবজেক্টিভ লেন্স
objective lens

প্রধান টিউব
main tube

আলো
light

পৃথিবীর বিভাগ পদ্ধতি
EARTH COORDINATE SYSTEM

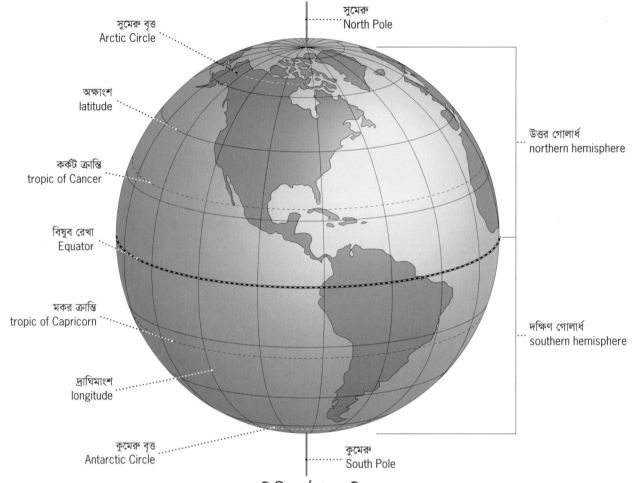

সুমেরু বৃত্ত
Arctic Circle

সুমেরু
North Pole

অক্ষাংশ
latitude

উত্তর গোলার্ধ
northern hemisphere

কর্কট ক্রান্তি
tropic of Cancer

বিষুব রেখা
Equator

মকর ক্রান্তি
tropic of Capricorn

দক্ষিণ গোলার্ধ
southern hemisphere

দ্রাঘিমাংশ
longitude

কুমেরু বৃত্ত
Antarctic Circle

কুমেরু
South Pole

পৃথিবীর গঠণ পদ্ধতি
STRUCTURE OF THE EARTH

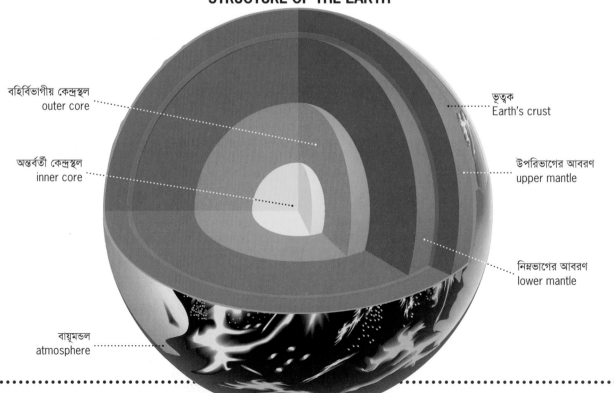

বহির্বিভাগীয় কেন্দ্রস্থল
outer core

ভূত্বক
Earth's crust

অন্তর্বর্তী কেন্দ্রস্থল
inner core

উপরিভাগের আবরণ
upper mantle

নিম্নভাগের আবরণ
lower mantle

বায়ুমণ্ডল
atmosphere

EARTH

ভূমিকম্প
EARTHQUAKE

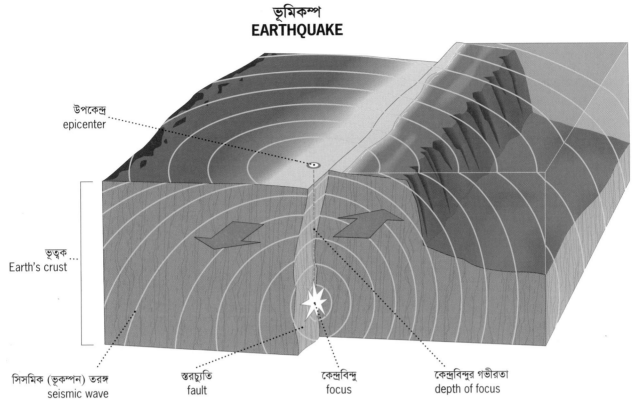

উপকেন্দ্র
epicenter
ভূত্বক
Earth's crust
সিসমিক (ভূকম্পন) তরঙ্গ
seismic wave
স্তরচ্যুতি
fault
কেন্দ্রবিন্দু
focus
কেন্দ্রবিন্দুর গভীরতা
depth of focus

গুহা
CAVE

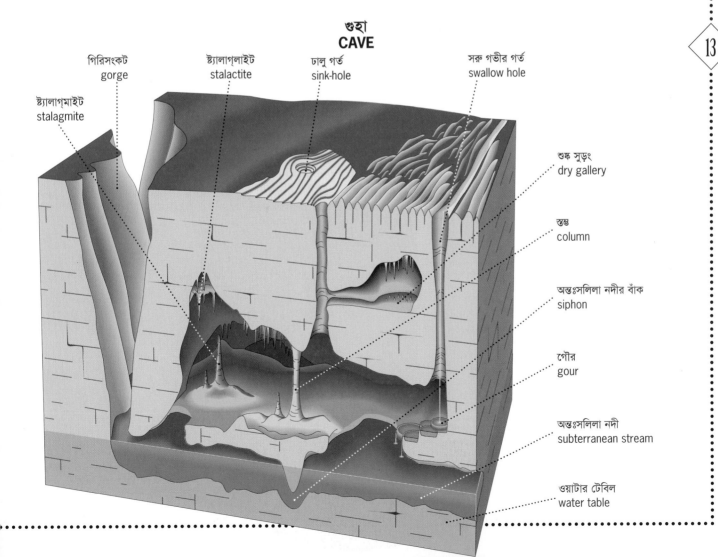

গিরিসংকট
gorge
স্ট্যালাগ্‌লাইট
stalactite
ঢালু গর্ত
sink-hole
সরু গভীর গর্ত
swallow hole
স্ট্যালাগ্‌মাইট
stalagmite
শুষ্ক সুড়ং
dry gallery
স্তম্ভ
column
অন্তঃসলিলা নদীর বাঁক
siphon
গৌর
gour
অন্তঃসলিলা নদী
subterranean stream
ওয়াটার টেবিল
water table

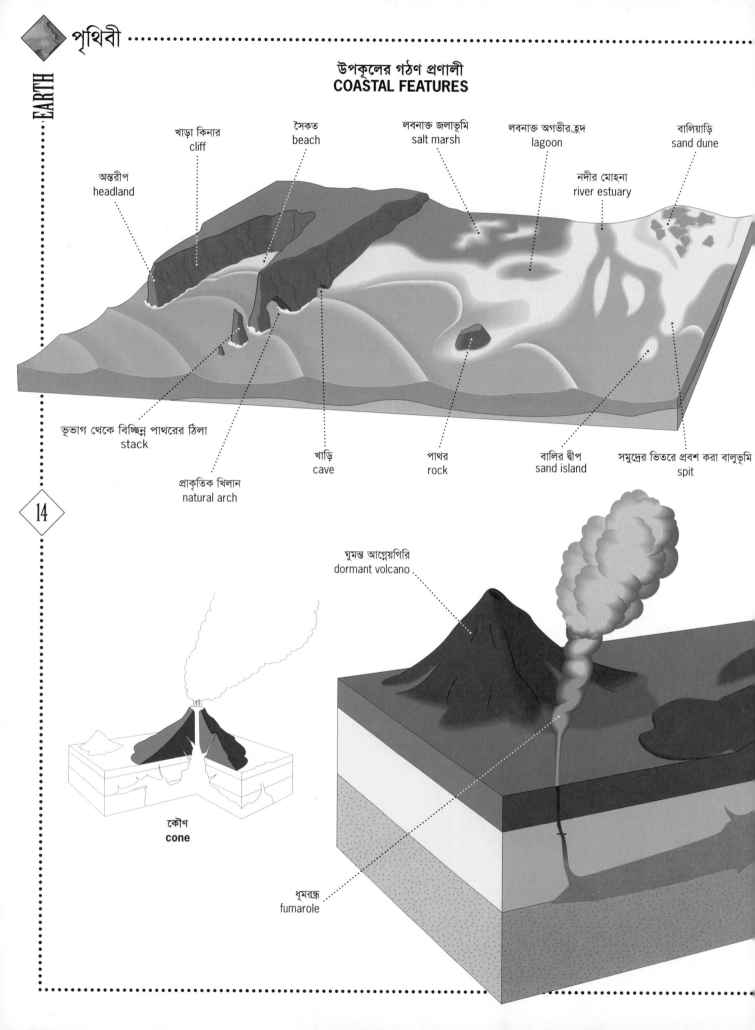

উপকূলের গঠণ প্রণালী
COASTAL FEATURES

অন্তরীপ
headland

খাড়া কিনার
cliff

সৈকত
beach

লবনাক্ত জলাভূমি
salt marsh

লবনাক্ত অগভীর হ্রদ
lagoon

বালিয়াড়ি
sand dune

নদীর মোহনা
river estuary

ভূভাগ থেকে বিচ্ছিন্ন পাথরের ঠিলা
stack

প্রাকৃতিক খিলান
natural arch

খাড়ি
cave

পাথর
rock

বালির দ্বীপ
sand island

সমুদ্রের ভিতরে প্রবশ করা বালুভূমি
spit

ঘুমন্ত আগ্নেয়গিরি
dormant volcano

কৌণ
cone

ধূমরন্ধ্র
fumarole

অগ্নিগিরি
VOLCANO

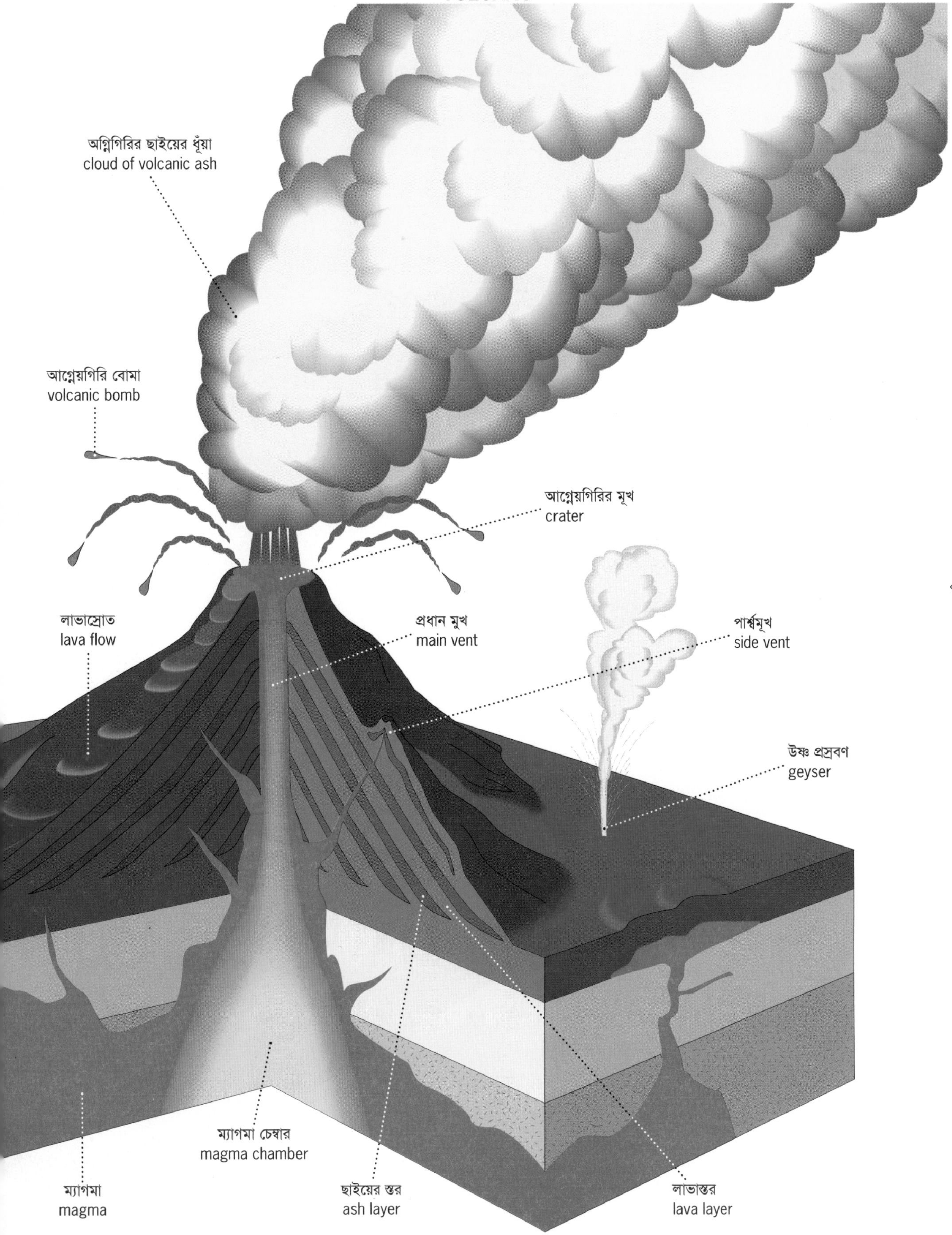

অগ্নিগিরির ছাইয়ের ধূঁয়া
cloud of volcanic ash
আগ্নেয়গিরি বোমা
volcanic bomb
আগ্নেয়গিরির মুখ
crater
লাভাস্রোত
lava flow
প্রধান মুখ
main vent
পার্শ্বমুখ
side vent
উষ্ণ প্রস্রবণ
geyser
ম্যাগমা চেম্বার
magma chamber
ম্যাগমা
magma
ছাইয়ের স্তর
ash layer
লাভাস্তর
lava layer

হিমবাহ
GLACIER

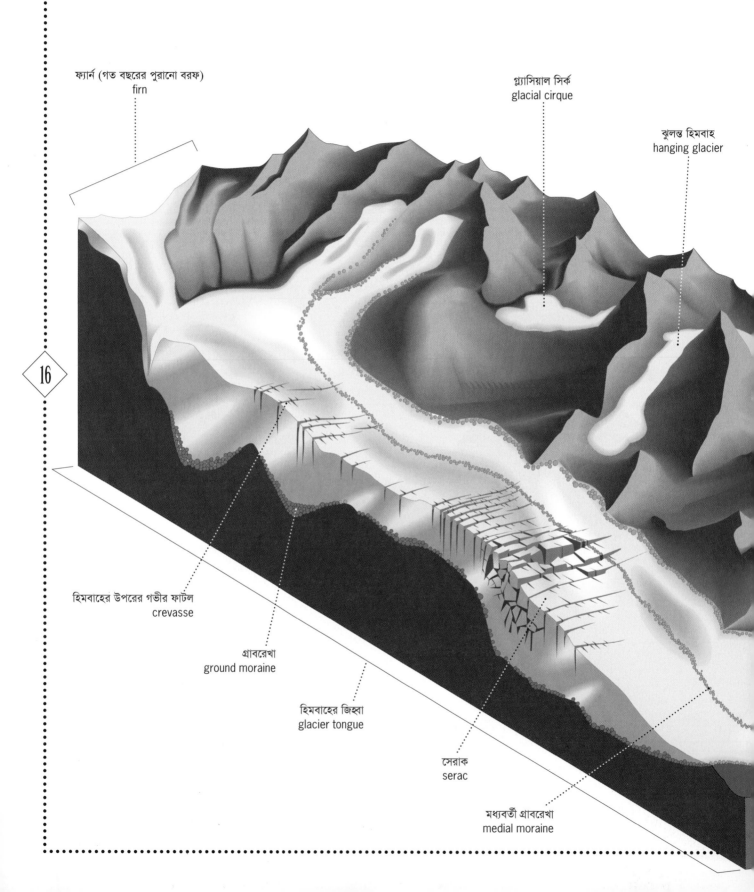

ফ্যার্ন (গত বছরের পুরানো বরফ)
firn

গ্ল্যাসিয়াল সির্ক
glacial cirque

ঝুলন্ত হিমবাহ
hanging glacier

16

হিমবাহের উপরের গভীর ফাটল
crevasse

গ্রাবরেখা
ground moraine

হিমবাহের জিহ্বা
glacier tongue

সেরাক
serac

মধ্যবর্তী গ্রাবরেখা
medial moraine

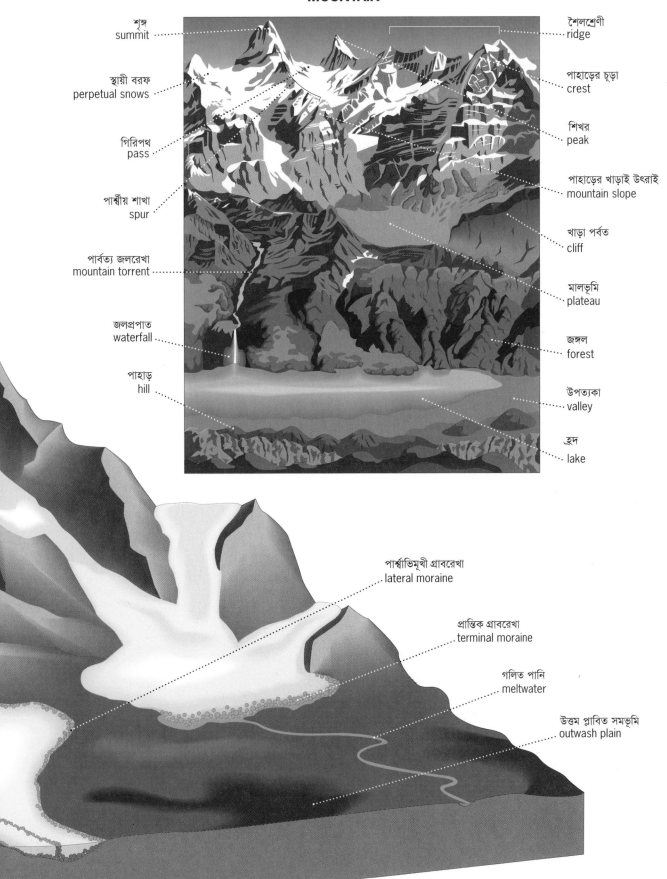

পর্বত
MOUNTAIN

শৃঙ্গ
summit
স্থায়ী বরফ
perpetual snows
গিরিপথ
pass
পার্শ্বীয় শাখা
spur
পার্বত্য জলরেখা
mountain torrent
জলপ্রপাত
waterfall
পাহাড়
hill
শৈলশ্রেণী
ridge
পাহাড়ের চূড়া
crest
শিখর
peak
পাহাড়ের খাড়াই উৎরাই
mountain slope
খাড়া পর্বত
cliff
মালভূমি
plateau
জঙ্গল
forest
উপত্যকা
valley
হ্রদ
lake

পার্শ্বাভিমূখী গ্রাবরেখা
lateral moraine
প্রান্তিক গ্রাবরেখা
terminal moraine
গলিত পানি
meltwater
উত্তম প্লাবিত সমভূমি
outwash plain

মহাদেশসমূহ
THE CONTINENTS

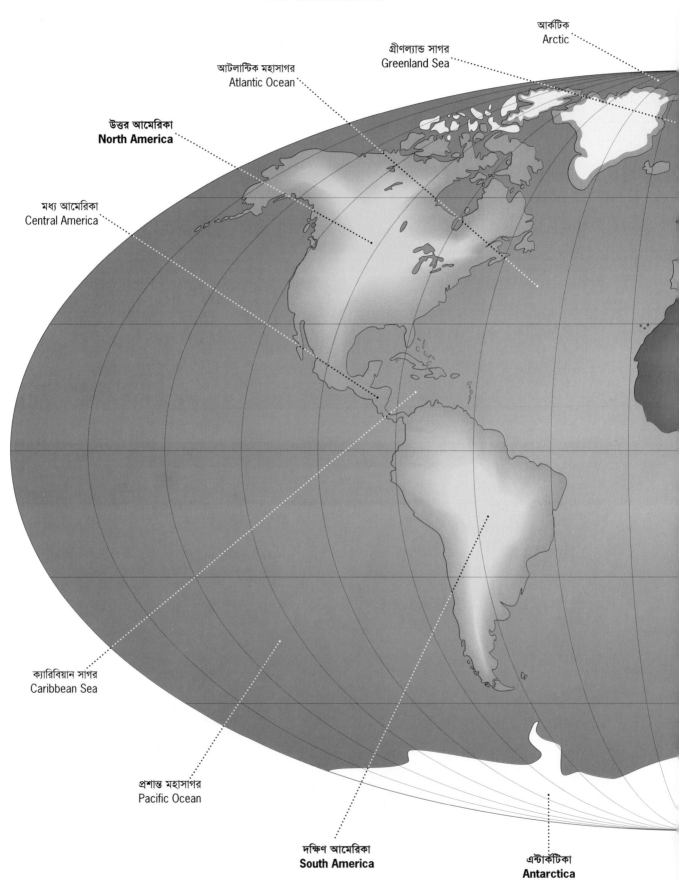

আর্কটিক
Arctic
গ্রীণল্যান্ড সাগর
Greenland Sea
আটলান্টিক মহাসাগর
Atlantic Ocean
উত্তর আমেরিকা
North America
মধ্য আমেরিকা
Central America
ক্যারিবিয়ান সাগর
Caribbean Sea
প্রশান্ত মহাসাগর
Pacific Ocean
দক্ষিণ আমেরিকা
South America
এন্টার্কটিকা
Antarctica

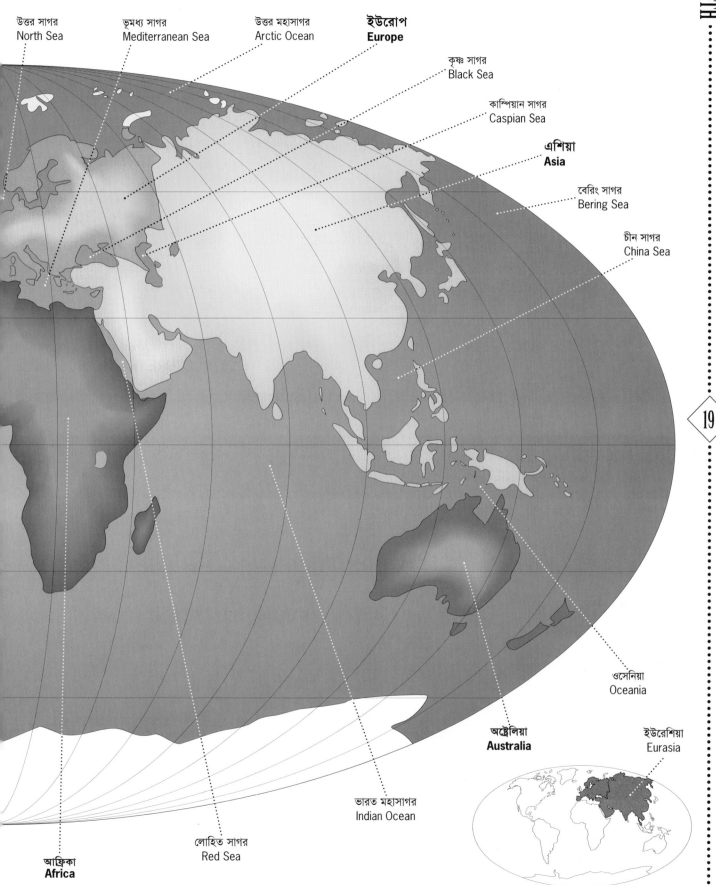

উত্তর সাগর
North Sea

ভূমধ্য সাগর
Mediterranean Sea

উত্তর মহাসাগর
Arctic Ocean

ইউরোপ
Europe

কৃষ্ণ সাগর
Black Sea

কাস্পিয়ান সাগর
Caspian Sea

এশিয়া
Asia

বেরিং সাগর
Bering Sea

চীন সাগর
China Sea

ওসেনিয়া
Oceania

ইউরেশিয়া
Eurasia

অস্ট্রেলিয়া
Australia

ভারত মহাসাগর
Indian Ocean

লোহিত সাগর
Red Sea

আফ্রিকা
Africa

বছরের ঋতুসমূহ
SEASONS OF THE YEAR

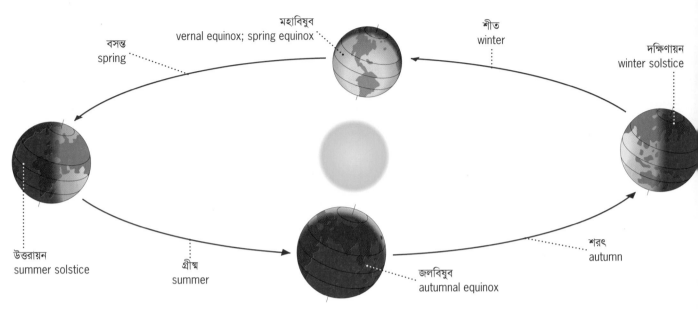

মহাবিষুব
vernal equinox; spring equinox

শীত
winter

দক্ষিণায়ন
winter solstice

বসন্ত
spring

উত্তরায়ন
summer solstice

গ্রীষ্ম
summer

জলবিষুব
autumnal equinox

শরৎ
autumn

জীবমন্ডলের গঠণ প্রণালী
STRUCTURE OF THE BIOSPHERE

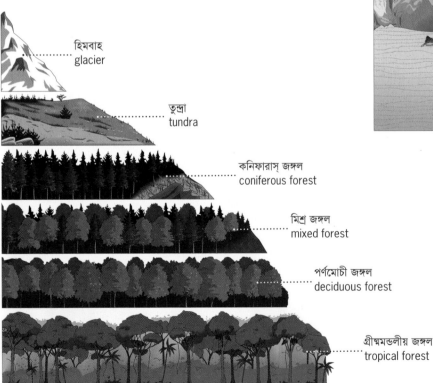

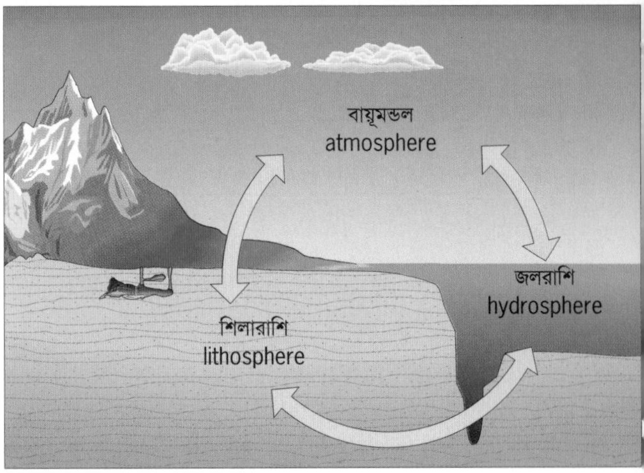

উচ্চতার এলাকা এবং উদ্ভিদজগত
ELEVATION ZONES AND VEGETATION

হিমবাহ
glacier

তুন্দ্রা
tundra

কনিফারাস্ জঙ্গল
coniferous forest

মিশ্র জঙ্গল
mixed forest

পর্ণমোচী জঙ্গল
deciduous forest

গ্রীষ্মমন্ডলীয় জঙ্গল
tropical forest

বায়ুমন্ডল
atmosphere

জলরাশি
hydrosphere

শিলারাশি
lithosphere

পৃথিবীর পরিবেশসমূহ
CLIMATES OF THE WORLD

গ্রীষ্মমন্ডলীয় পরিবেশসমূহ
tropical climates

গ্রীষ্মমন্ডলীয় রেইন ফরেষ্ট
tropical rain forest

গ্রীষ্মমন্ডলীয় সমতল তৃণভূমি
tropical savanna

ষ্টেপভূমি
steppe

মরুভূমি
desert

নাতিশীতোষ্ণ পরিবেশসমুহ
temperate climates

আর্দ্র – দীর্ঘ গ্রীষ্মকাল
humid - long summer

আর্দ্র – সংক্ষিপ্ত গ্রীষ্মকাল
humid - short summer

বর্ষা
marine

মেরু অঞ্চলীয় পরিবেশসমূহ
polar climates

মেরু অঞ্চলীয় তুন্দ্রা
polar tundra

মেরু অঞ্চলীয় হিমমুকুট
polar ice cap

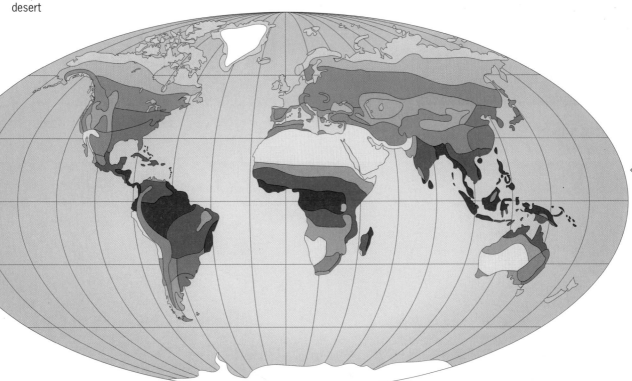

ইষদুষ্ণ পরিবেশসমূহ
subtropical climates

ভূমধ্যসাগরীয় ইষদুষ্ণ পরিবেশ
Mediterranean subtropical

আদ্র ইষদুষ্ণ পরিবেশ
humid subtropical

শুস্ক ইষদুষ্ণ পরিবেশ
dry subtropical

মহাদেশীয় পরিবেশসমূহ
continental climates

শুষ্ক মহাদেশীয় – রুক্ষ
dry continental - arid

শুষ্ক মহাদেশীয় – অল্প রুক্ষ
dry continental - semiarid

পার্বত্য অঞ্চলের জলবায়ু
highland climates

পার্বত্য অঞ্চলের জলবায়ু
highland climates

উপমেরু অঞ্চলীয় পরিবেশসমূহ
subarctic climates

উপমেরু অঞ্চলীয় পরিবেশসমূহ
subarctic climates

EARTH

আবহাওয়া
WEATHER

হালকা কুয়াশা
mist

কুয়াশা
fog

শিশির
dew

হালকা হিম
glazed frost

ঝোড়ো আকাশ
stormy sky

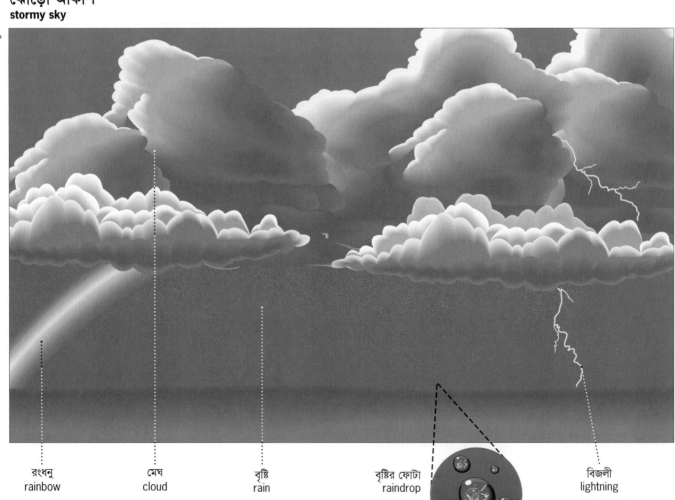

রংধনু
rainbow

মেঘ
cloud

বৃষ্টি
rain

বৃষ্টির ফোটা
raindrop

বিজলী
lightning

আবহাওয়া সংক্রান্ত পরিমাপের যন্ত্রপাতি
METEOROLOGICAL MEASURING INSTRUMENTS

বাতাসের গতিপথ নির্ণয়
MEASURE OF WIND DIRECTION

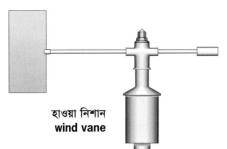

হাওয়া নিশান
wind vane

বাতাসের তীব্রতার পরিমাপ
MEASURE OF WIND STRENGTH

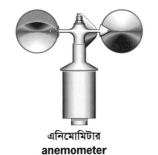

এনিমোমিটার
anemometer

আর্দ্রতার পরিমাপ
MEASURE OF HUMIDITY

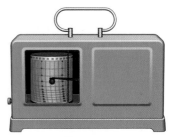

হাইগ্রোগ্রাফ
hygrograph

বৃষ্টিপাতের পরিমাপ
MEASURE OF RAINFALL

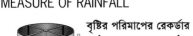

বৃষ্টির পরিমাপের রেকর্ডার
rain gauge recorder

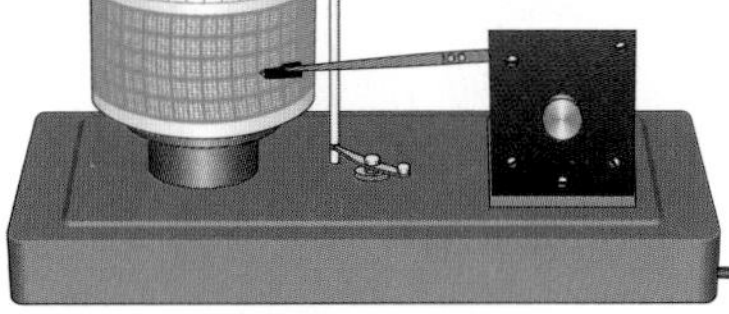

রেকর্ডকারী ইউনিট
recording unit

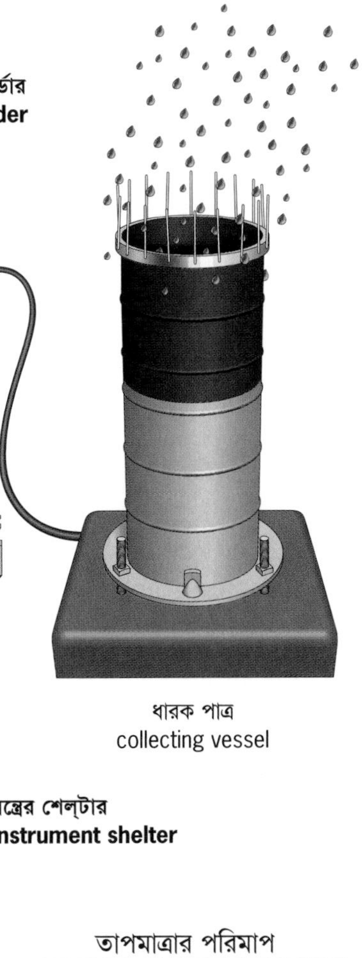

ধারক পাত্র
collecting vessel

সরাসরি পাঠ নেয়া বৃষ্টির পরিমাপযন্ত্র
direct-reading rain gauge

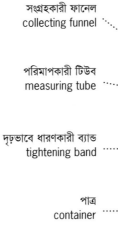

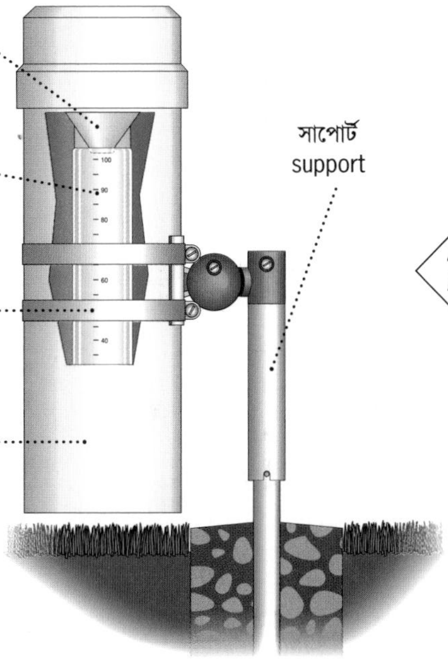

সংগ্রহকারী ফানেল
collecting funnel
পরিমাপকারী টিউব
measuring tube
দৃঢ়ভাবে ধারণকারী ব্যান্ড
tightening band
পাত্র
container
সাপোর্ট
support

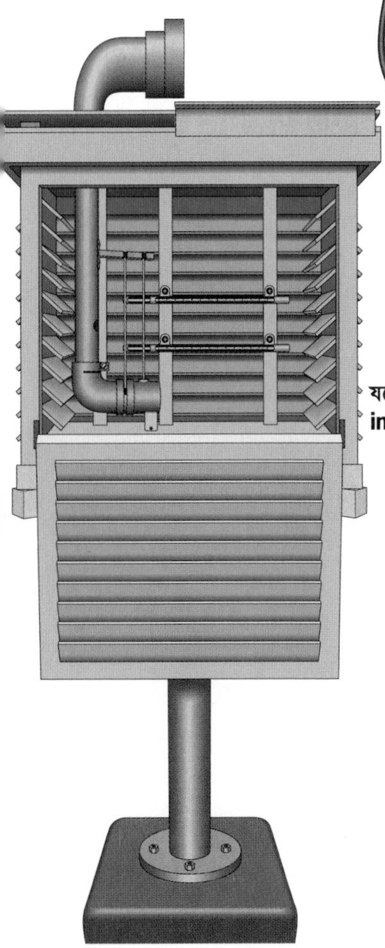

যন্ত্রের শেল্টার
instrument shelter

তাপমাত্রার পরিমাপ
MEASURE OF TEMPERATURE

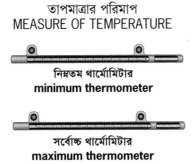

নিম্নতম থার্মোমিটার
minimum thermometer

সর্বোচ্চ থার্মোমিটার
maximum thermometer

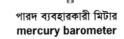

বায়ুচাপের পরিমাপ
MEASURE OF AIR PRESSURE

পারদ ব্যবহারকারী মিটার
mercury barometer

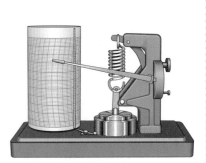

ব্যারোগ্রাফ
barograph

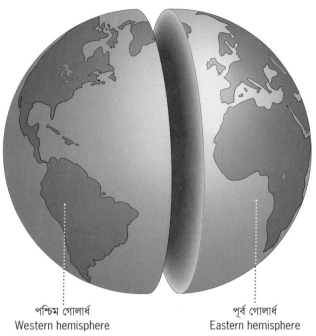

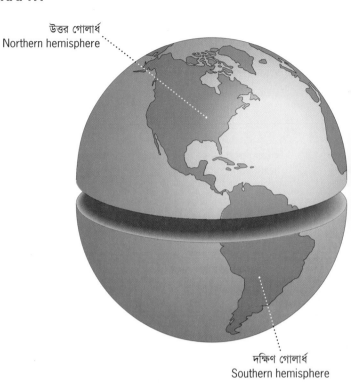

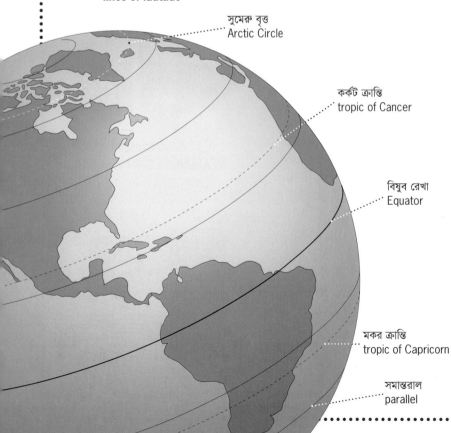

পৃথিবী
EARTH

মানচিত্র অংকন
CARTOGRAPHY

গোলার্ধ
hemispheres

পশ্চিম গোলার্ধ
Western hemisphere
পূর্ব গোলার্ধ
Eastern hemisphere

উত্তর গোলার্ধ
Northern hemisphere
দক্ষিণ গোলার্ধ
Southern hemisphere

24

গ্রিড সিস্টেম
GRID SYSTEM

অক্ষরেখাসমূহ
lines of latitude

সুমেরু বৃত্ত
Arctic Circle
কর্কট ক্রান্তি
tropic of Cancer
বিষুব রেখা
Equator
মকর ক্রান্তি
tropic of Capricorn
সমান্তরাল
parallel

দ্রাঘিমারেখাসমূহ
lines of longitude

পাশ্চাত্য ভূমধ্যরেখা
Western meridian
প্রাচ্য ভূমধ্যরেখা
Eastern meridian
প্রধান ভূমধ্যরেখা
prime meridian

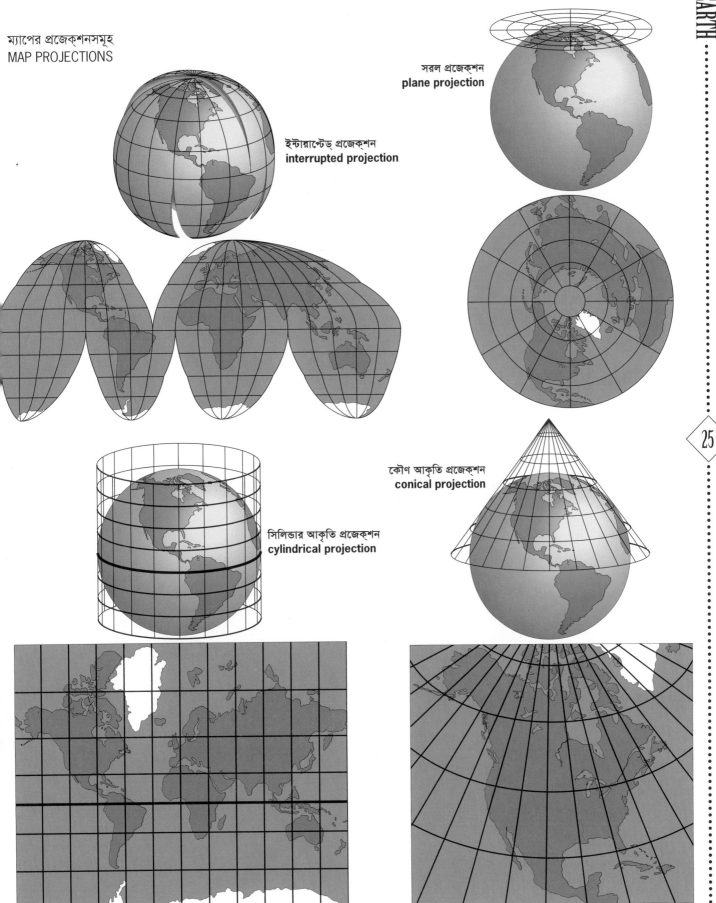

ম্যাপের প্রজেক্শনসমূহ
MAP PROJECTIONS

ইন্টার‍্যাপ্টেড প্রজেক্শন
interrupted projection

সরল প্রজেক্শন
plane projection

সিলিন্ডার আকৃতি প্রজেক্শন
cylindrical projection

কৌণ আকৃতি প্রজেক্শন
conical projection

মানচিত্র অংকন
CARTOGRAPHY

রাজনৈতিক মানচিত্র
political map

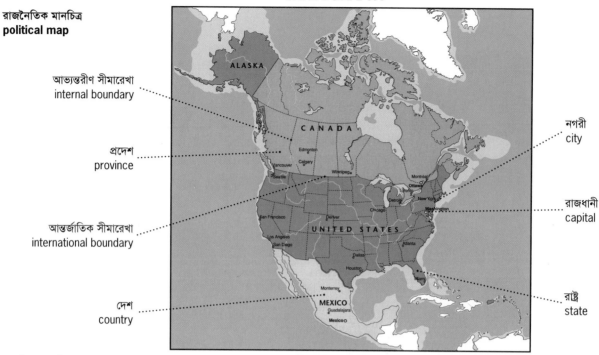

আভ্যন্তরীণ সীমারেখা
internal boundary

প্রদেশ
province

আন্তর্জাতিক সীমারেখা
international boundary

দেশ
country

নগরী
city

রাজধানী
capital

রাষ্ট্র
state

প্রাকৃতিক মানচিত্র
physical map

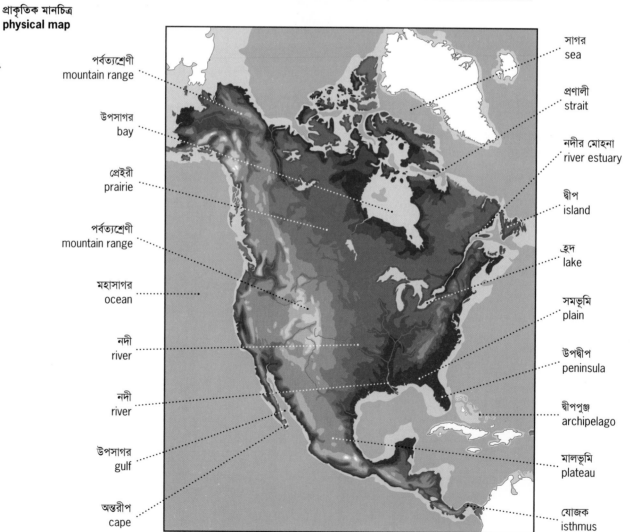

পর্বতশ্রেণী
mountain range

উপসাগর
bay

প্রেইরী
prairie

পর্বতশ্রেণী
mountain range

মহাসাগর
ocean

নদী
river

নদী
river

উপসাগর
gulf

অন্তরীপ
cape

সাগর
sea

প্রণালী
strait

নদীর মোহনা
river estuary

দ্বীপ
island

হ্রদ
lake

সমভূমি
plain

উপদ্বীপ
peninsula

দ্বীপপুঞ্জ
archipelago

মালভূমি
plateau

যোজক
isthmus

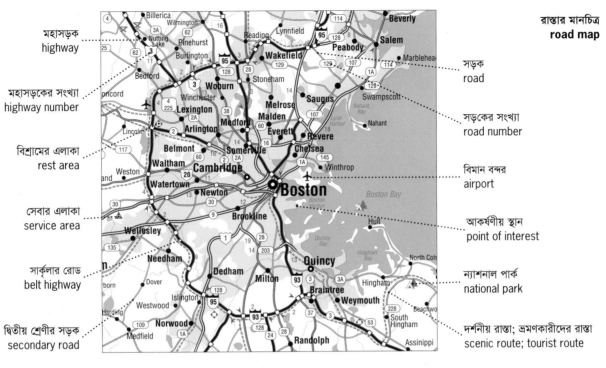

রাস্তার মানচিত্র
road map

মহাসড়ক
highway
মহাসড়কের সংখ্যা
highway number
বিশ্রামের এলাকা
rest area
সেবার এলাকা
service area
সার্কুলার রোড
belt highway
দ্বিতীয় শ্রেণীর সড়ক
secondary road
সড়ক
road
সড়কের সংখ্যা
road number
বিমান বন্দর
airport
আকর্ষণীয় স্থান
point of interest
ন্যাশনাল পার্ক
national park
দর্শনীয় রাস্তা; ভ্রমণকারীদের রাস্তা
scenic route; tourist route
Weston

কম্পাস কার্ড
COMPASS CARD

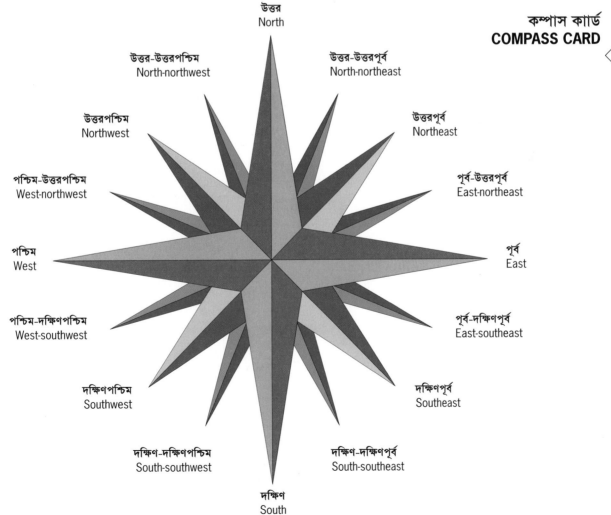

উত্তর
North
উত্তর-উত্তরপশ্চিম
North-northwest
উত্তর-উত্তরপূর্ব
North-northeast
উত্তরপশ্চিম
Northwest
উত্তরপূর্ব
Northeast
পশ্চিম-উত্তরপশ্চিম
West-northwest
পূর্ব-উত্তরপূর্ব
East-northeast
পশ্চিম
West
পূর্ব
East
পশ্চিম-দক্ষিণপশ্চিম
West-southwest
পূর্ব-দক্ষিণপূর্ব
East-southeast
দক্ষিণপশ্চিম
Southwest
দক্ষিণপূর্ব
Southeast
দক্ষিণ-দক্ষিণপশ্চিম
South-southwest
দক্ষিণ-দক্ষিণপূর্ব
South-southeast
দক্ষিণ
South

বাস্তব্যবিদ্যা
ECOLOGY

গ্রীনহাউস ইফেক্ট
greenhouse effect

সূর্যকিরণ
sunlight
প্রতিফলিত আলট্রা ভায়োলেট রশ্মিসমুহ
reflected ultraviolet rays
প্রতিসারিত তাপ
reflected heat
স্ট্রাটোস্ফেয়ার
stratosphere
ট্রপোস্ফেয়ার
troposphere
অগ্নিগিরি
volcano
শোষিত তাপ
absorbed heat
ফসিলের তেল
fossil fuels

খাদ্যের চেইন
food chain

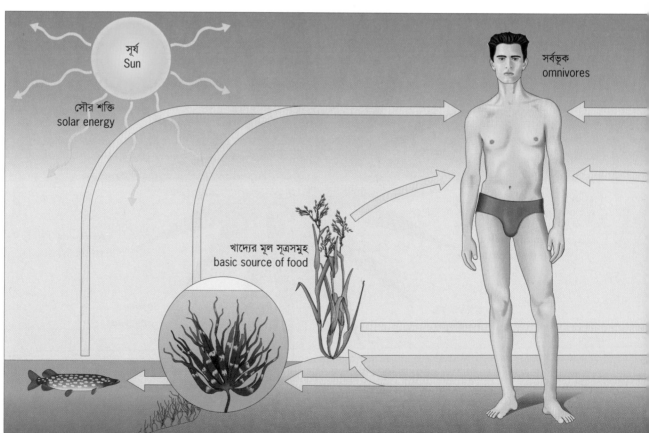

সূর্য
Sun
সর্বভূক
omnivores
সৌর শক্তি
solar energy
খাদ্যের মূল সূত্রসমুহ
basic source of food

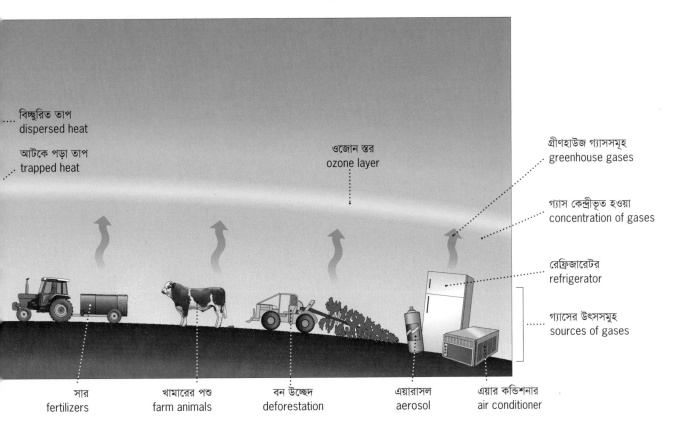

বিচ্ছুরিত তাপ
dispersed heat

আটকে পড়া তাপ
trapped heat

ওজোন স্তর
ozone layer

গ্রীণহাউজ গ্যাসসমূহ
greenhouse gases

গ্যাস কেন্দ্রীভূত হওয়া
concentration of gases

রেফ্রিজারেটর
refrigerator

গ্যাসের উৎসসমূহ
sources of gases

সার
fertilizers

খামারের পশু
farm animals

বন উচ্ছেদ
deforestation

এয়ারাসল
aerosol

এয়ার কন্ডিশনার
air conditioner

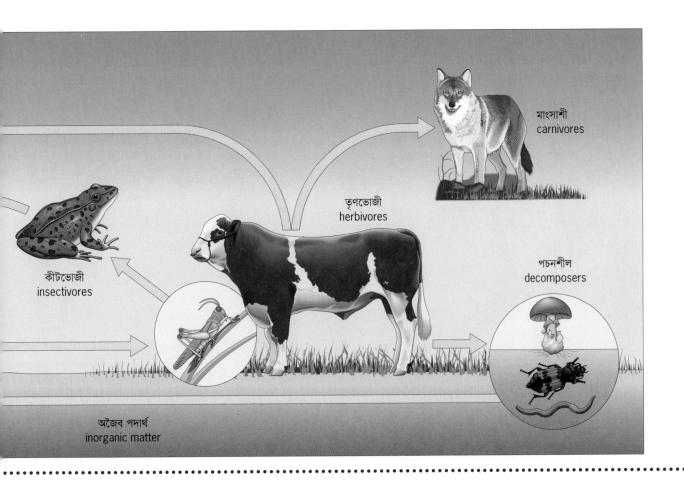

মাংসাশী
carnivores

তৃণভোজী
herbivores

পচনশীল
decomposers

কীটভোজী
insectivores

অজৈব পদার্থ
inorganic matter

বাস্তব্যবিদ্যা
ECOLOGY

বায়ুমন্ডলীয় দূষণ
atmospheric pollution

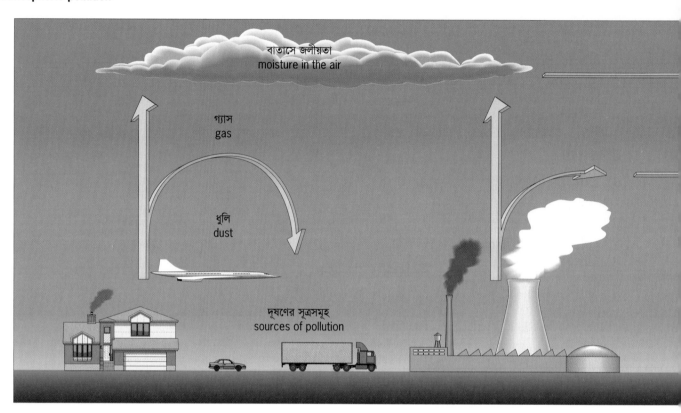

বাতাসে জলীয়তা
moisture in the air
গ্যাস
gas
dust
দূষণের সূত্রসমূহ
sources of pollution

পানির পরিবর্তনধারা
water cycle

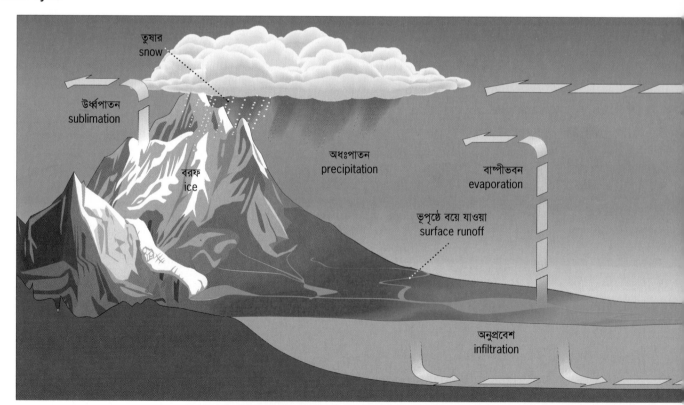

তুষার
snow
ঊর্ধ্বপাতন
sublimation
বরফ
ice
অধঃপাতন
precipitation
বাষ্পীভবন
evaporation
ভূপৃষ্ঠে বয়ে যাওয়া
surface runoff
অনুপ্রবেশ
infiltration

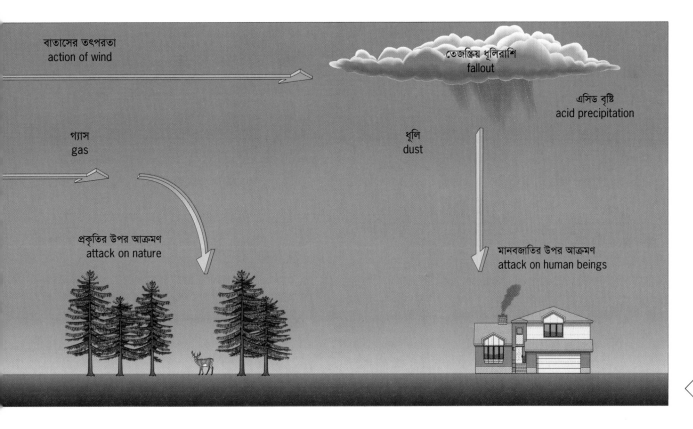

বাতাসের তৎপরতা
action of wind

তেজস্ক্রিয় ধূলিরাশি
fallout

এসিড বৃষ্টি
acid precipitation

গ্যাস
gas

ধূলি
dust

প্রকৃতির উপর আক্রমণ
attack on nature

মানবজাতির উপর আক্রমণ
attack on human beings

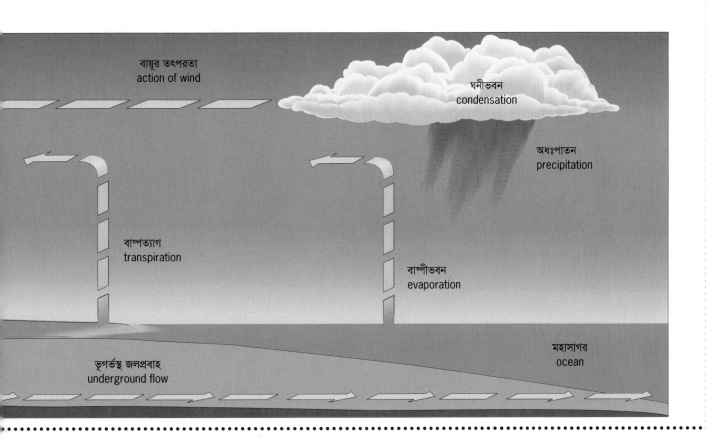

বায়ুর তৎপরতা
action of wind

ঘনীভবন
condensation

অধঃপাতন
precipitation

বাষ্পত্যাগ
transpiration

বাষ্পীভবন
evaporation

ভূগর্ভস্থ জলপ্রবাহ
underground flow

মহাসাগর
ocean

ভূমিতে খাদ্যের দূষণ
food pollution on ground

এসিড বৃষ্টি
acid rain
খামারের দূষণ
farm pollution
কলকারখানার দূষণ
industrial pollution

পানিতে খাদ্য দূষণ
food pollution in water

সারসমূহ
fertilizers
কীটনাশকসমূহ
pesticides
ভূপৃষ্ঠের জলপ্রবাহ
surface runoff
খামারের দূষণ
farm pollution
ভূগর্ভস্থ জলপ্রবাহ
underground flow

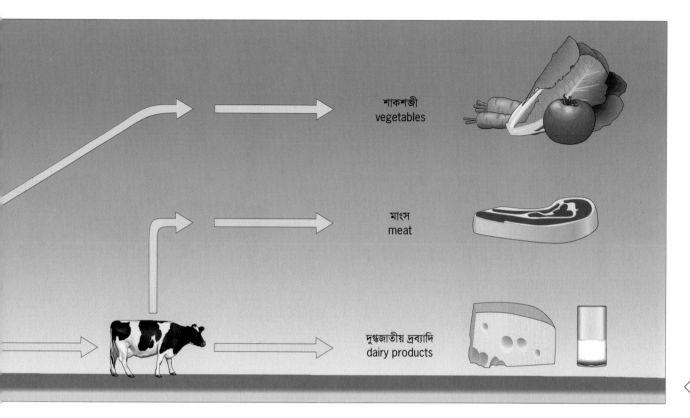

শাকশশ্ত্বী
vegetables

মাংস
meat

দুগ্ধজাতীয় দ্রব্যাদি
dairy products

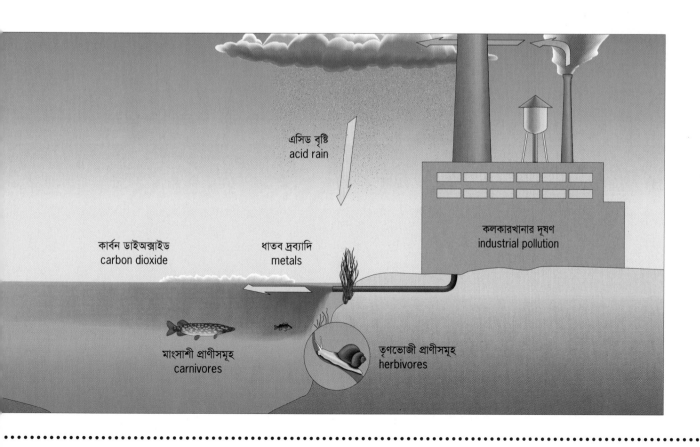

এসিড বৃষ্টি
acid rain

কার্বন ডাইঅক্সাইড
carbon dioxide

ধাতব দ্রব্যাদি
metals

কলকারখানার দূষণ
industrial pollution

মাংসাশী প্রাণীসমূহ
carnivores

তৃণভোজী প্রাণীসমূহ
herbivores

উদ্ভিদ এবং মাটি
PLANT AND SOIL

মাটির বর্ণনা
SOIL PROFILE

অঙ্কুরোদগম
GERMINATION

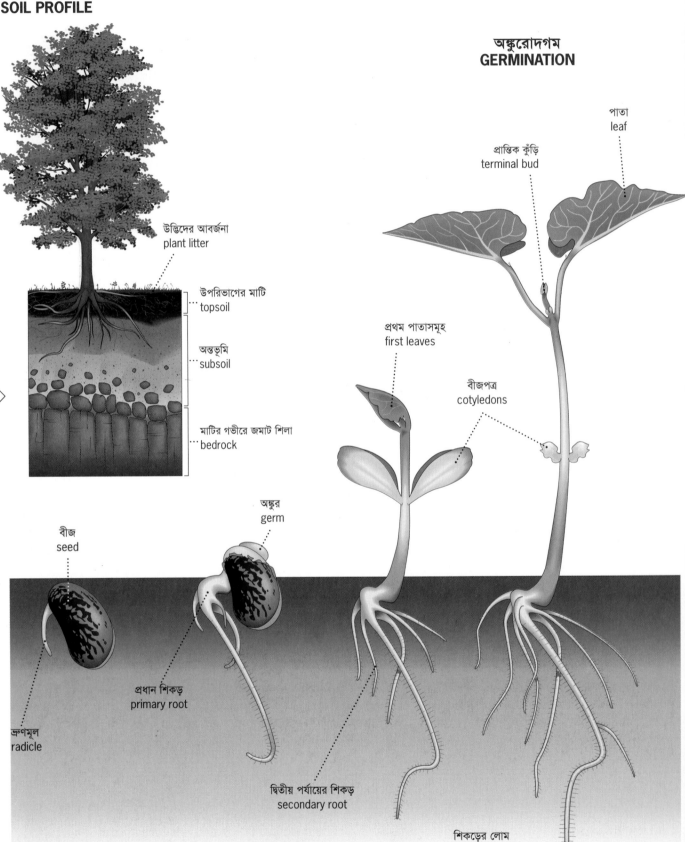

উদ্ভিদের আবর্জনা
plant litter

উপরিভাগের মাটি
topsoil

অন্তভূমি
subsoil

মাটির গভীরে জমাট শিলা
bedrock

পাতা
leaf

প্রান্তিক কুঁড়ি
terminal bud

প্রথম পাতাসমূহ
first leaves

বীজপত্র
cotyledons

অঙ্কুর
germ

বীজ
seed

প্রধান শিকড়
primary root

ভ্রূণমূল
radicle

দ্বিতীয় পর্যায়ের শিকড়
secondary root

শিকড়ের লোম
root hairs

ছত্রাক, ব্যাঙের ছাতা
MUSHROOM

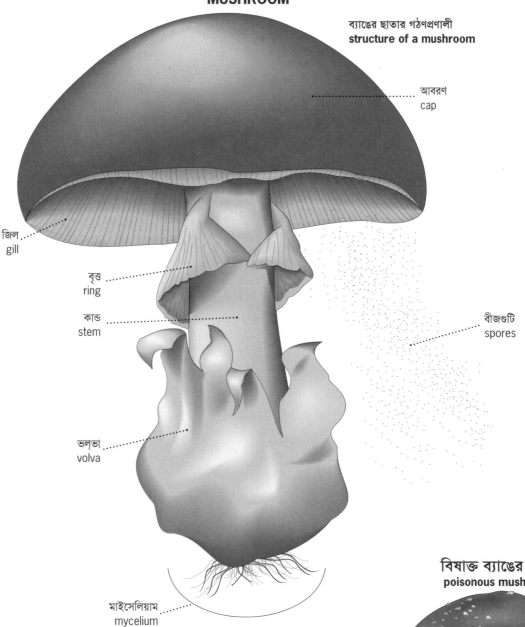

ব্যাঙের ছাতার গঠণপ্রণালী
structure of a mushroom

আবরণ
cap

জিল
gill

বৃন্ত
ring

কান্ড
stem

ভল্ভা
volva

বীজগুটি
spores

মাইসেলিয়াম
mycelium

বিষাক্ত ব্যাঙের ছাতা
poisonous mushroom

ফ্লাই এগারিক
fly agaric

খাওয়ার উপযুক্ত ব্যাঙের ছাতা
edible mushroom

চাষ করা ব্যাঙের ছাতা
cultivated mushroom

মারাত্মক ব্যাঙের ছাতা
deadly mushroom

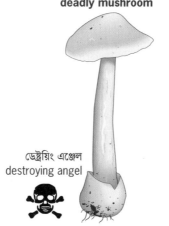

ডেস্ট্রয়িং এঞ্জেল
destroying angel

উদ্ভিদের গঠণপ্রণালী
STRUCTURE OF A PLANT

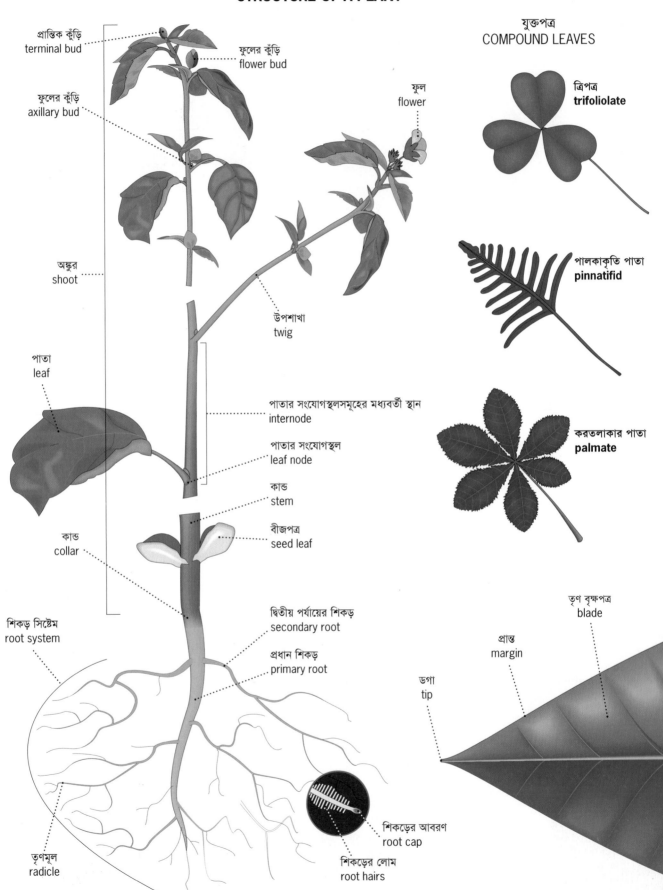

প্রান্তিক কুঁড়ি
terminal bud

ফুলের কুঁড়ি
flower bud

ফুলের কুঁড়ি
axillary bud

ফুল
flower

অঙ্কুর
shoot

উপশাখা
twig

পাতা
leaf

পাতার সংযোগস্থলসমূহের মধ্যবর্তী স্থান
internode

পাতার সংযোগস্থল
leaf node

কাণ্ড
stem

বীজপত্র
seed leaf

কাণ্ড
collar

দ্বিতীয় পর্যায়ের শিকড়
secondary root

শিকড় সিস্টেম
root system

প্রধান শিকড়
primary root

তৃণমূল
radicle

শিকড়ের আবরণ
root cap

শিকড়ের লোম
root hairs

যুক্তপত্র
COMPOUND LEAVES

ত্রিপত্র
trifoliolate

পালকাকৃতি পাতা
pinnatifid

করতলাকার পাতা
palmate

তৃণ বৃক্ষপত্র
blade

প্রান্ত
margin

ডগা
tip

36

সরল পাতাসমূহ
SIMPLE LEAVES

রেখাকৃতি পাতা
linear

বর্শাকৃতি পাতা
lanceolate

প্রায় গোলাকৃতি পাতা
orbiculate

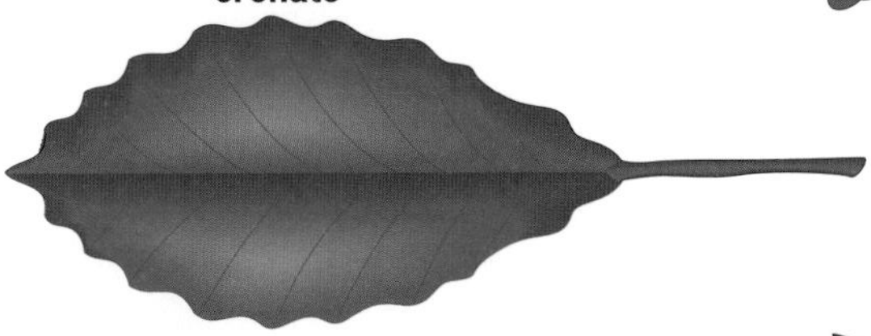

পাতার প্রান্ত
LEAF MARGINS

সম্পূর্ণ পাতা
entire

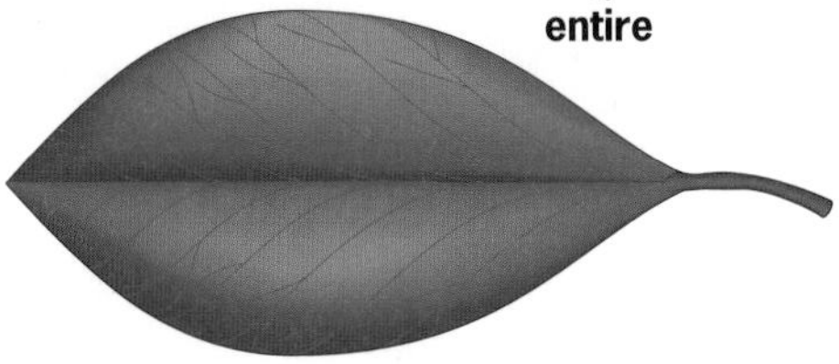

লোমযুক্ত পাতা
ciliate

লতিযুক্ত পাতা
lobate

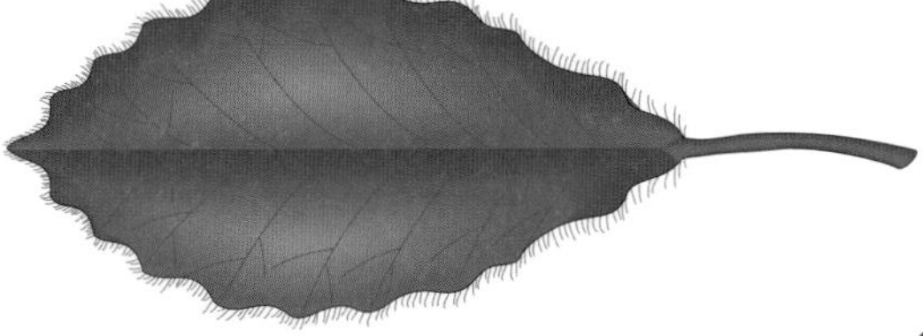

খাঁজকাটা পাতা
crenate

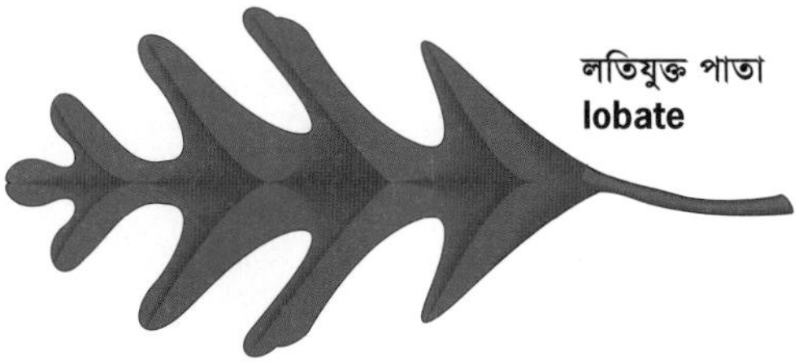

দাঁতওয়ালা পাতা
dentate

শিরা
vein

মধ্যচ্ছদা
midrib

বৃন্ত
petiole

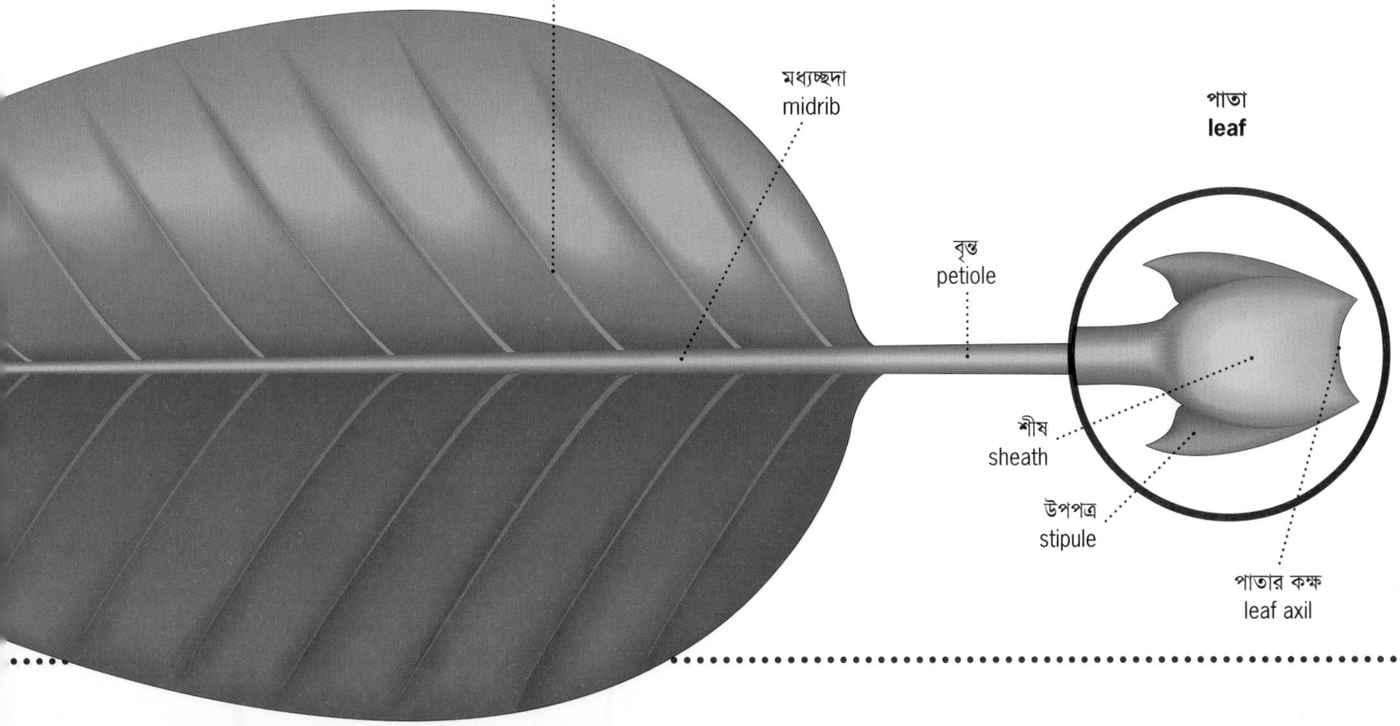

পাতা
leaf

শীষ
sheath

উপপত্র
stipule

পাতার কক্ষ
leaf axil

ফুল
FLOWERS

ফুলের গঠণপ্রণালী
structure of a flower

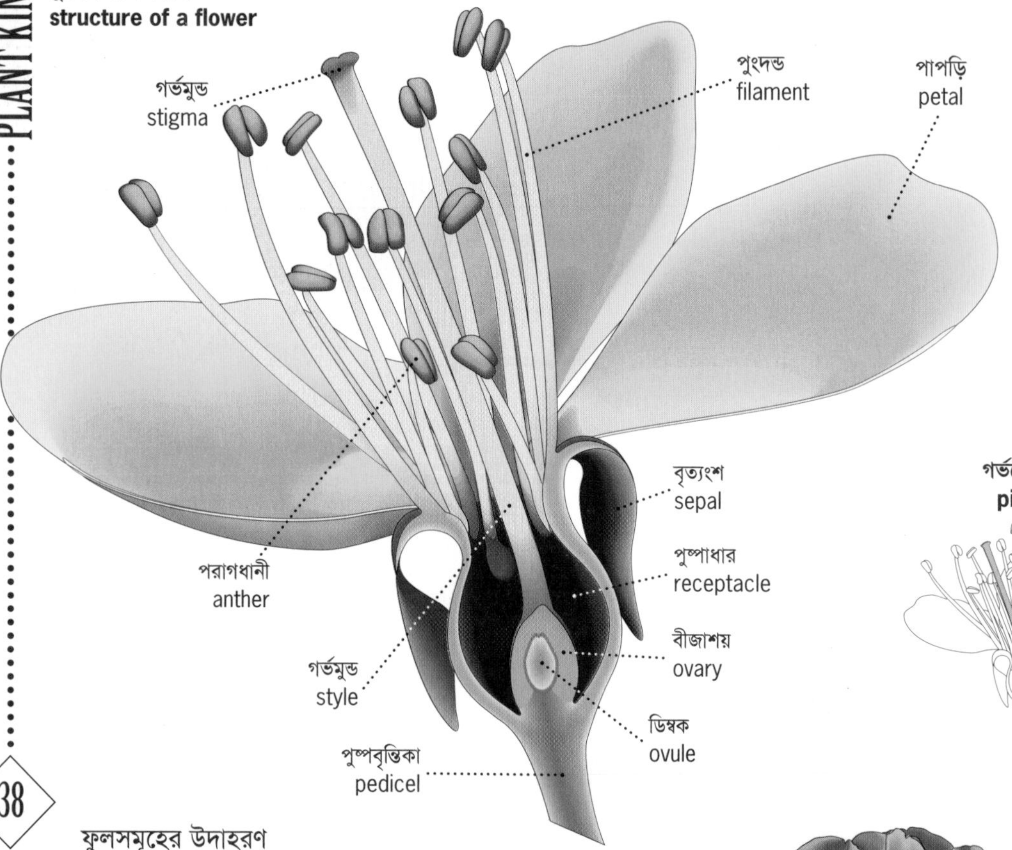

গর্ভমুন্ড
stigma

পুংদন্ড
filament

পাপড়ি
petal

বৃত্যংশ
sepal

পুষ্পাধার
receptacle

পরাগধানী
anther

গর্ভমুন্ড
style

বীজাশয়
ovary

পুষ্পবৃন্তিকা
pedicel

ডিম্বক
ovule

দলমন্ডল
corolla

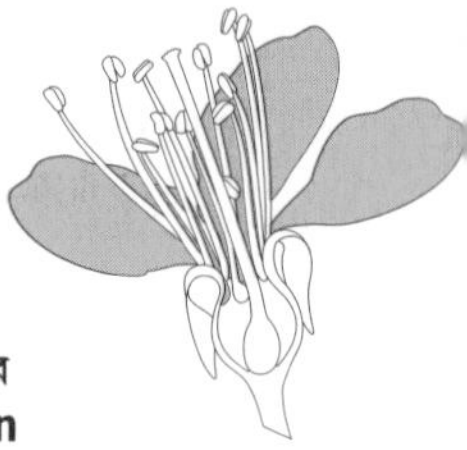

পুংকেশর
stamen

গর্ভকেশর
pistil

বৃতি
calyx

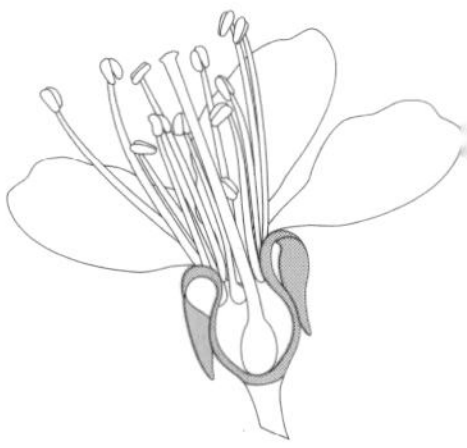

ফুলসমূহের উদাহরণ
EXAMPLES OF FLOWERS

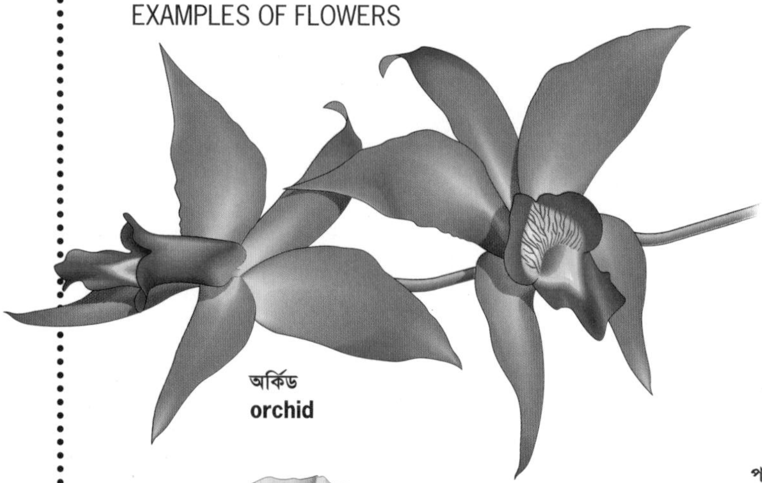

অর্কিড
orchid

টিউলিপ
tulip

বেগুনী
violet

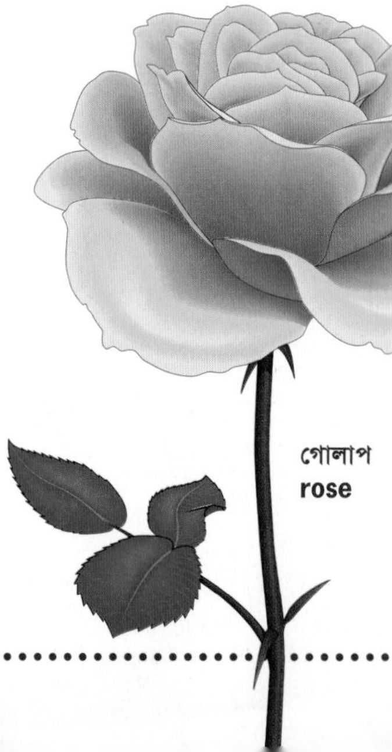

পপি
poppy

বেগুনিয়া
begonia

গোলাপ
rose

পদ্ম
lily

স্থলপদ্ম
lily of the valley

সূর্যমুখী
sunflower

ক্রোকাস
crocus

কারনেশন
carnation

ডেফোডিল
daffodil

বৃক্ষ
TREE

গাছের গঠণপ্রণালী
structure of a tree

শাখাসমুহ
branches

পাতাসমষ্টি
foliage

চূড়া
top

চূড়া
crown

শাখা
branch

ছোট শাখা
twig

প্রধান শাখা
limb

খাড়াভাবে প্রোথিত মূল শিকড়
taproot

ভাসাভাসা শিকড়
shallow root

তৃণমূল
radicle

কান্ড
trunk

শিকড়ের লোমের অংশ
root-hair zone

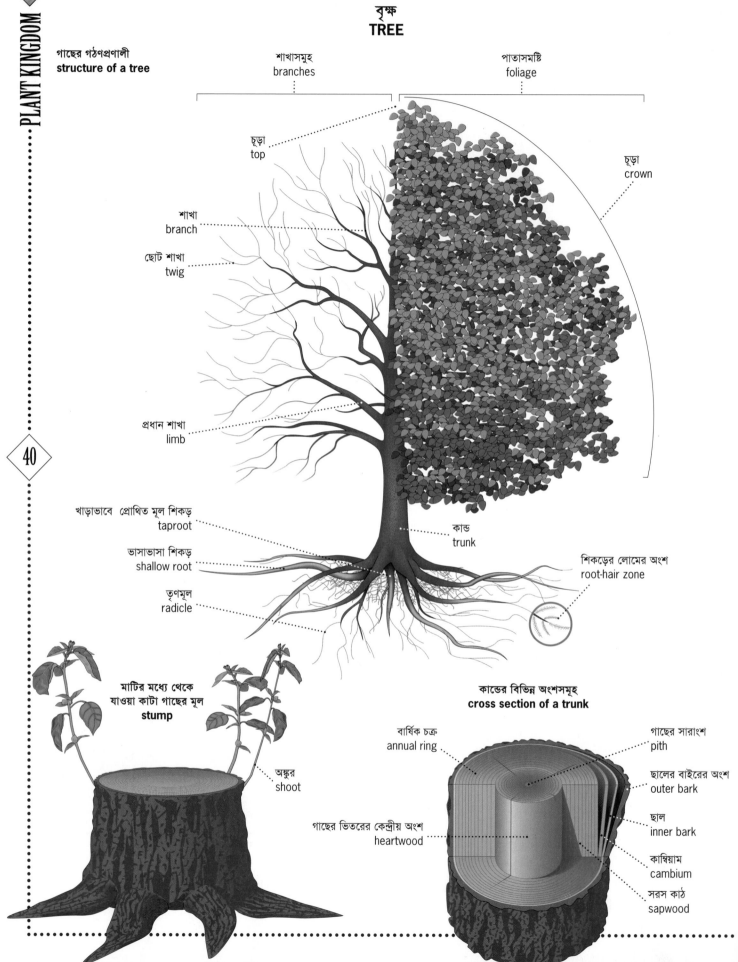

মাটির মধ্যে থেকে
যাওয়া কাটা গাছের মূল
stump

অঙ্কুর
shoot

কান্ডের বিভিন্ন অংশসমূহ
cross section of a trunk

বার্ষিক চক্র
annual ring

গাছের সারাংশ
pith

ছালের বাইরের অংশ
outer bark

ছাল
inner bark

গাছের ভিতরের কেন্দ্রীয় অংশ
heartwood

কাম্বিয়াম
cambium

সরস কাঠ
sapwood

গাছের উদাহরণসমূহ
EXAMPLES OF TREES

পপলার
poplar

ওক
oak

ম্যাপল
maple

তাল গাছ
palm tree

উইপিং উইলো
weeping willow

বার্চ
birch

42

সরল বর্গীয় বৃক্ষ
CONIFER

লার্চ
larch

আমব্রেলা পাইন
umbrella pine

কৌণ
cone

পাইন বীজ
pine seeds

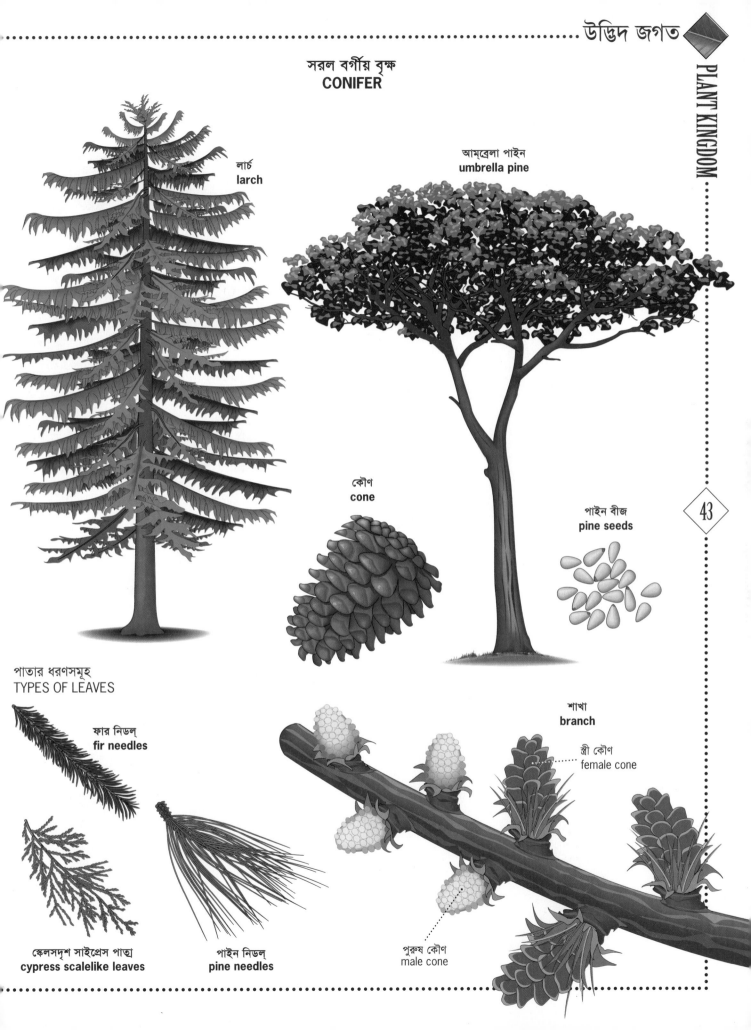

পাতার ধরণসমূহ
TYPES OF LEAVES

ফার নিডল্
fir needles

স্কেলসদৃশ সাইপ্রেস পাত্র
cypress scalelike leaves

পাইন নিডল্
pine needles

শাখা
branch
স্ত্রী কৌণ
female cone
পুরুষ কৌণ
male cone

শাঁসালো ফল ঃ রসালো ফল
FLESHY FRUITS: BERRY FRUITS

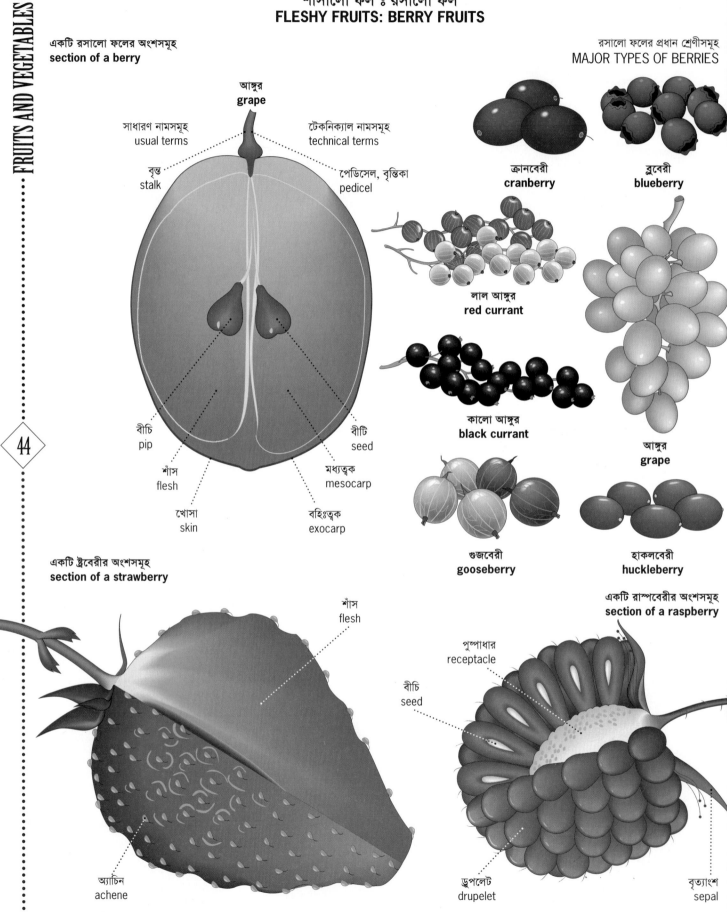

একটি রসালো ফলের অংশসমূহ
section of a berry

আঙ্গুর
grape
সাধারণ নামসমূহ
usual terms
টেকনিক্যাল নামসমূহ
technical terms
বৃন্ত
stalk
পেডিসেল, বৃন্তিকা
pedicel
বীচি
pip
বীচি
seed
শাঁস
flesh
মধ্যত্বক
mesocarp
খোসা
skin
বহিঃত্বক
exocarp

রসালো ফলের প্রধান শ্রেণীসমূহ
MAJOR TYPES OF BERRIES

ক্রানবেরী
cranberry

ব্লুবেরী
blueberry

লাল আঙ্গুর
red currant

আঙ্গুর
grape

কালো আঙ্গুর
black currant

গুজবেরী
gooseberry

হাকলবেরী
huckleberry

একটি স্ট্রবেরীর অংশসমূহ
section of a strawberry

শাঁস
flesh
অ্যাচিন
achene

একটি রাস্পবেরীর অংশসমূহ
section of a raspberry

পুষ্পাধার
receptacle
বীচি
seed
ড্রুপলেট
drupelet
বৃত্যাংশ
sepal

শাঁসালো বীচিযুক্ত ফল
FLESHY STONE FRUITS

একটি আঁটিযুক্ত ফলের অংশসমূহ
section of a stone fruit

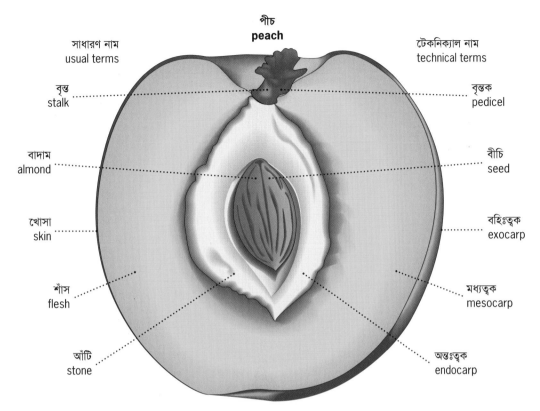

পীচ
peach

সাধারণ নাম
usual terms

টেকনিক্যাল নাম
technical terms

বৃন্ত
stalk

বৃন্তক
pedicel

বাদাম
almond

বীচি
seed

খোসা
skin

বহিঃত্বক
exocarp

শাঁস
flesh

মধ্যত্বক
mesocarp

আঁটি
stone

অন্তঃত্বক
endocarp

আঁটিযুক্ত ফলের প্রধান শ্রেণীসমূহ
MAJOR TYPES OF STONE FRUITS

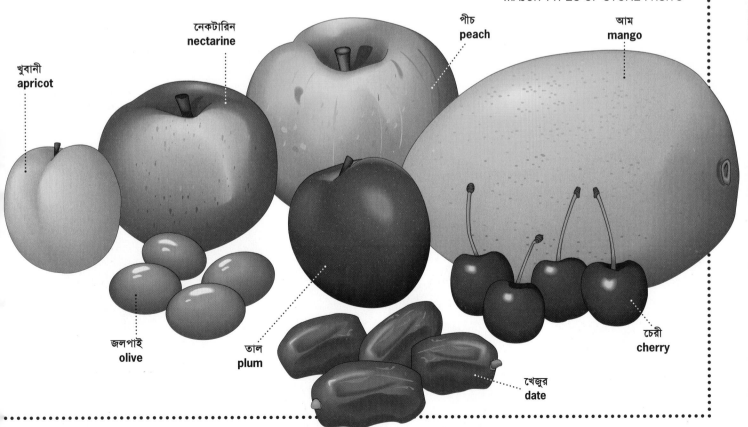

নেকটারিন
nectarine

পীচ
peach

আম
mango

খুবানী
apricot

জলপাই
olive

তাল
plum

চেরী
cherry

খেজুর
date

FRUITS AND VEGETABLES

শাঁসালো আপেল জাতীয় ফল
FLESHY POME FRUITS

একটি আপেল ফলের অংশসমূহ
section of a pome fruit

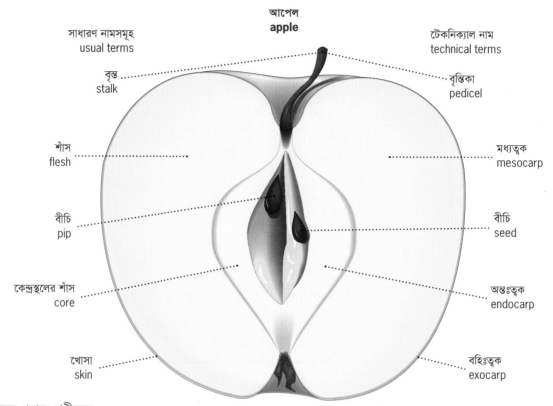

আপেল
apple

সাধারণ নামসমূহ
usual terms

টেকনিক্যাল নাম
technical terms

বৃন্ত
stalk

বৃন্তিকা
pedicel

শাঁস
flesh

মধ্যত্বক
mesocarp

বীচি
pip

বীচি
seed

কেন্দ্রস্থলের শাঁস
core

অন্তঃত্বক
endocarp

খোসা
skin

বহিঃত্বক
exocarp

আপেল ফলের প্রধান শ্রেণীসমূহ
MAJOR TYPES OF POME FRUITS

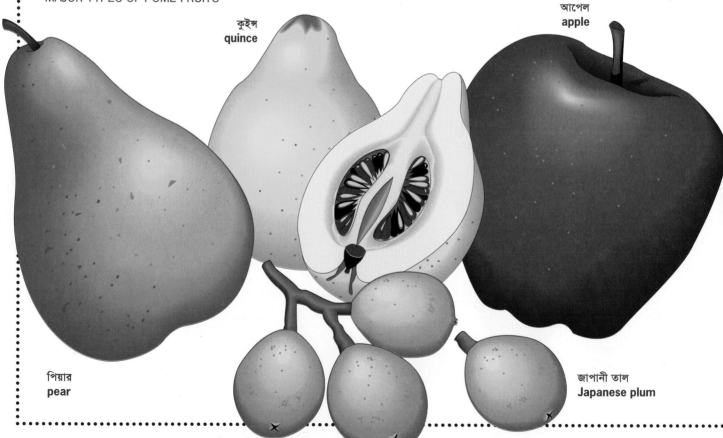

কুইন্স
quince

আপেল
apple

পিয়ার
pear

জাপানী তাল
Japanese plum

শাঁসালো ফল এবং লেবুজাতীয় ফল
FLESHY FRUITS: CITRUS FRUITS

একটি লেবুজাতীয় ফলের অংশসমূহ
section of a citrus fruit

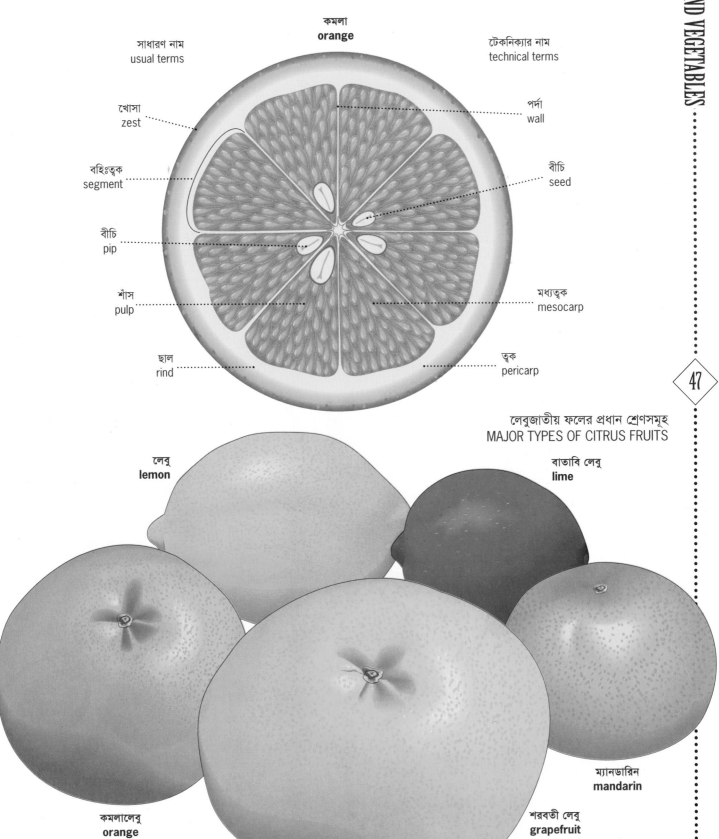

কমলা
orange

সাধারণ নাম
usual terms

টেকনিক্যার নাম
technical terms

খোসা
zest

পর্দা
wall

বহিঃত্বক
segment

বীচি
seed

বীচি
pip

শাঁস
pulp

মধ্যত্বক
mesocarp

ছাল
rind

ত্বক
pericarp

লেবুজাতীয় ফলের প্রধান শ্রেণসমূহ
MAJOR TYPES OF CITRUS FRUITS

লেবু
lemon

বাতাবি লেবু
lime

ম্যানডারিন
mandarin

কমলালেবু
orange

শরবতী লেবু
grapefruit

গ্রীষ্মদেশীয় ফল
TROPICAL FRUITS

গ্রীষ্মদেশীয় ফলের প্রধান শ্রেণীসমূহ
MAJOR TYPES OF TROPICAL FRUITS

লেচু
litchi

কিউই
kiwi

পেয়ারা
guava

জাপানী পারসিমন
Japanese persimmon

ভারতীয় ডুমুর
Indian fig

আতাফল
cherimoya

ডুমুর
fig

পেঁপে
papaya

আনার
pomegranate

কলা
banana

আভাকাডু
avocado

আনারস
pineapple

শাকশব্জী
VEGETABLES

ইনফ্লোরেসেন্ট শাকশব্জী
INFLORESCENT VEGETABLES

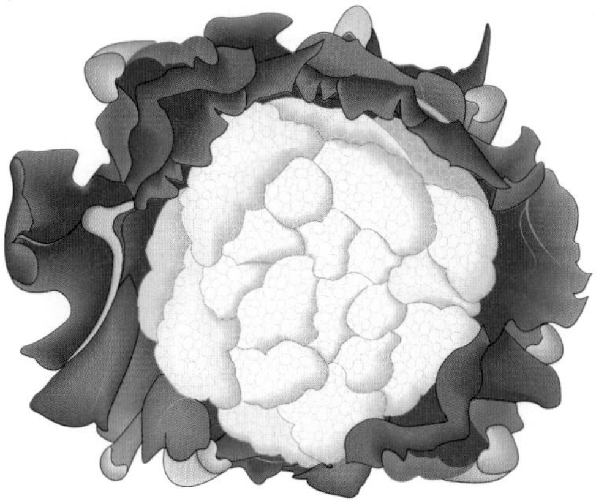

ফুলকপি
cauliflower

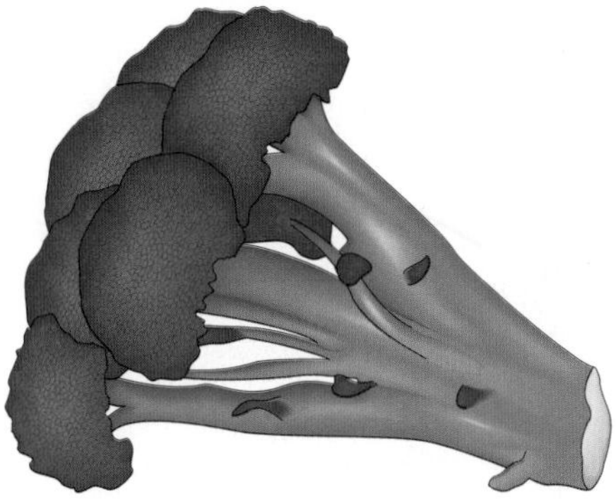

ব্রকলি
broccoli

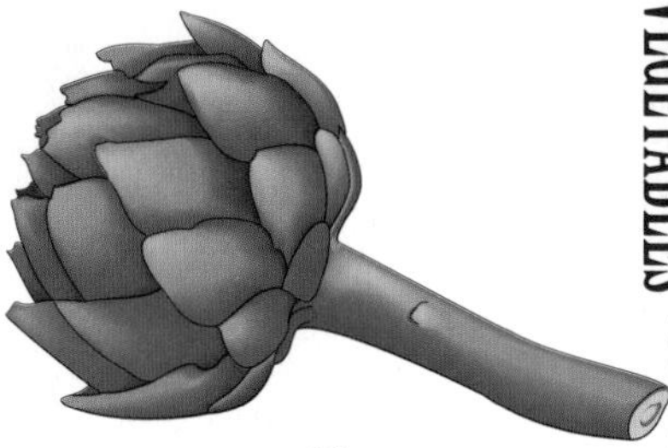

আর্টিচোক
artichoke

ফল শব্জী
FRUIT VEGETABLES

তরমুজ
watermelon
অটাম স্কোয়াশ
autumn squash
কুমড়া
pumpkin
খরমুজ
cantaloupe
মাস্কমেলন
muskmelon

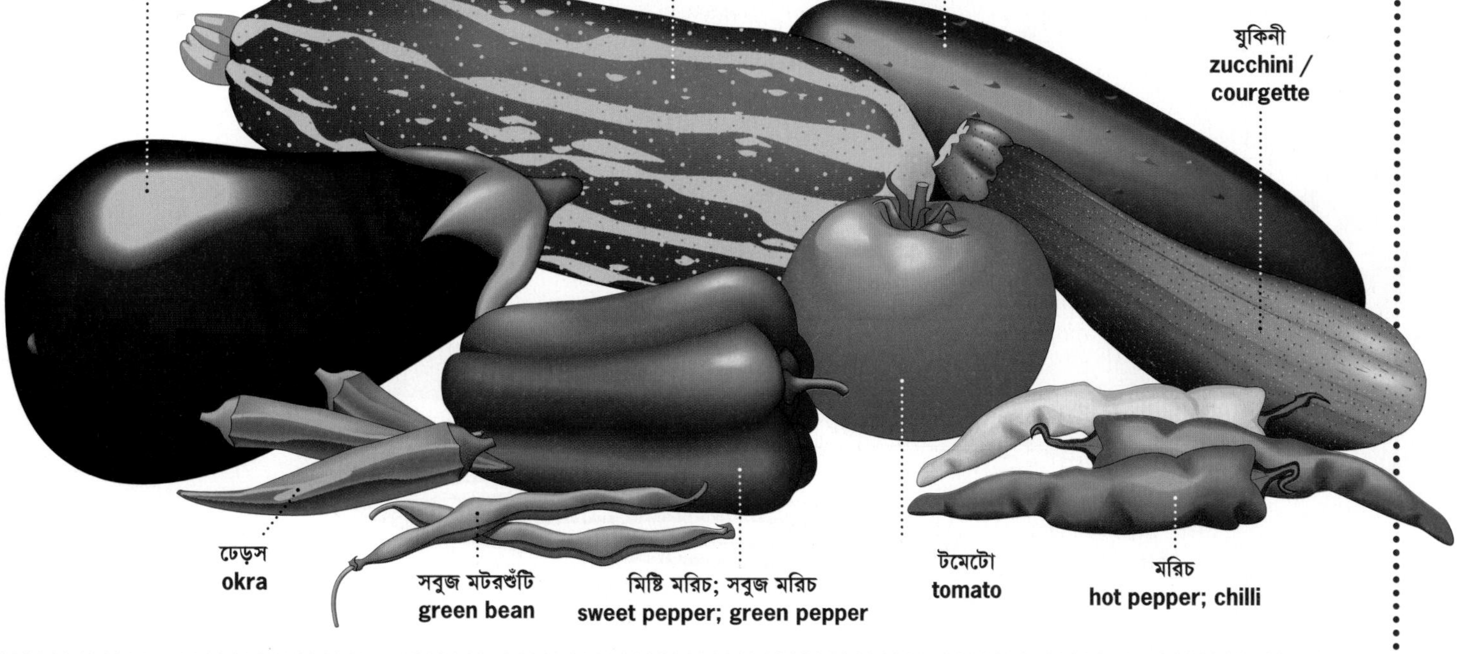

বেগুন
eggplant
সামার স্কোয়াশ
summer squash
শশা
cucumber
যুকিনী
zucchini / courgette
ঢেড়স
okra
সবুজ মটরশুঁটি
green bean
মিষ্টি মরিচ; সবুজ মরিচ
sweet pepper; green pepper
টমেটো
tomato
মরিচ
hot pepper; chilli

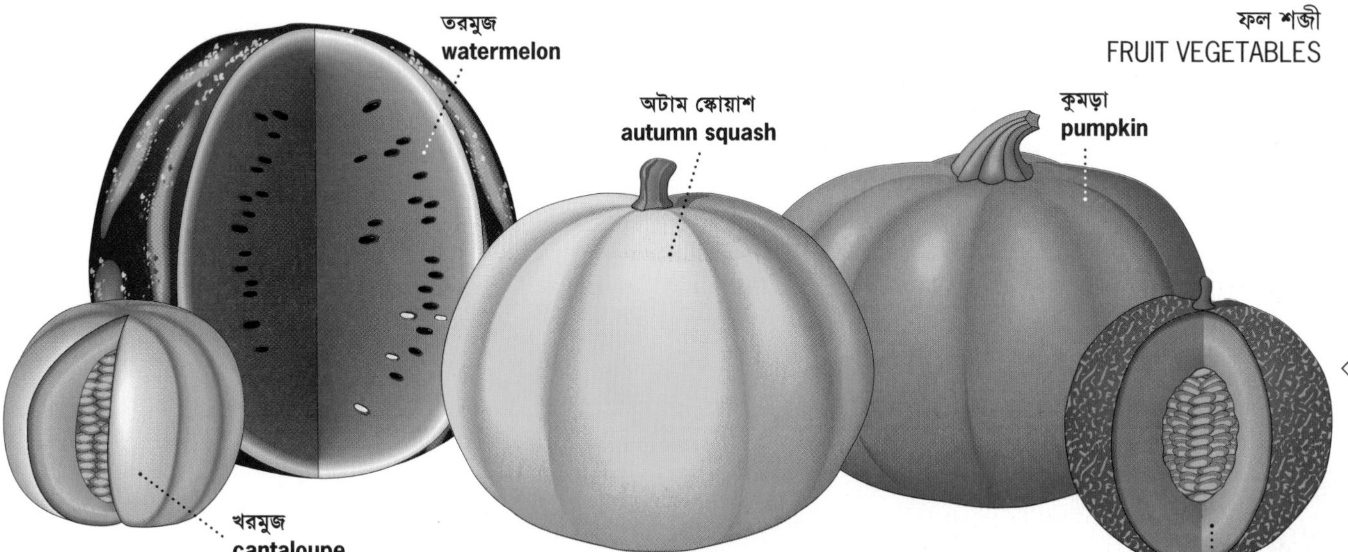

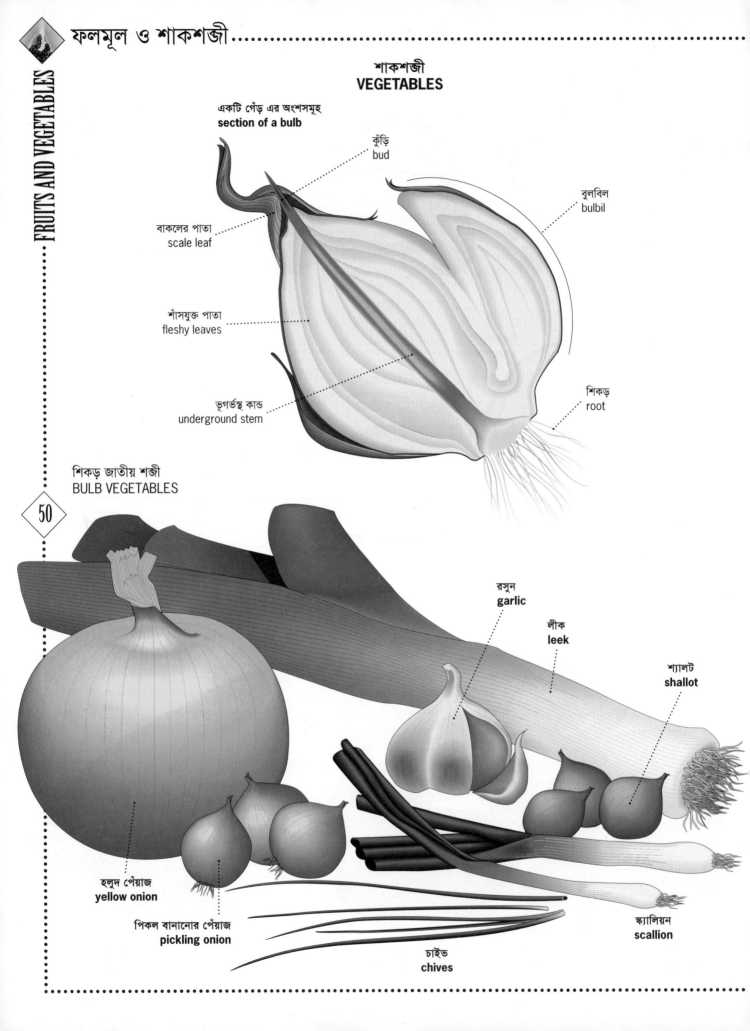

FRUITS AND VEGETABLES

শাকশব্জী
VEGETABLES

একটি গেঁড় এর অংশসমূহ
section of a bulb

কুঁড়ি
bud
বাকলের পাতা
scale leaf
শাঁসযুক্ত পাতা
fleshy leaves
ভূগর্ভস্থ কান্ড
underground stem
বুলবিল
bulbil
শিকড়
root

শিকড় জাতীয় শব্জী
BULB VEGETABLES

রসুন
garlic
লীক
leek
শ্যালট
shallot
হলুদ পেঁয়াজ
yellow onion
পিকল বানানোর পেঁয়াজ
pickling onion
চাইভ
chives
স্ক্যালিয়ন
scallion

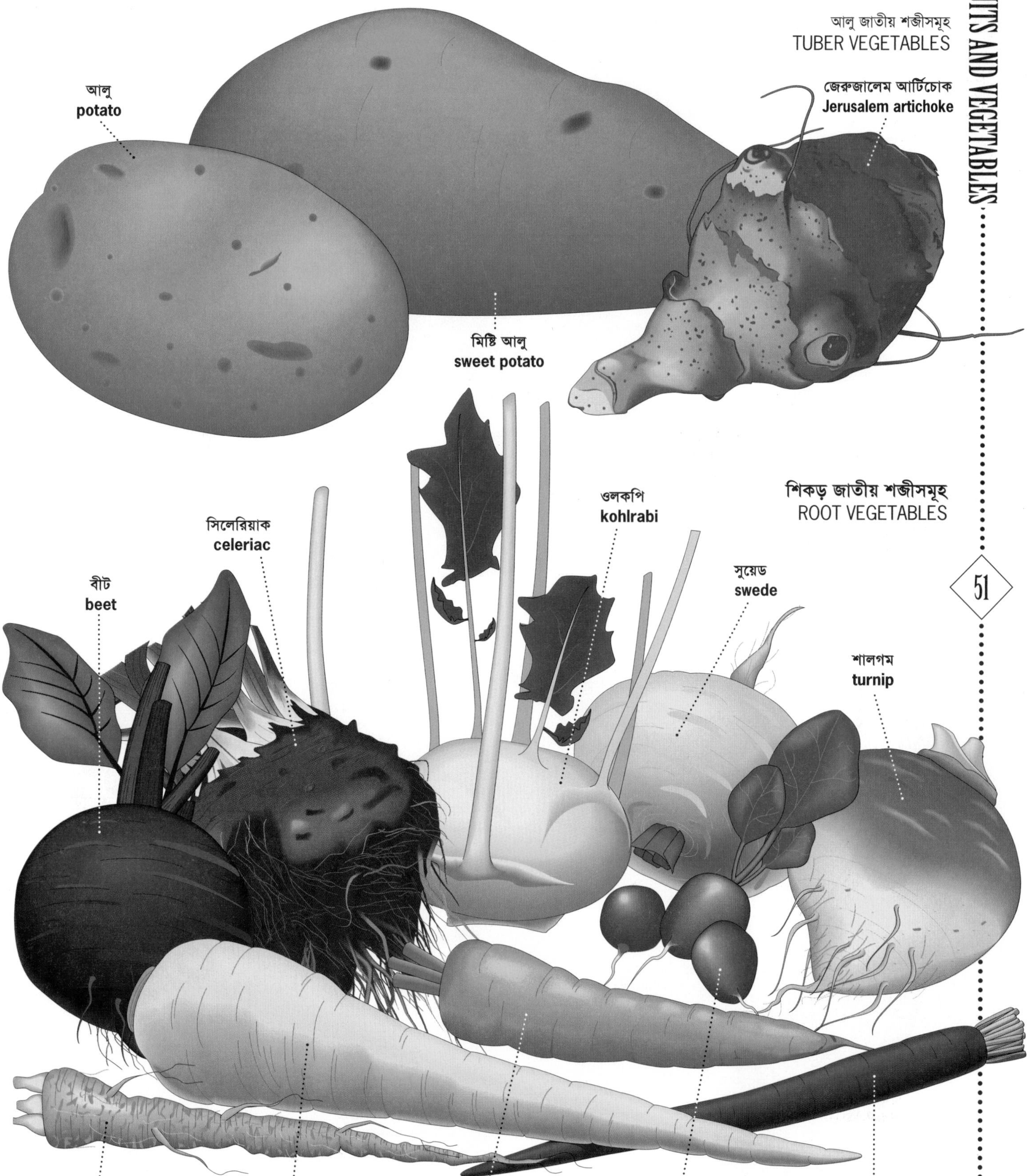

আলু জাতীয় শজীসমূহ
TUBER VEGETABLES

জেরুজালেম আর্টিচোক
Jerusalem artichoke

আলু
potato

মিষ্টি আলু
sweet potato

শিকড় জাতীয় শজীসমূহ
ROOT VEGETABLES

সিলেরিয়াক
celeriac

ওলকপি
kohlrabi

সুয়েড
swede

বীট
beet

শালগম
turnip

51

হর্সর্যাডিশ
horseradish

মূলা
parsnip

গাজর
carrot

মূলা
radish

স্যালসিফাই
salsify

শাকশজী
VEGETABLES

ডাঁটাজাতীয় শজী
STALK VEGETABLES

সুইস শার্ড
Swiss chard

কার্ডূন
cardoon

ফেনেল
fennel

রুবার্ব
rhubarb

সিলারী
celery

অ্যাসপারাগাস
asparagus

52

বীজ শজী
SEED VEGETABLES

ভূট্টা
sweet corn

চ্যাপ্টা সিম
broad beans

অড়হর
sweet peas

মটরশুঁটি
green peas

সিল্ক
silk

মসুরি
lentils

চানার ডাল
chick peas

ভ্রূণাঙ্ক
cob

খোসা
husk

শাঁস
kernel

সয়াবিন
soy beans

বীন এর কচি চারা
bean sprouts

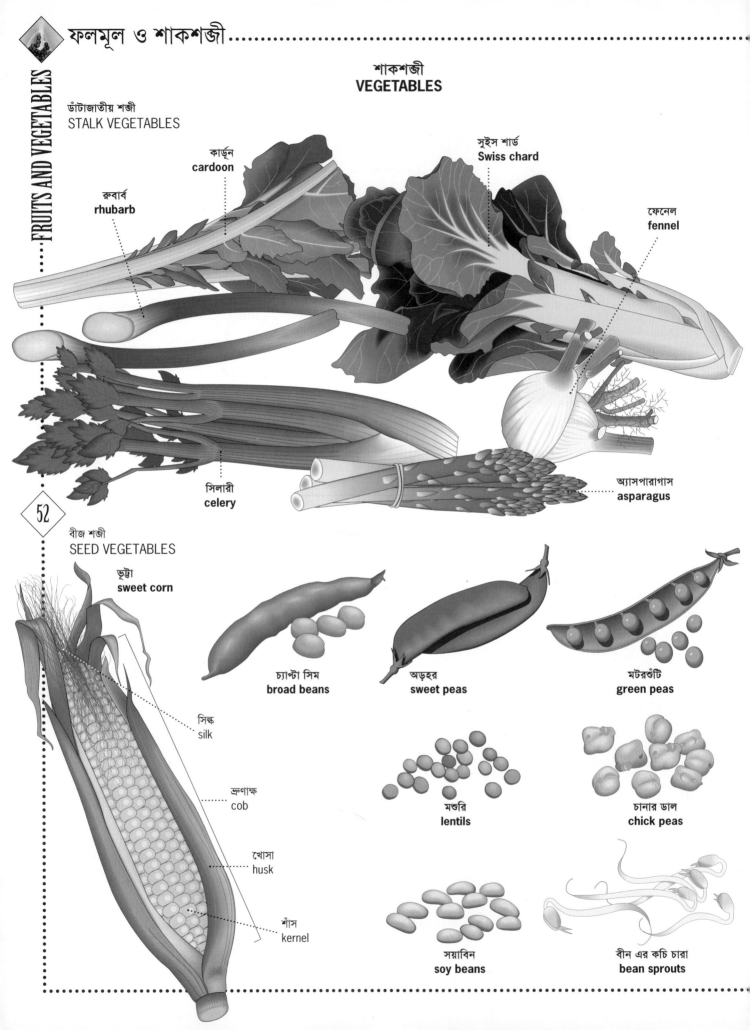

পাতা শব্জী
LEAF VEGETABLES

পাতাকপি
green cabbage
কার্লি এনডাইভ
curly endive
হোয়াইট ক্যাবেইজ
white cabbage
রোমেইন লেটুস
romaine lettuce
ব্রড লিভড্ এনডাইভ
broad-leaved endive
ক্যাবেইজ লেটুস
cabbage lettuce
পুঁইশাক
spinach
চিকোরী
chicory
চাইনিজ ক্যাবেইজ
Chinese cabbage
ডানডেলেন
dandelion
কার্লি কেইল
curly kale
ব্রাসেলস্ স্প্রাউটস্
Brussels sprouts
গার্ডেন সরেল
garden sorrel
কর্ণ সালাদ
corn salad
ওয়াটারক্রেস
watercress
ভাইন পাতা
vine leaf

বাগান করা
GARDENING

কর্ণিক
trowel

হাতে ধরা আঁকশি
hand fork

হাতে ধরা কৃষিযন্ত্র
hand cultivator

মাছকাটা কাঁচি
pruning shears

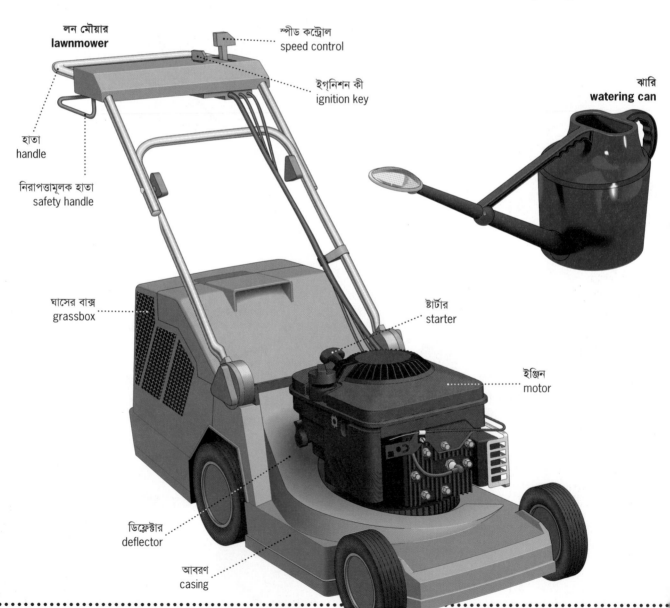

লন মৌয়ার
lawnmower

স্পীড কন্ট্রোল
speed control
ইগ্‌নিশন কী
ignition key
হাতা
handle
নিরাপত্তামূলক হাতা
safety handle
ঘাসের বাক্স
grassbox
ষ্টার্টার
starter
ইঞ্জিন
motor
ডিফ্লেক্টার
deflector
আবরণ
casing

ঝারি
watering can

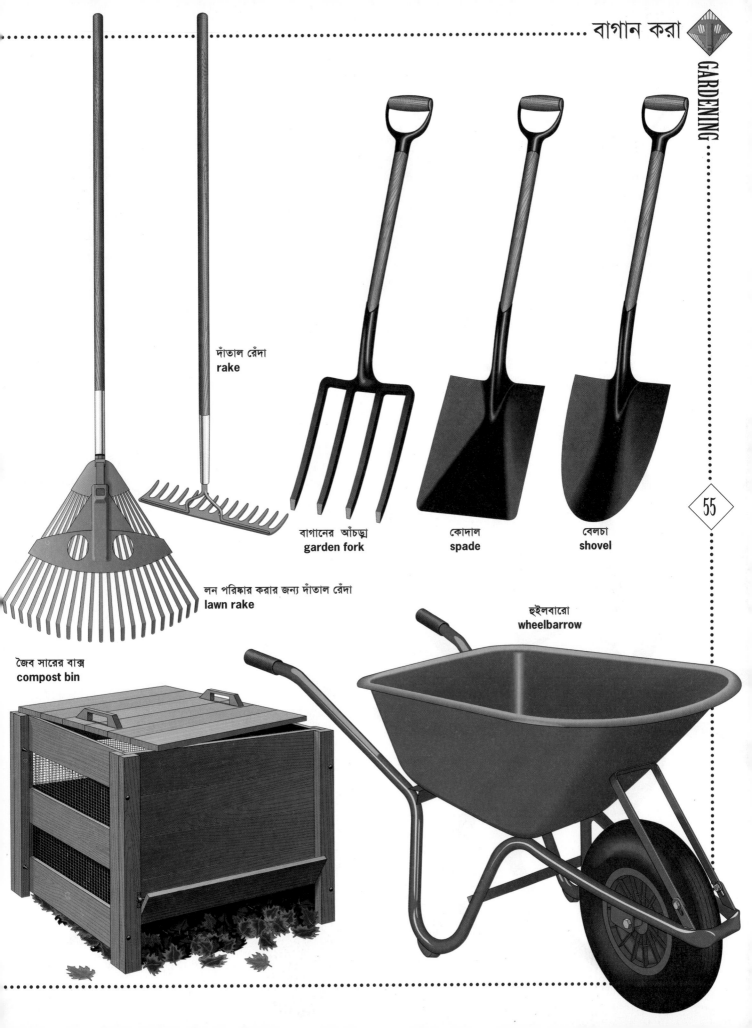

দাঁতাল রেঁদা
rake

বাগানের আঁচড়া
garden fork

কোদাল
spade

বেলচা
shovel

লন পরিষ্কার করার জন্য দাঁতাল রেঁদা
lawn rake

জৈব সারের বাক্স
compost bin

হুইলবারো
wheelbarrow

55

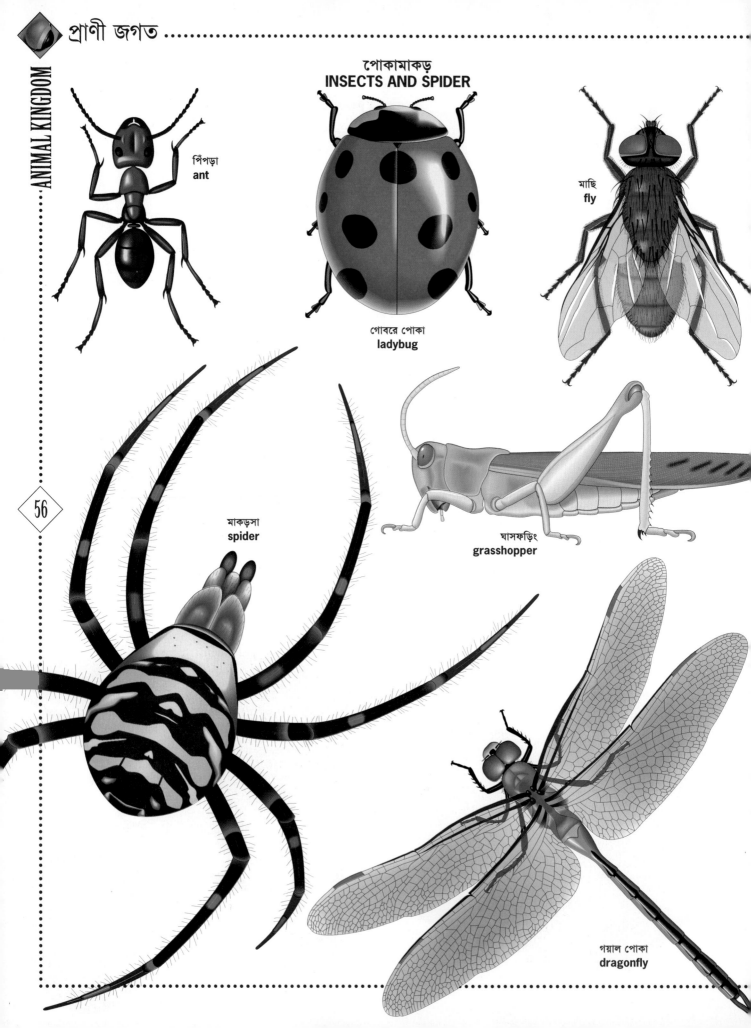

ANIMAL KINGDOM

পোকামাকড়
INSECTS AND SPIDER

পিঁপড়া
ant

গোবরে পোকা
ladybug

মাছি
fly

ঘাসফড়িং
grasshopper

মাকড়সা
spider

গয়াল পোকা
dragonfly

প্রজাপতি
BUTTERFLY

শুঁয়াপোকা
caterpillar

মাথা
head

সরল চোখ
simple eye

চোয়াল
mandible

হাঁটার পা
walking leg

সামনের পা
proleg

সামনের ডানা
forewing

শুঁয়াপোকা
chrysalis

ডানার শিরা
wing vein

সেল
cell

বুক
thorax

মাথা
head

শুঁড়
antenna

পিছনের ডানা
hind wing

ওষ্ঠ
labial palp

জটিল চোখ
compound eye

হুল
proboscis

সামনের পা
foreleg

মধ্যের পা
middle leg

থাবা
claw

পিছনের পা
hind leg

পেঠ
abdomen

জটিল চোখ
HONEYBEE

শ্রমিক
worker

মাথা
head

সাধারণ চোখ
simple eye

বুক
thorax

জটিল চোখ
compound eye

শুঁড়
antenna

চোয়াল
mandible

সামনের পা
foreleg

মধ্যের পা
middle leg

পরাগের ঝুড়ি
pollen basket

রাণী
queen

পুরুষ মৌমাছি
drone

শ্রমিক
worker

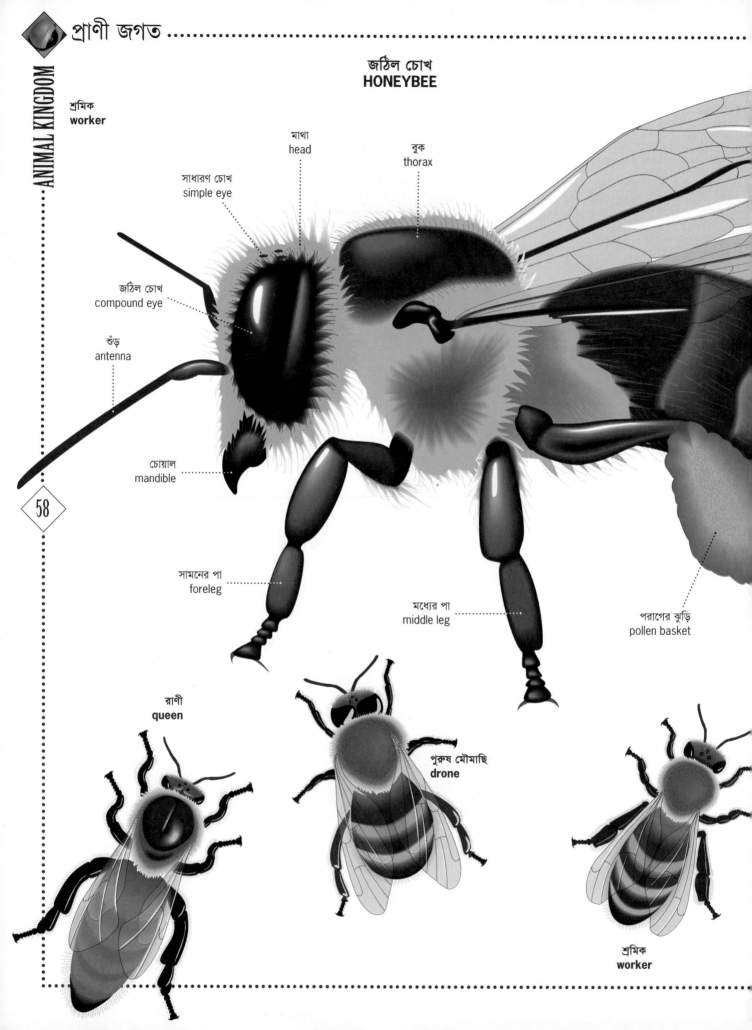

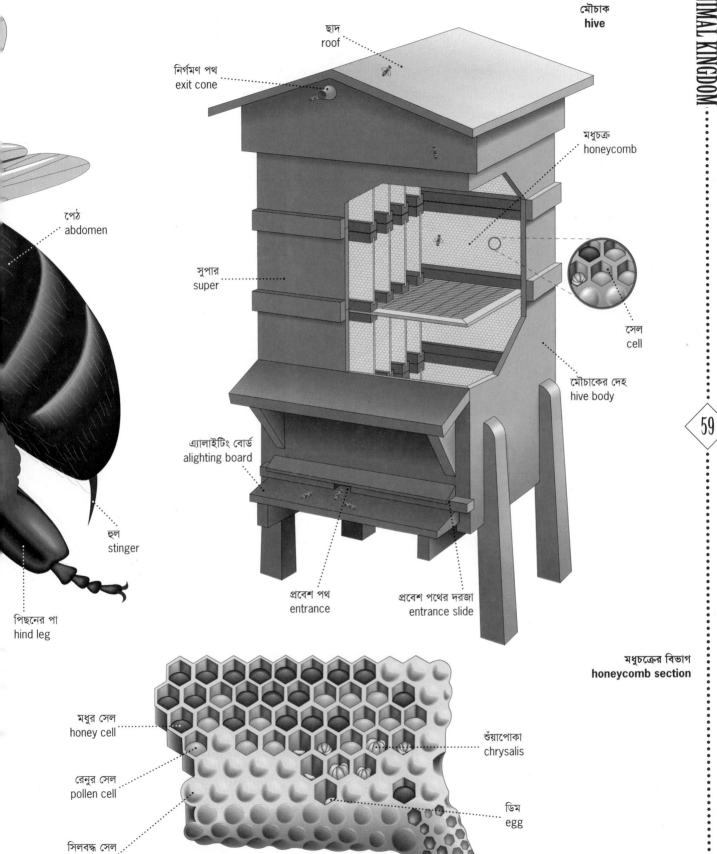

মৌচাক
hive

ছাদ
roof

নির্গমণ পথ
exit cone

মধুচক্র
honeycomb

পেঠ
abdomen

সুপার
super

সেল
cell

মৌচাকের দেহ
hive body

হুল
stinger

এ্যালাইটিং বোর্ড
alighting board

পিছনের পা
hind leg

প্রবেশ পথ
entrance

প্রবেশ পথের দরজা
entrance slide

মধুচক্রের বিভাগ
honeycomb section

মধুর সেল
honey cell

শুঁয়াপোকা
chrysalis

রেনুর সেল
pollen cell

ডিম
egg

সিলবদ্ধ সেল
sealed cell

রাণীর সেল
queen cell

ANIMAL KINGDOM

উভচর প্রাণীসমূহ
AMPHIBIANS

ব্যাঙ
frog

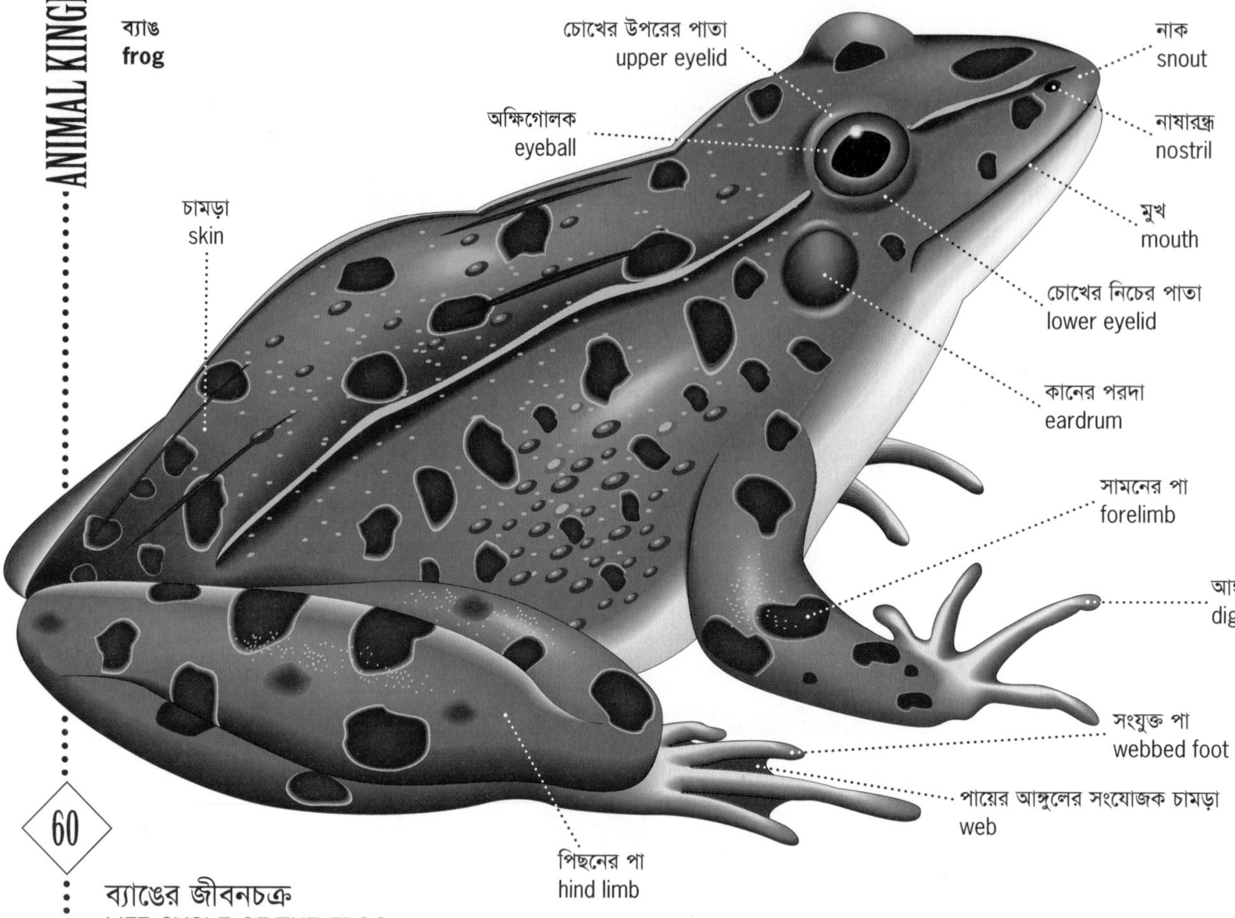

চোখের উপরের পাতা
upper eyelid

অক্ষিগোলক
eyeball

নাক
snout

নাষারন্ধ্র
nostril

মুখ
mouth

চোখের নিচের পাতা
lower eyelid

চামড়া
skin

কানের পরদা
eardrum

সামনের পা
forelimb

আঙ্গুল
digit

সংযুক্ত পা
webbed foot

পায়ের আঙ্গুলের সংযোজক চামড়া
web

পিছনের পা
hind limb

60

ব্যাঙের জীবনচক্র
LIFE CYCLE OF THE FROG

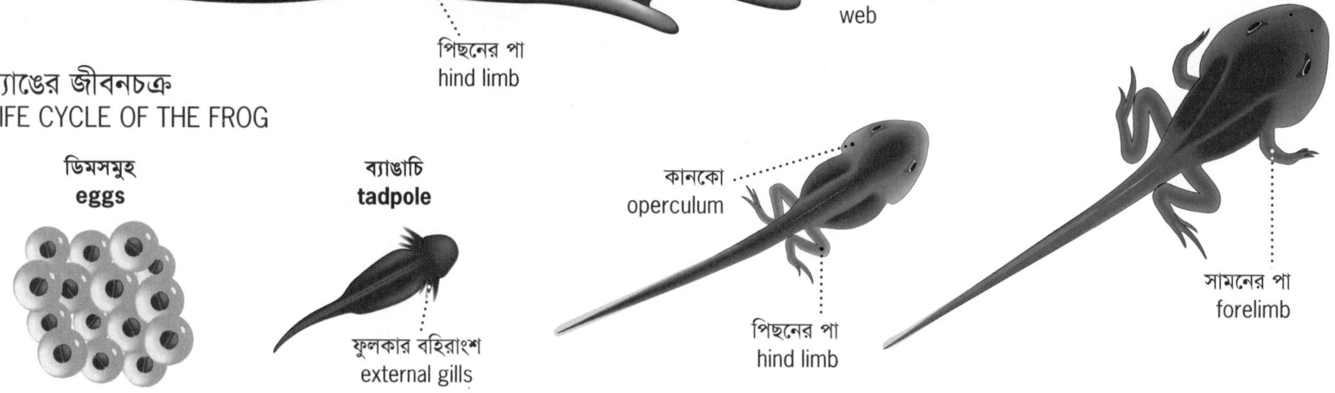

ডিমসমূহ
eggs

ব্যাঙাচি
tadpole

ফুলকার বহিরাংশ
external gills

কানকো
operculum

পিছনের পা
hind limb

সামনের পা
forelimb

প্রধান উভচর প্রাণীসমূহ
MAJOR AMPHIBIANS

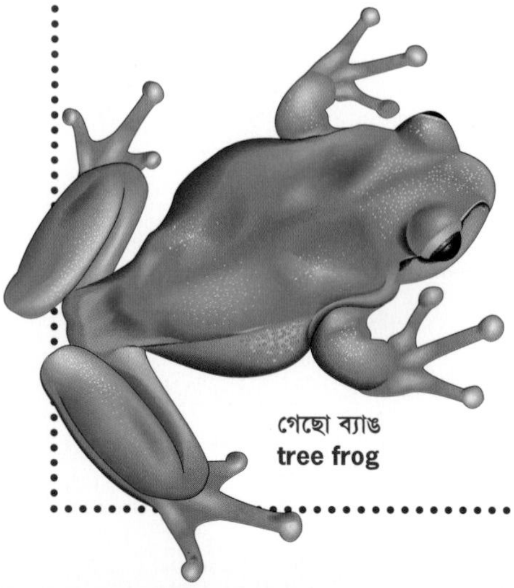

সালামেন্ডার
salamander

গেছো ব্যাঙ
tree frog

টোড (বিশেষ প্রজাতির ব্যাঙ)
toad

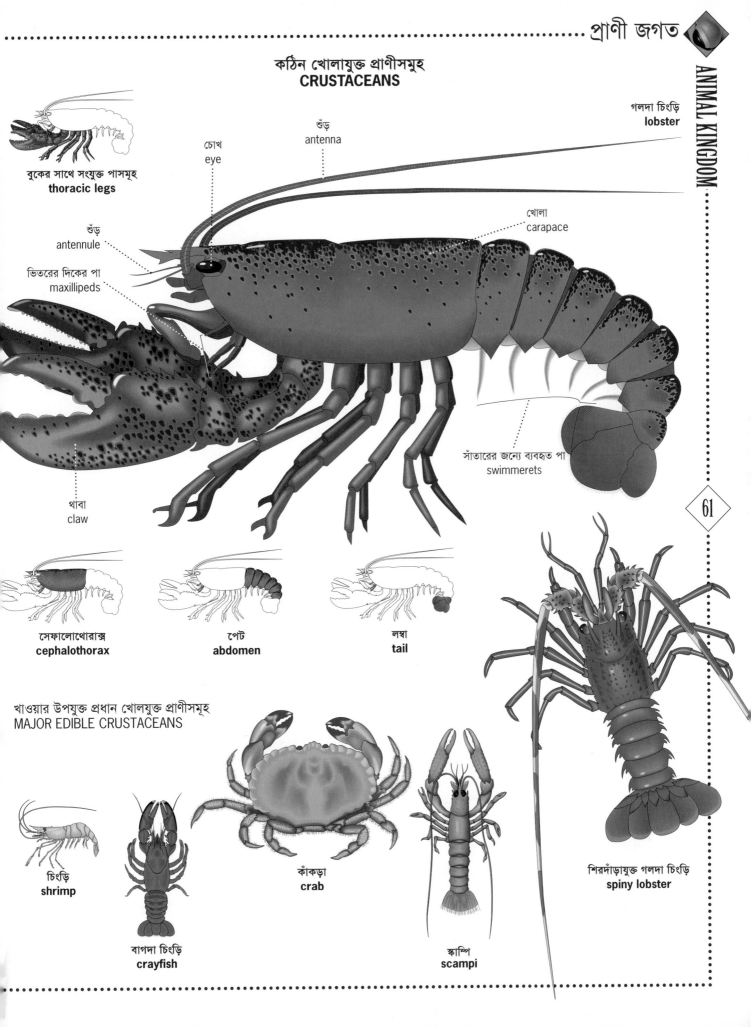

কঠিন খোলাযুক্ত প্রাণীসমূহ
CRUSTACEANS

বুকের সাথে সংযুক্ত পাসমূহ
thoracic legs

গলদা চিংড়ি
lobster

চোখ
eye

শুঁড়
antenna

শুঁড়
antennule

ভিতরের দিকের পা
maxillipeds

খোলা
carapace

সাঁতারের জন্যে ব্যবহৃত পা
swimmerets

থাবা
claw

সেফালোথোরাক্স
cephalothorax

পেট
abdomen

লম্বা
tail

খাওয়ার উপযুক্ত প্রধান খোলযুক্ত প্রাণীসমূহ
MAJOR EDIBLE CRUSTACEANS

চিংড়ি
shrimp

বাগদা চিংড়ি
crayfish

কাঁকড়া
crab

স্ক্যাম্পি
scampi

শিরদাঁড়াযুক্ত গলদা চিংড়ি
spiny lobster

61

অঙ্গ সংস্থাপন বিদ্যা
MORPHOLOGY

মাছসমূহ
FISHES

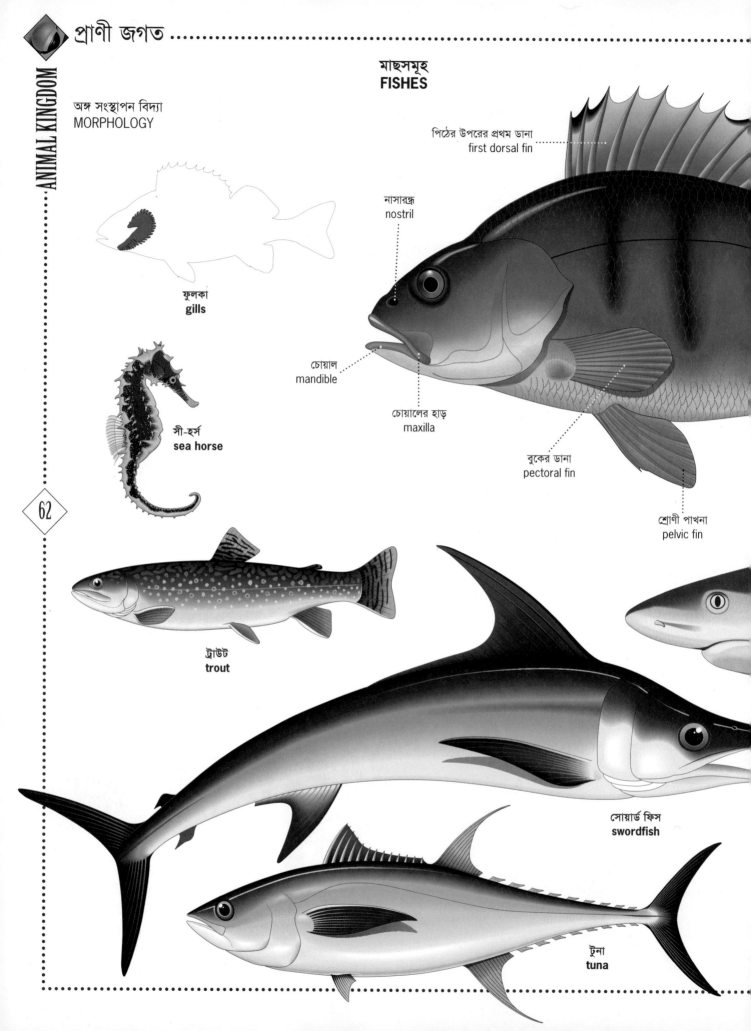

ফুলকা
gills

সী-হর্স
sea horse

পিঠের উপরের প্রথম ডানা
first dorsal fin

নাসারন্ধ্র
nostril

চোয়াল
mandible

চোয়ালের হাড়
maxilla

বুকের ডানা
pectoral fin

শ্রোণী পাখনা
pelvic fin

ট্রাউট
trout

সোয়ার্ড ফিস
swordfish

টুনা
tuna

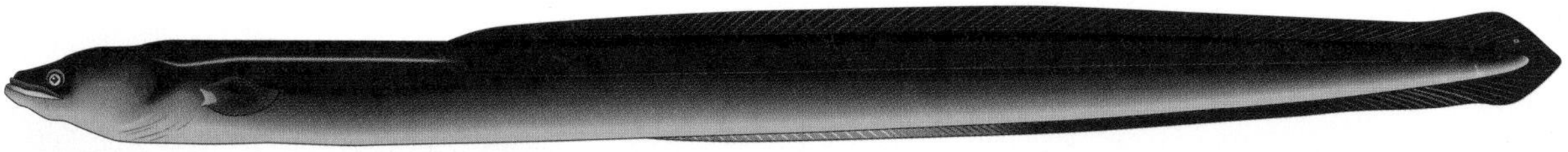

বাইন বা বাইন জাতীয় মাছ
eel

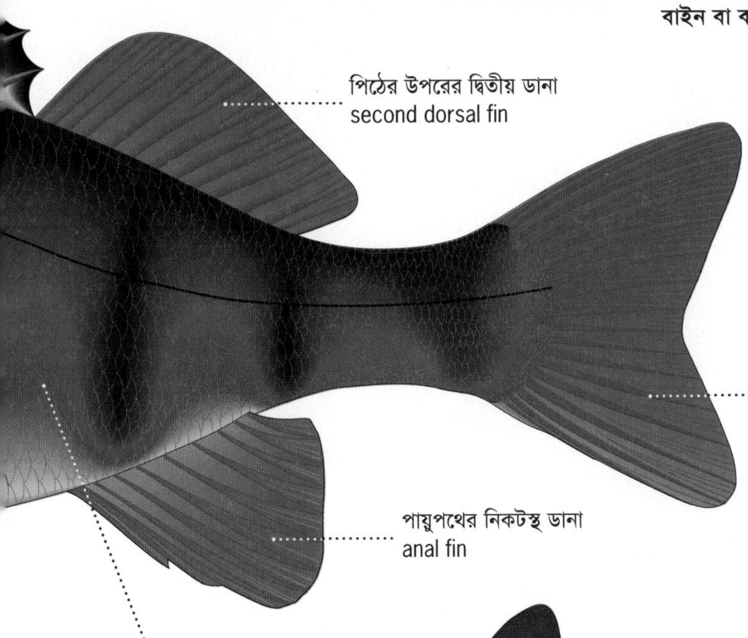

পিঠের উপরের দ্বিতীয় ডানা
second dorsal fin

ব্ল্যাক বাস্
black bass

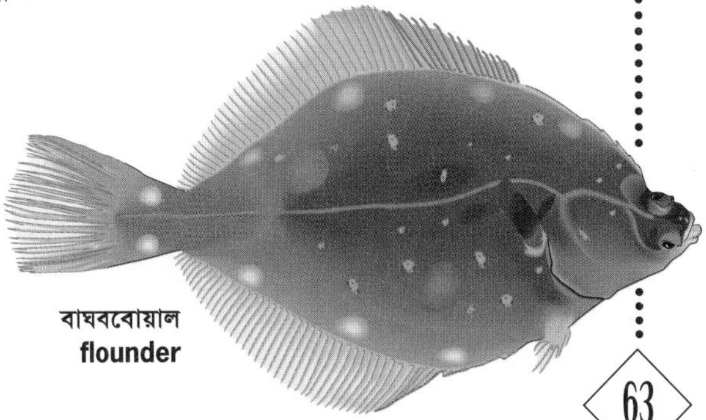

লেজের ডানা
caudal fin

পায়ুপথের নিকটস্থ ডানা
anal fin

বাঘবৰোয়াল
flounder

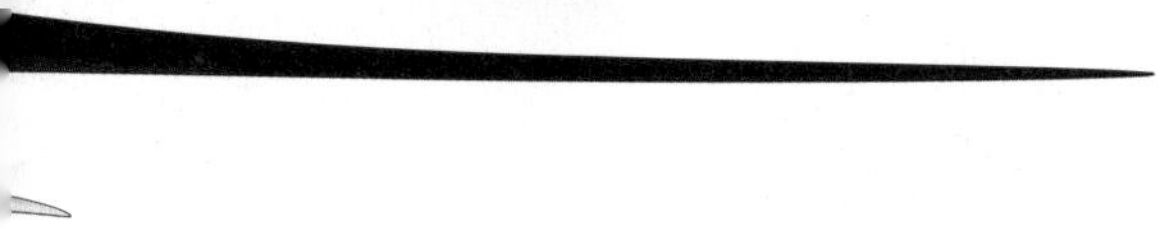

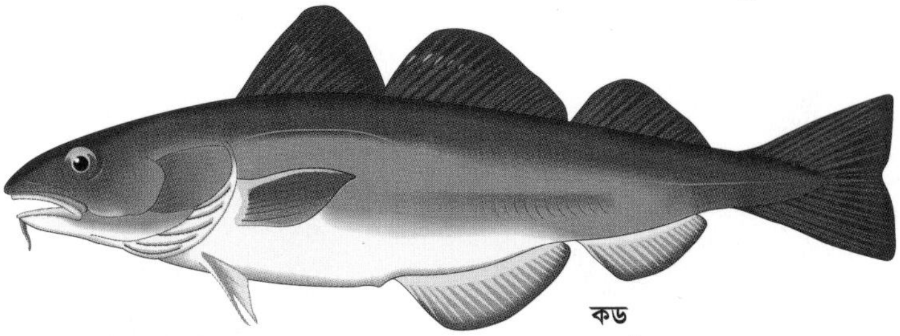

আঁশ
scale

63

হাঙ্গর
shark

বাইনজাতীয় মাছ
pike

কড
cod

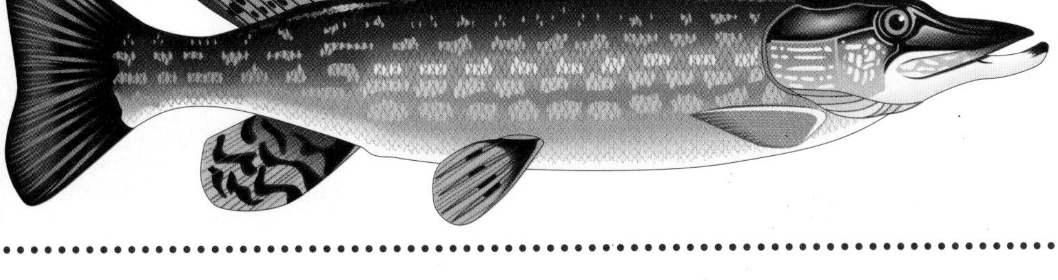

সরিসৃপসমূহ
REPTILES

কচ্ছপ
turtle

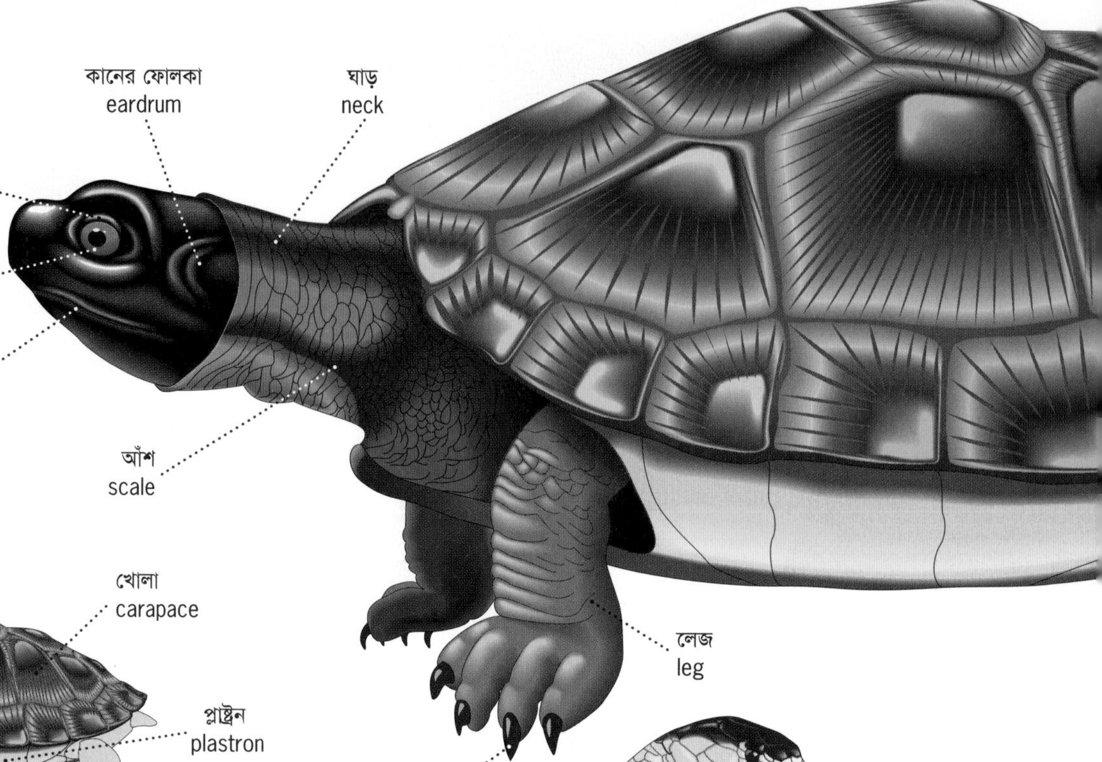

কানের ফোলকা
eardrum

ঘাড়
neck

চোখের পাতা
eyelid

চোখ
eye

শিঙের ন্যায় শক্ত ঠোঁট
horny beak

আঁশ
scale

খোলা
shell

খোলা
carapace

প্লাস্ট্রন
plastron

লেজ
leg

থাবা
claw

বিষাক্ত সাপের মাথা
venomous snake's head

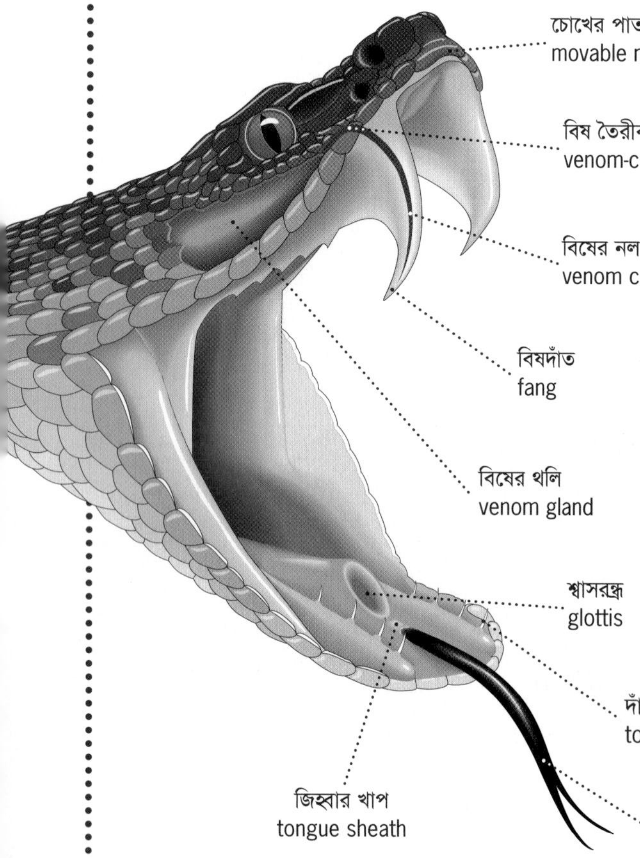

চোখের পাতা
movable maxillary

বিষ তৈরীকারী টিউব
venom-conducting tube

বিষের নল
venom canal

বিষদাঁত
fang

বিষের থলি
venom gland

শ্বাসরন্ধ্র
glottis

দাঁত
tooth

জিহ্বার খাপ
tongue sheath

দাঁতযুক্ত জিহ্বা
forked tongue

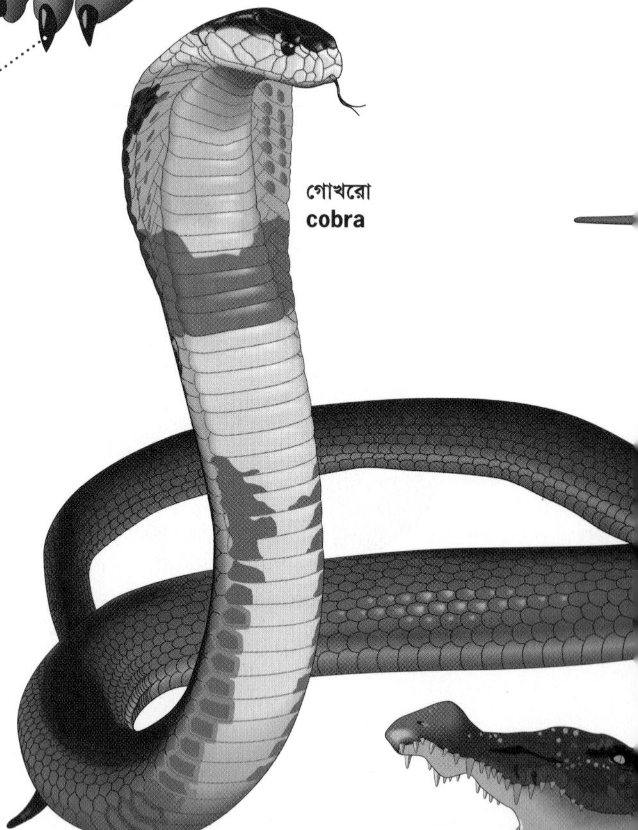

গোখরো
cobra

কুমীর
crocodile

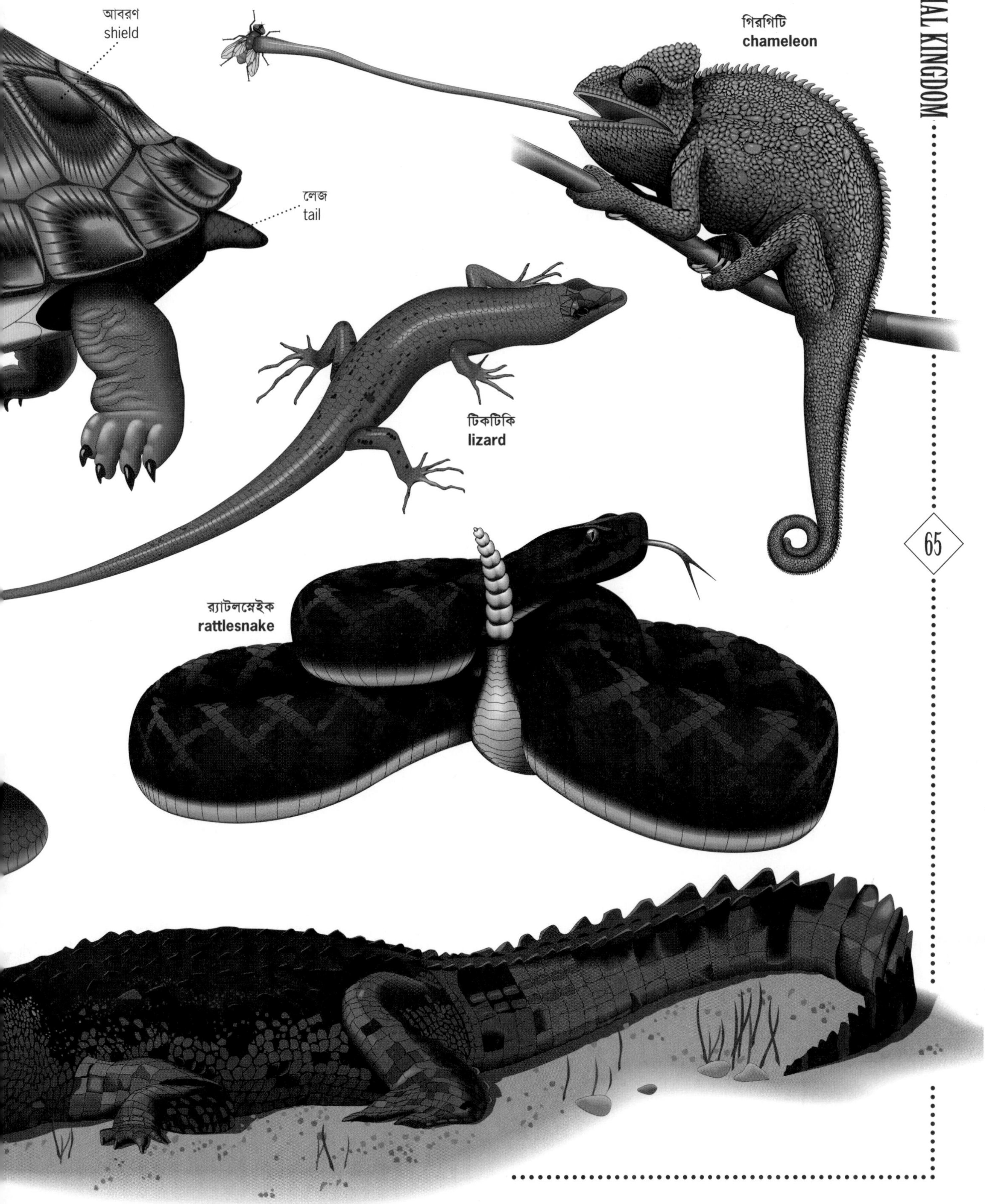

আবরণ
shield

গিরগিটি
chameleon

লেজ
tail

টিকটিকি
lizard

র্যাটলস্নেইক
rattlesnake

বিড়াল
CAT

গোঁফ
whiskers

চোখের উপরের পাতা
upper eyelid

চোখের নিচের পাতা
lower eyelid

চোখ বন্ধ করার ঝিল্লি
nictitating membrane

গোঁফ
whiskers

ঠোঁট
lip

অক্ষিপক্ষ
eyelashes

চোখের মণি
pupil

নাকের চামড়া
nose leather

নাক
muzzle

কুকুর
DOG

দেহের গঠণপদ্ধতি
MORPHOLOGY

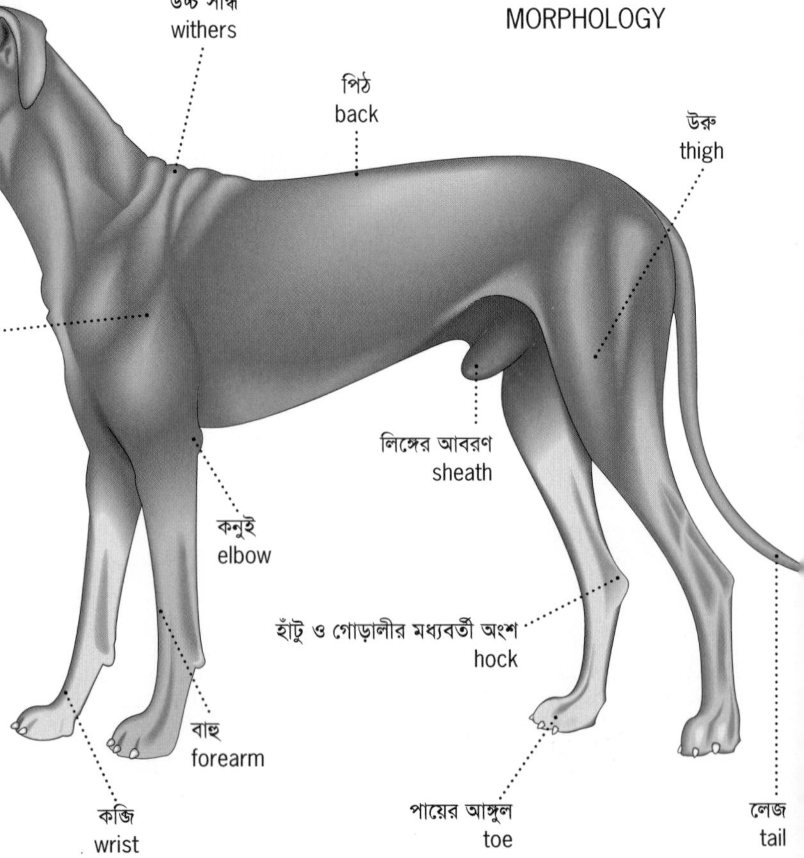

ষ্টপ
stop

নাক
muzzle

ঝুলে পড়া ঠোঁট
flews

গাল
cheek

উচ্চ সন্ধি
withers

পিঠ
back

উরু
thigh

কাঁধ
shoulder

লিঙ্গের আবরণ
sheath

কুকুরের সামনের পা
dog's forepaw

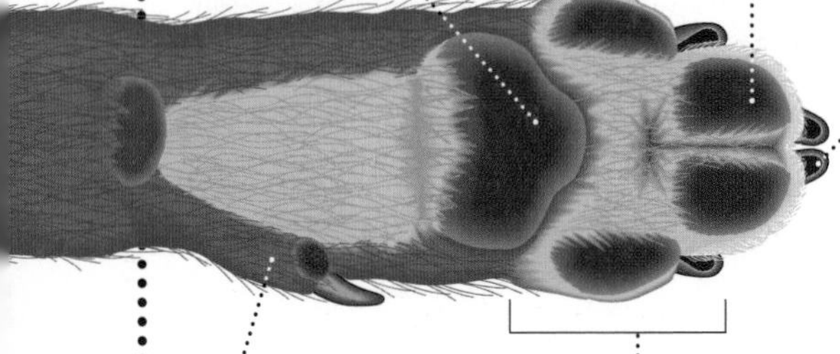

পায়ের পাতা
palmar pad

আঙুলের পাতা
digital pad

থাবা
claw

কনুই
elbow

হাঁটু ও গোড়ালীর মধ্যবর্তী অংশ
hock

ডিউক্লো
dewclaw

আঙুল
toe

কজি
wrist

বাহু
forearm

পায়ের আঙুল
toe

লেজ
tail

ঘোড়া
HORSE

কপালের চুল
forelock

নাক
nose

নাসারন্ধ্র
nostril

নাক
muzzle

ঠোঁট
lip

কেশর
mane

উচ্চ সন্ধি
withers

পিঠ
back

পার্শ্বভাগ
flank

কটি
loin

ঘোড়ার পিঠের পিছনের অংশ
croup

লেজ
tail

গলা
neck

ঘাড়
shoulder

বুক
chest

বাহু
arm

কনুই
elbow

হাঁটু
knee

চেস্টনাট
chestnut

খুরের উর্দ্ধাংশের জোড়া
fetlock joint

খুরের নিম্নাংশ
coronet

খুরের উর্দ্ধাংশ
fetlock

পেট
belly

লিংগের আবরণ
sheath

উরু
thigh

উরুর ভিতরের অংশ
gaskin

কপালের চুল
pastern

খুর
hoof

হাঁটু ও গোড়ালীর মধ্যবর্তী অংশ
hock

হাঁটুর নিচের হাড়
cannon

প্রাণী জগত

খামারের জীবজন্তু
FARM ANIMALS

মুরগী
hen

মুরগীর বাচ্চা
chick

মোরগ
rooster; cock

হংসী
goose

হাঁস
duck

টার্কি
turkey

গাভী
cow

বাছুর
calf

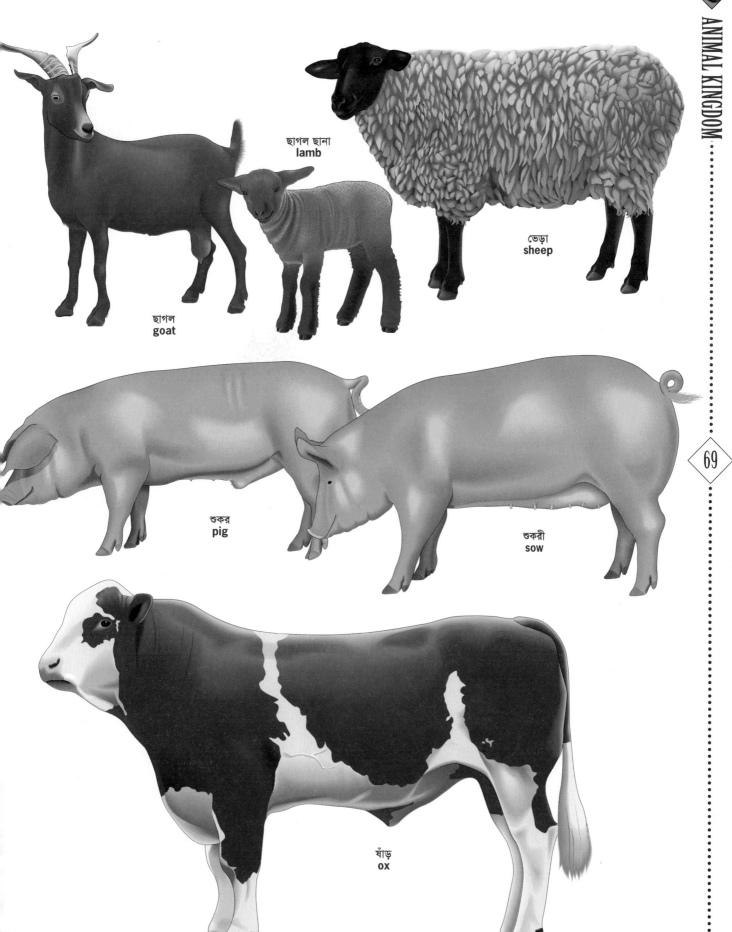

ছাগল ছানা
lamb

ভেড়া
sheep

ছাগল
goat

শুকর
pig

শুকরী
sow

ষাঁড়
ox

চোয়ালের প্রকারভেদ
TYPES OF JAWS

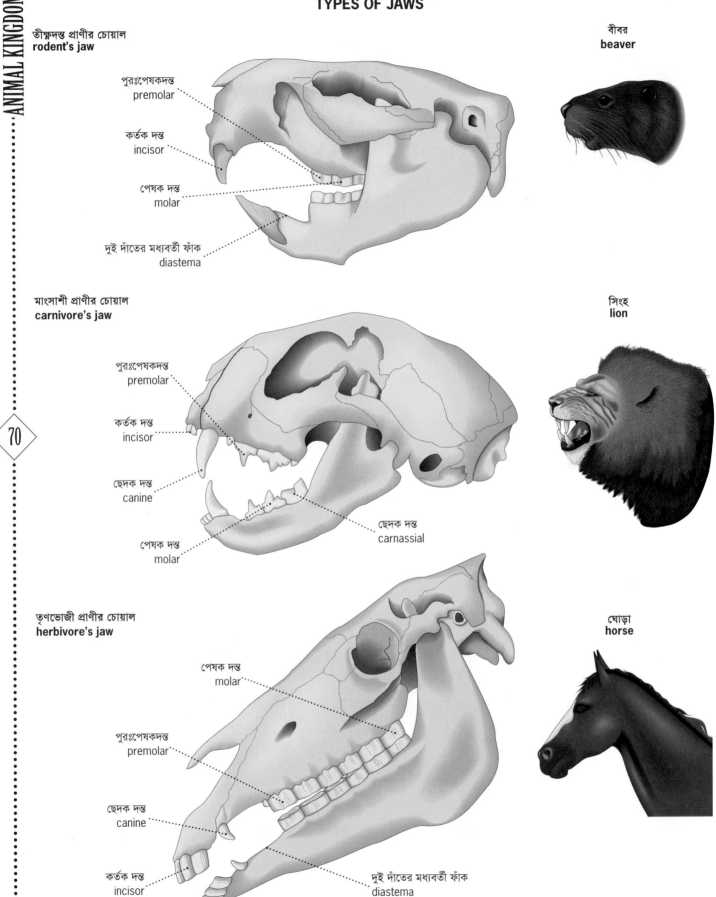

তীক্ষ্ণদন্ত প্রাণীর চোয়াল
rodent's jaw

বীবর
beaver

পুরঃপেষকদন্ত
premolar

কর্তক দন্ত
incisor

পেষক দন্ত
molar

দুই দাঁতের মধ্যবর্তী ফাঁক
diastema

মাংসাশী প্রাণীর চোয়াল
carnivore's jaw

সিংহ
lion

পুরঃপেষকদন্ত
premolar

কর্তক দন্ত
incisor

ছেদক দন্ত
canine

ছেদক দন্ত
carnassial

পেষক দন্ত
molar

তৃণভোজী প্রাণীর চোয়াল
herbivore's jaw

ঘোড়া
horse

পেষক দন্ত
molar

পুরঃপেষকদন্ত
premolar

ছেদক দন্ত
canine

কর্তক দন্ত
incisor

দুই দাঁতের মধ্যবর্তী ফাঁক
diastema

শিং এর প্রধান শ্রেণীসমূহ
MAJOR TYPES OF HORNS

পাহাড়ী ভেড়ার শিং
horns of mouflon

জিরাফের শিং
horns of giraffe

রিনোসেরাসের শিং
horns of rhinoceros

বাইরের দাঁতের প্রধান শ্রেণীসমূহ
MAJOR TYPES OF TUSKS

ওয়ালরাসের দাঁত
tusks of walrus

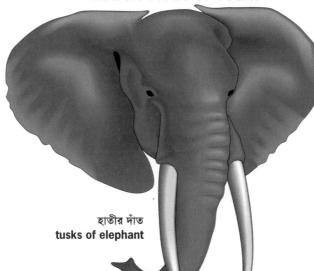

হাতীর দাঁত
tusks of elephant

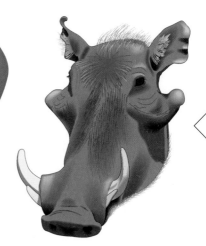

ওয়ার্ট হগের দাঁত
tusks of wart hog

খুরের প্রকারভেদ
TYPES OF HOOFS

এক আঙ্গুল খুর
one-toe hoof

দুই আঙ্গুল খুর
two-toed hoof

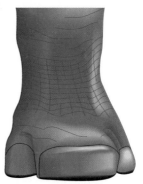

তিন আঙ্গুল খুর
three-toed hoof

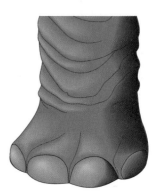

চার আঙ্গুল খুর
four-toed hoof

ANIMAL KINGDOM

বন্য প্রাণীসমূহ
WILD ANIMALS

জিরাফ
giraffe

মেরু ভল্লুক
polar bear

বানর
monkey

সিংহ
lion

72

ডলফিন
dolphin

তিমি
whale

ক্যাঙ্গারু
kangaroo

হাতি
elephant

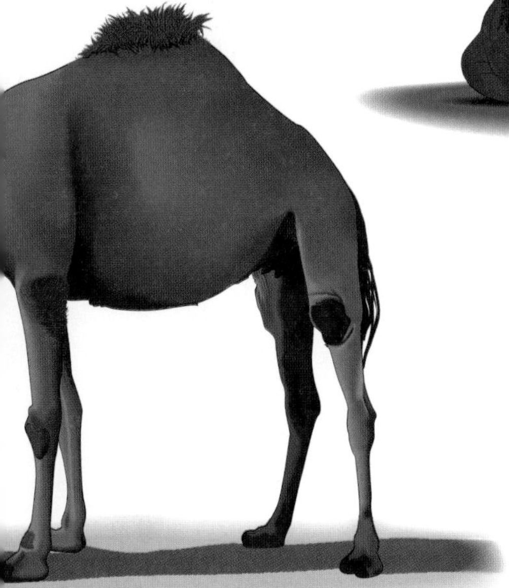

এক কুঁজ বিশিষ্ট উট: আরবীয় উট
dromedary; Arabian camel

জেব্রা
zebra

সাদা লেজ হরিণ
white-tailed deer

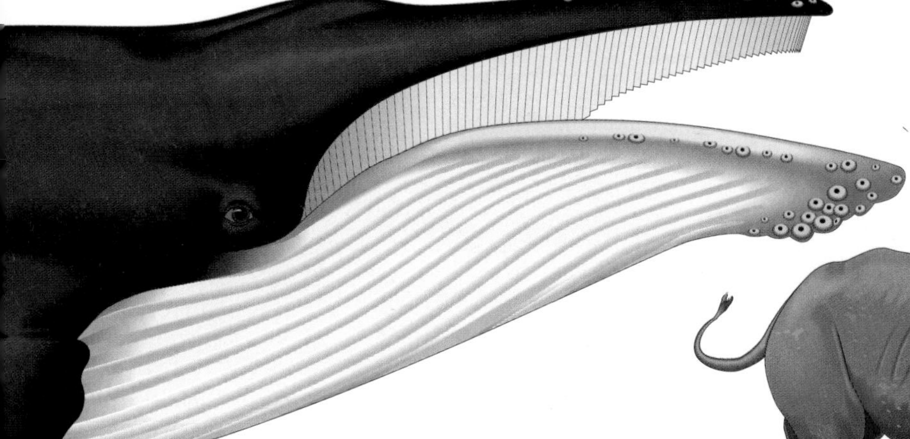

রিনোসেরাস
rhinoceros

73

পাখী
BIRD

পাখীর ঠোঁটের প্রধান শ্রেণীসমূহ
PRINCIPAL TYPES OF BILLS

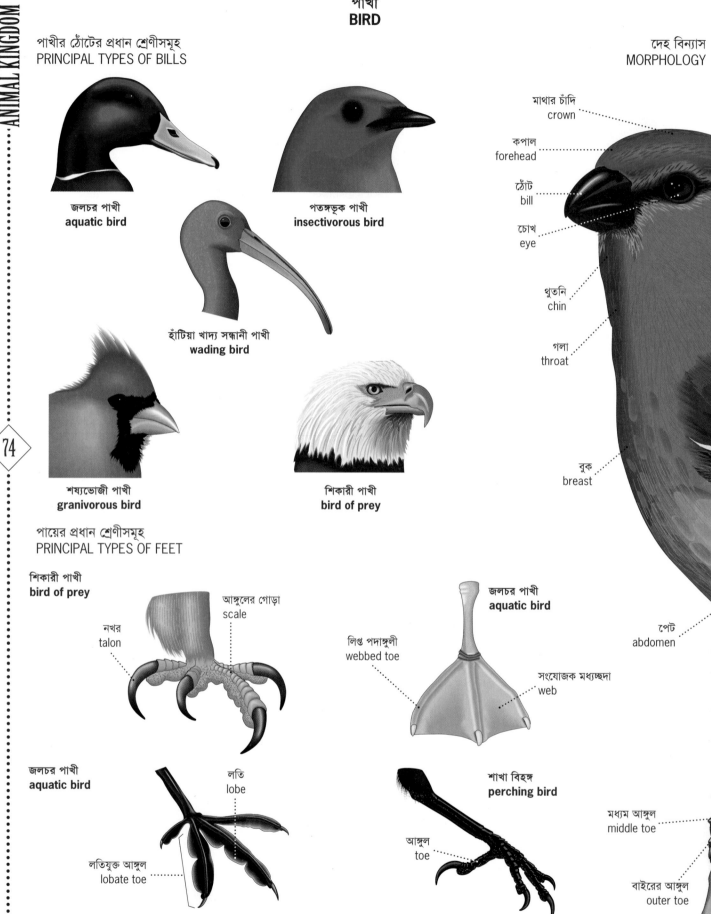

জলচর পাখী
aquatic bird

পতঙ্গভূক পাখী
insectivorous bird

হাঁটিয়া খাদ্য সন্ধানী পাখী
wading bird

শষ্যভোজী পাখী
granivorous bird

শিকারী পাখী
bird of prey

দেহ বিন্যাস
MORPHOLOGY

মাথার চাঁদি
crown
কপাল
forehead
ঠোঁট
bill
চোখ
eye
থুতনি
chin
গলা
throat
বুক
breast
পেট
abdomen
মধ্যম আঙ্গুল
middle toe
বাইরের আঙ্গুল
outer toe

পায়ের প্রধান শ্রেণীসমূহ
PRINCIPAL TYPES OF FEET

শিকারী পাখী
bird of prey

আঙ্গুলের গোড়া
scale
নখর
talon

জলচর পাখী
aquatic bird

লিপ্ত পদাঙ্গুলী
webbed toe
সংযোজক মধ্যচ্ছদা
web

জলচর পাখী
aquatic bird

লতি
lobe
লতিযুক্ত আঙ্গুল
lobate toe

শাখা বিহঙ্গ
perching bird

আঙ্গুল
toe

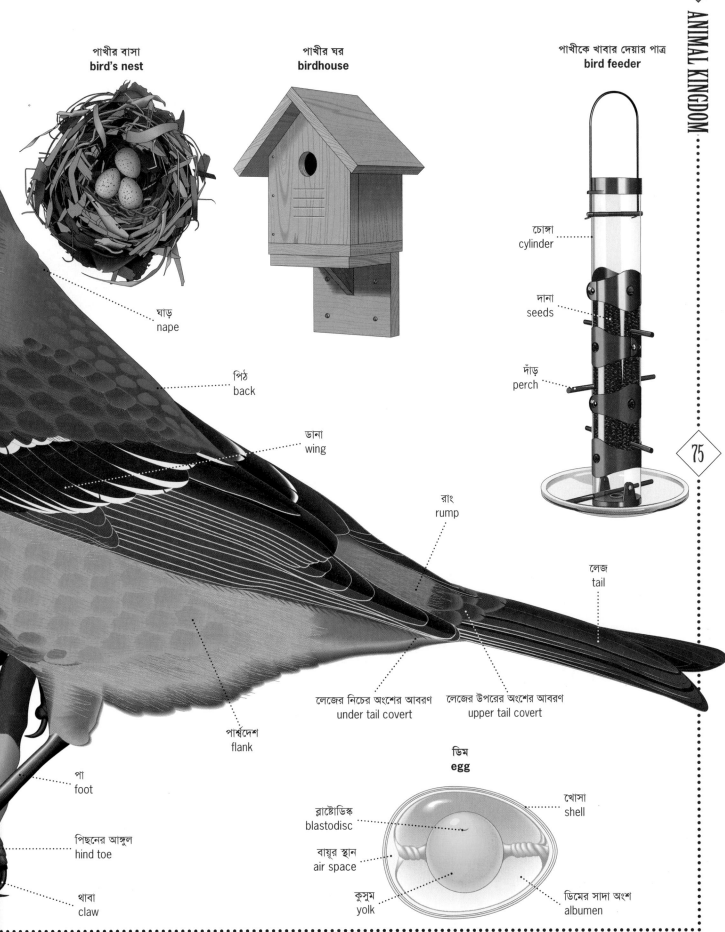

পাখীর বাসা
bird's nest

পাখীর ঘর
birdhouse

পাখীকে খাবার দেয়ার পাত্র
bird feeder

চোঙ্গা
cylinder

দানা
seeds

দাঁড়
perch

ঘাড়
nape

পিঠ
back

ডানা
wing

রাং
rump

লেজ
tail

লেজের নিচের অংশের আবরণ
under tail covert

লেজের উপরের অংশের আবরণ
upper tail covert

পার্শ্বদেশ
flank

পা
foot

পিছনের আঙ্গুল
hind toe

থাবা
claw

ডিম
egg

ব্লাস্টোডিস্ক
blastodisc

বায়ুর স্থান
air space

কুসুম
yolk

খোসা
shell

ডিমের সাদা অংশ
albumen

পাখীর উদাহরণসমূহ
EXAMPLES OF BIRDS

কাক
crow

টিয়া
parrot

সারস
stork

সোয়ালো
swallow

ফ্লেমিঙ্গো
flamingo

উট পাখি
ostrich

রবিন
robin

নীলকণ্ঠ পাখি
blue jay

পেঁচা
owl

হামিং বার্ড
hummingbird

পাপিয়া
nightingale

ময়ূর
peacock

মানবদেহ, সম্মুখভাগের দৃশ্য
HUMAN BODY, ANTERIOR VIEW

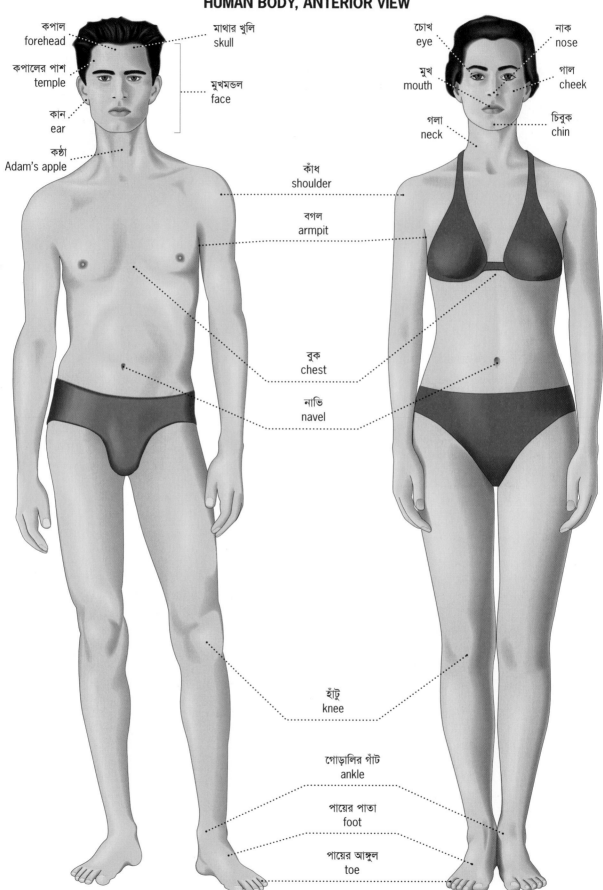

কপাল
forehead
মাথার খুলি
skull
কপালের পাশ
temple
মুখমন্ডল
face
কান
ear
কণ্ঠা
Adam's apple
চোখ
eye
নাক
nose
মুখ
mouth
গাল
cheek
গলা
neck
চিবুক
chin
কাঁধ
shoulder
বগল
armpit
বুক
chest
নাভি
navel
হাঁটু
knee
গোড়ালির গাঁট
ankle
পায়ের পাতা
foot
পায়ের আঙ্গুল
toe

মানবদেহ, পশ্চাদভাগের দৃশ্য
HUMAN BODY, POSTERIOR VIEW

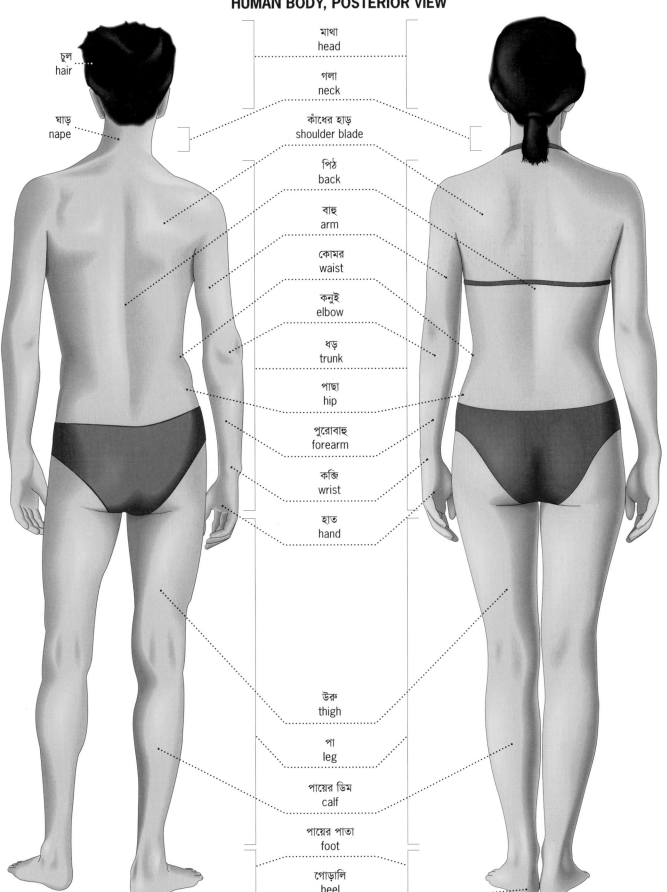

চুল
hair

ঘাড়
nape

মাথা
head

গলা
neck

কাঁধের হাড়
shoulder blade

পিঠ
back

বাহু
arm

কোমর
waist

কনুই
elbow

ধড়
trunk

পাছা
hip

পুরোবাহু
forearm

কজ্জি
wrist

হাত
hand

উরু
thigh

পা
leg

পায়ের ডিম
calf

পায়ের পাতা
foot

গোড়ালি
heel

কংকাল
SKELETON

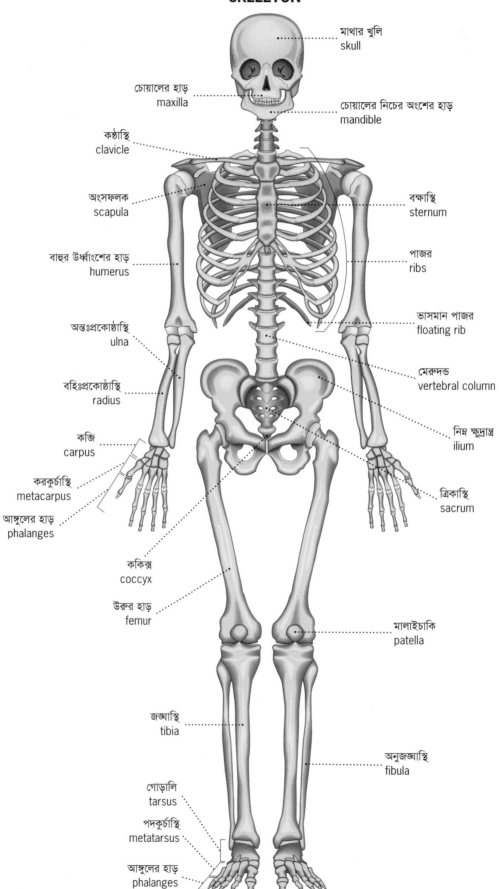

মাথার খুলি
skull

চোয়ালের হাড়
maxilla

চোয়ালের নিচের অংশের হাড়
mandible

কণ্ঠাস্থি
clavicle

অংসফলক
scapula

বক্ষাস্থি
sternum

বাহুর উর্ধ্বাংশের হাড়
humerus

পাজর
ribs

অন্তঃপ্রকোষ্ঠাস্থি
ulna

ভাসমান পাজর
floating rib

বহিঃপ্রকোষ্ঠাস্থি
radius

মেরুদণ্ড
vertebral column

কজ্জি
carpus

নিম্ন ক্ষুদ্রান্ত
ilium

করকুর্চাস্থি
metacarpus

আঙ্গুলের হাড়
phalanges

ত্রিকাস্থি
sacrum

ককিক্স
coccyx

উরুর হাড়
femur

মালাইচাকি
patella

জঙ্ঘাস্থি
tibia

অনুজঙ্ঘাস্থি
fibula

গোড়ালি
tarsus

পদকুর্চাস্থি
metatarsus

আঙ্গুলের হাড়
phalanges

মানবদেহের গঠনতন্ত্র
HUMAN ANATOMY

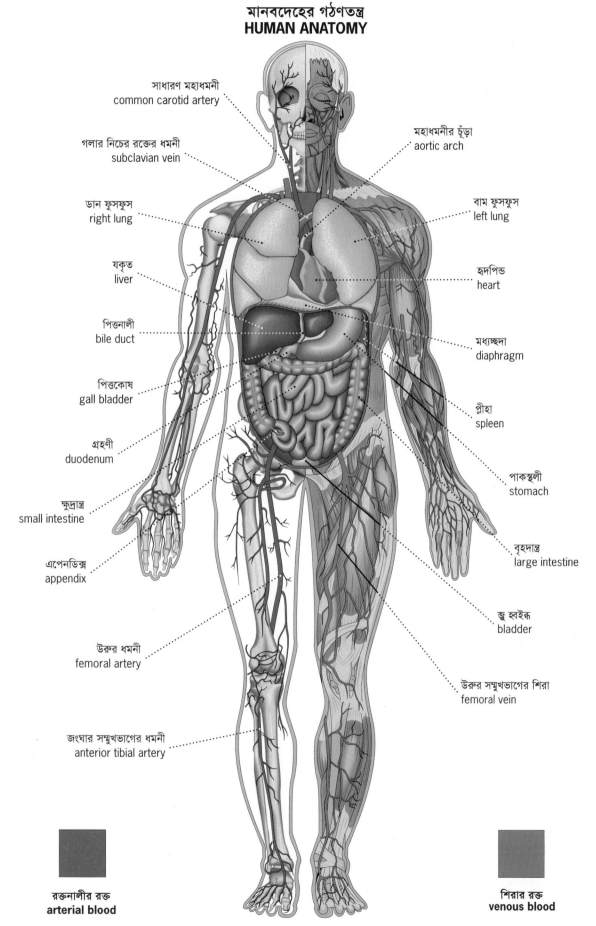

সাধারণ মহাধমনী
common carotid artery

গলার নিচের রক্তের ধমনী
subclavian vein

ডান ফুসফুস
right lung

যকৃত
liver

পিত্তনালী
bile duct

পিত্তকোষ
gall bladder

গ্রহণী
duodenum

ক্ষুদ্রান্ত্র
small intestine

এপেনডিক্স
appendix

উরুর ধমনী
femoral artery

জংঘার সম্মুখভাগের ধমনী
anterior tibial artery

মহাধমনীর চূঁড়া
aortic arch

বাম ফুসফুস
left lung

হৃদপিন্ড
heart

মধ্যচ্ছদা
diaphragm

প্লীহা
spleen

পাকস্থলী
stomach

বৃহদান্ত্র
large intestine

জ্ব হ্বইঙ্গ
bladder

উরুর সম্মুখভাগের শিরা
femoral vein

রক্তনালীর রক্ত
arterial blood

শিরার রক্ত
venous blood

চোখ ঃ দৃষ্টিশক্তির অঙ্গ
EYE: THE ORGAN OF SIGHT

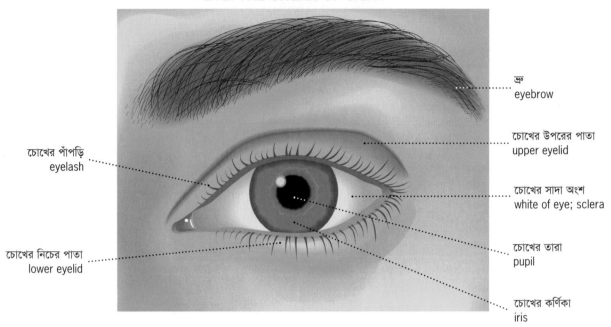

ভ্রূ
eyebrow

চোখের পাঁপড়ি
eyelash

চোখের উপরের পাতা
upper eyelid

চোখের সাদা অংশ
white of eye; sclera

চোখের নিচের পাতা
lower eyelid

চোখের তারা
pupil

চোখের কর্ণিকা
iris

হাত ঃ স্পর্শ করার অঙ্গ
HAND: THE ORGAN OF TOUCH

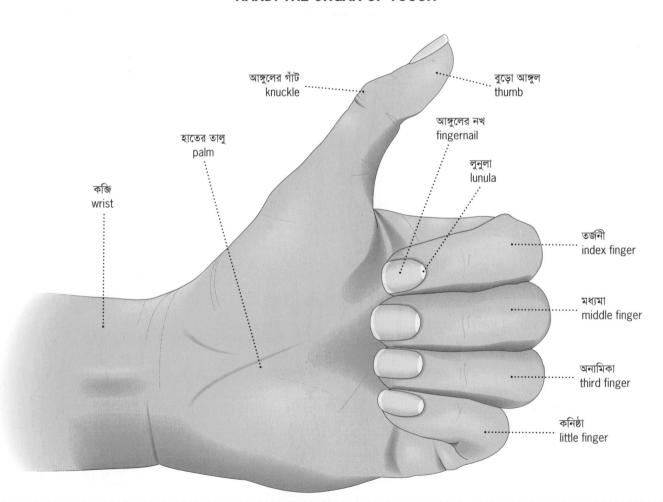

আঙ্গুলের গাঁট
knuckle

বুড়ো আঙ্গুল
thumb

আঙ্গুলের নখ
fingernail

লুনুলা
lunula

হাতের তালু
palm

কব্জি
wrist

তর্জনী
index finger

মধ্যমা
middle finger

অনামিকা
third finger

কনিষ্ঠা
little finger

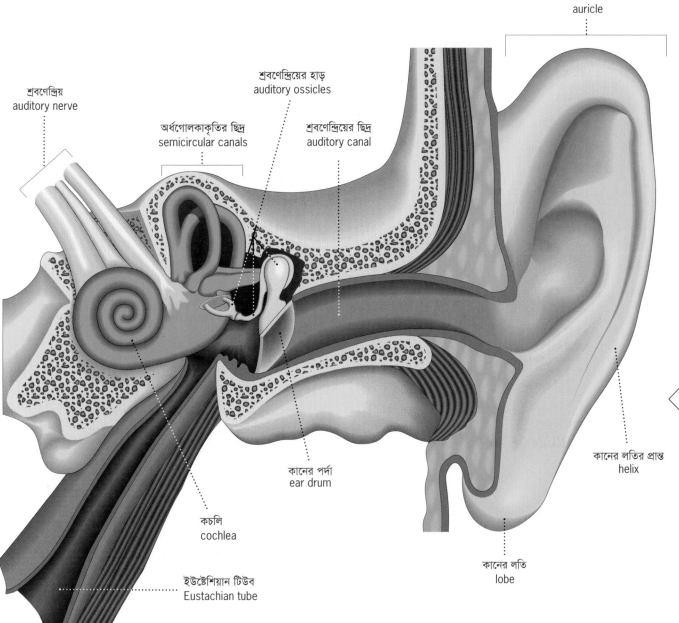

কান ঃ শ্রবণশক্তির অংগ
EAR: THE ORGAN OF HEARING

বহিঃকর্ণ
auricle

শ্রবণেন্দ্রিয়
auditory nerve

শ্রবণেন্দ্রিয়ের হাড়
auditory ossicles

অর্ধগোলকাকৃতির ছিদ্র
semicircular canals

শ্রবণেন্দ্রিয়ের ছিদ্র
auditory canal

কানের লতির প্রান্ত
helix

কানের পর্দা
ear drum

কচলি
cochlea

ইউস্টেশিয়ান টিউব
Eustachian tube

কানের লতি
lobe

কানের অংশসমূহ
PARTS OF THE EAR

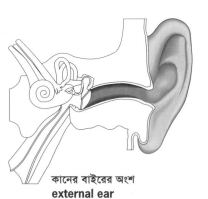

কানের বাইরের অংশ
external ear

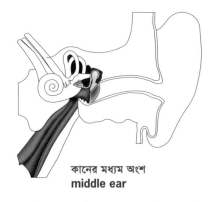

কানের মধ্যম অংশ
middle ear

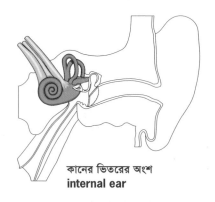

কানের ভিতরের অংশ
internal ear

নাক ঃ গন্ধ নেয়ার অংগ
NOSE: THE ORGAN OF SMELL

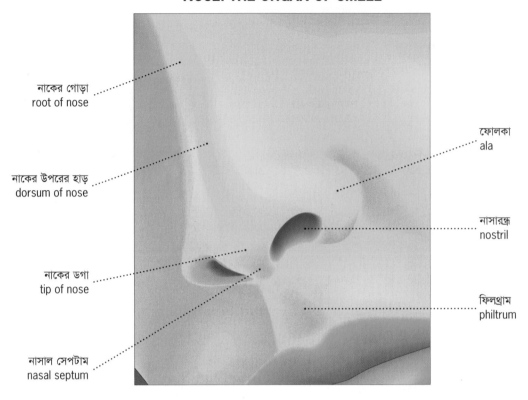

নাকের গোড়া
root of nose
নাকের উপরের হাড়
dorsum of nose
নাকের ডগা
tip of nose
নাসাল সেপটাম
nasal septum
ফোলকা
ala
নাসারন্ধ্র
nostril
ফিলথ্রাম
philtrum

মুখ ঃ স্বাদ গ্রহণের অংগ
MOUTH: THE ORGAN OF TASTE

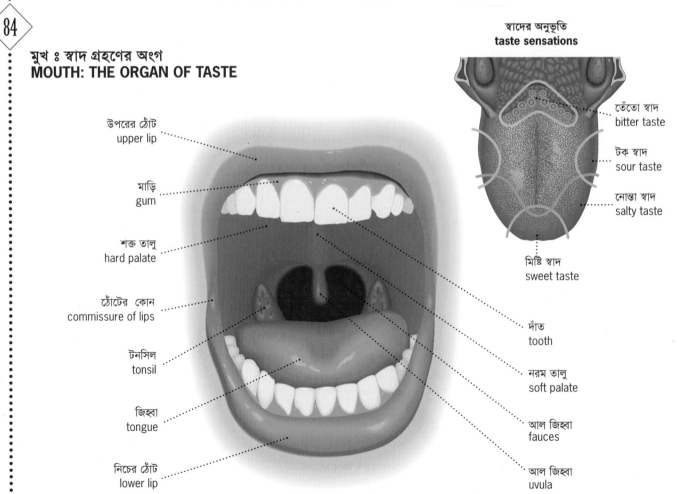

উপরের ঠোঁট
upper lip
মাড়ি
gum
শক্ত তালু
hard palate
ঠোঁটের কোন
commissure of lips
টনসিল
tonsil
জিহ্বা
tongue
নিচের ঠোঁট
lower lip
দাঁত
tooth
নরম তালু
soft palate
আল জিহ্বা
fauces
আল জিহ্বা
uvula

স্বাদের অনুভূতি
taste sensations

তেঁতো স্বাদ
bitter taste
টক স্বাদ
sour taste
নোন্তা স্বাদ
salty taste
মিষ্টি স্বাদ
sweet taste

মানুষের দাঁতের পাটি
HUMAN DENTURE

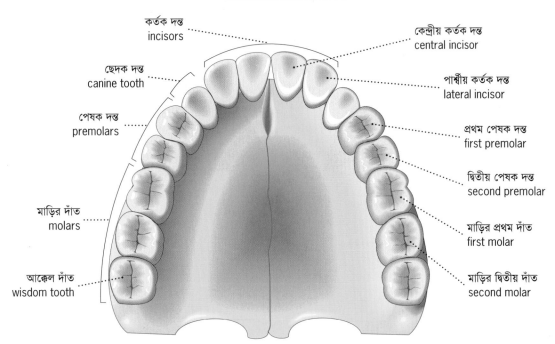

কর্তক দন্ত
incisors

কেন্দ্রীয় কর্তক দন্ত
central incisor

ছেদক দন্ত
canine tooth

পার্শ্বীয় কর্তক দন্ত
lateral incisor

পেষক দন্ত
premolars

প্রথম পেষক দন্ত
first premolar

দ্বিতীয় পেষক দন্ত
second premolar

মাড়ির দাঁত
molars

মাড়ির প্রথম দাঁত
first molar

আক্কেল দাঁত
wisdom tooth

মাড়ির দ্বিতীয় দাঁত
second molar

পেষক দন্তের বিভিন্ন অংশ
cross section of a molar

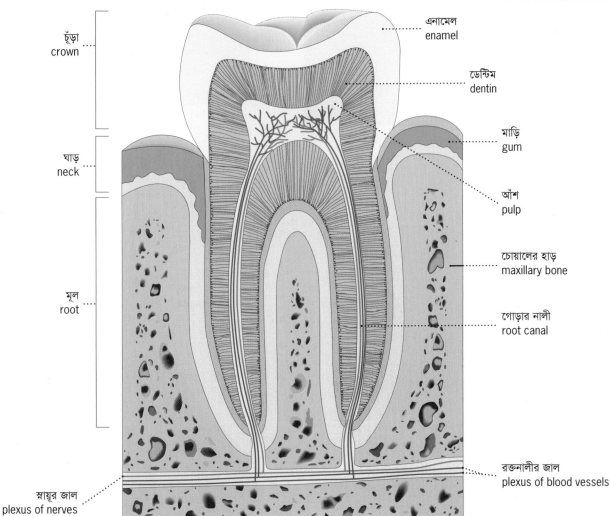

চূড়া
crown

এনামেল
enamel

ডেন্টিম
dentin

ঘাড়
neck

মাড়ি
gum

আঁশ
pulp

মূল
root

চোয়ালের হাড়
maxillary bone

গোড়ার নালী
root canal

রক্তনালীর জাল
plexus of blood vessels

স্নায়ুর জাল
plexus of nerves

ঐতিহ্যগত ঘর
TRADITIONAL HOUSES

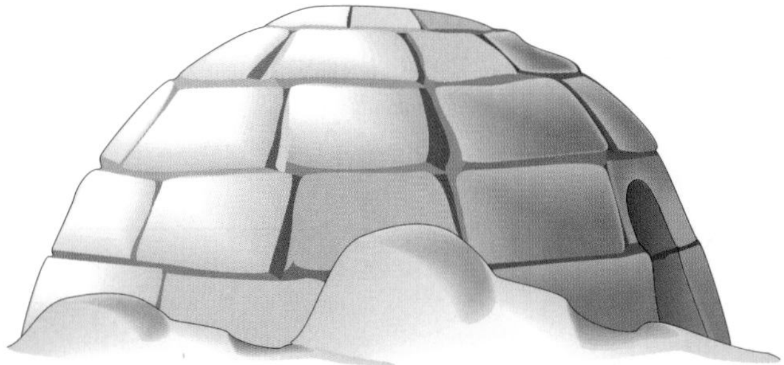

ইগলো
igloo

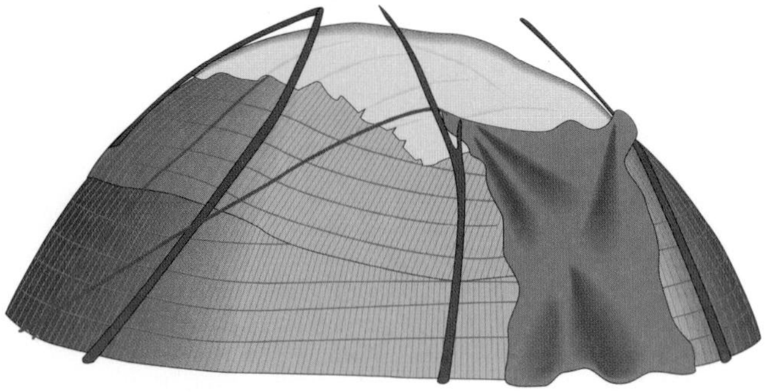

উইগওয়াম
wigwam

কাঠের কেবিন
log cabin

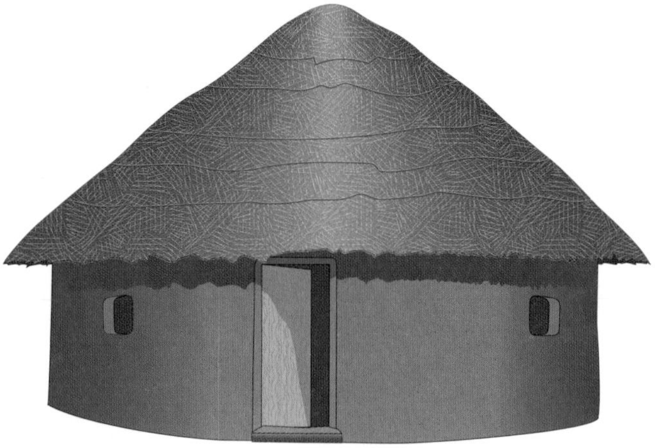

মাটির ঘর
mud hut

খুঁটির উপর ঘর
house on stilts

টিপি
tepee

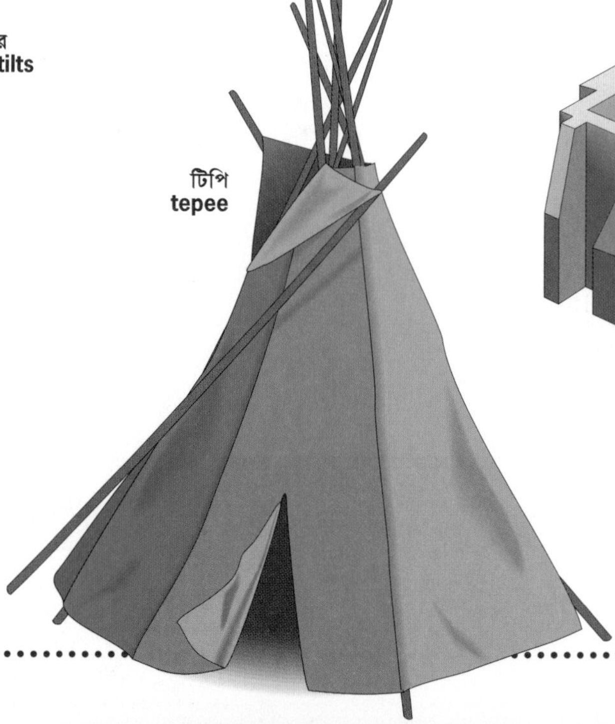

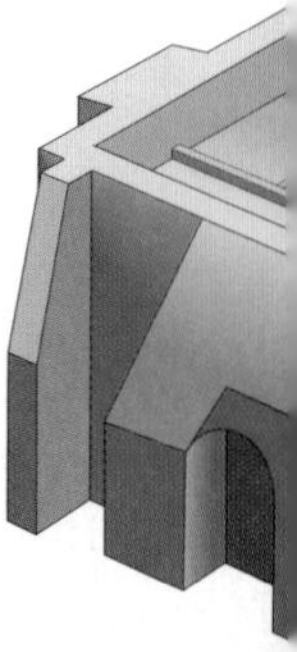

কুঁড়ে
hut

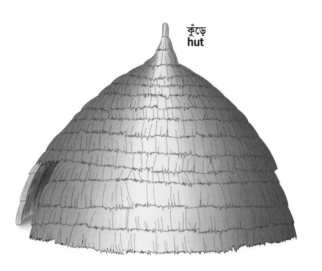

ইয়োর্ট
yurt

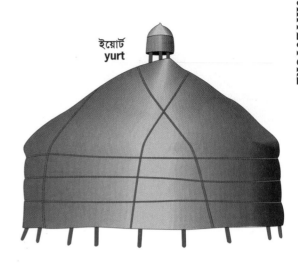

মসজিদ
MOSQUE

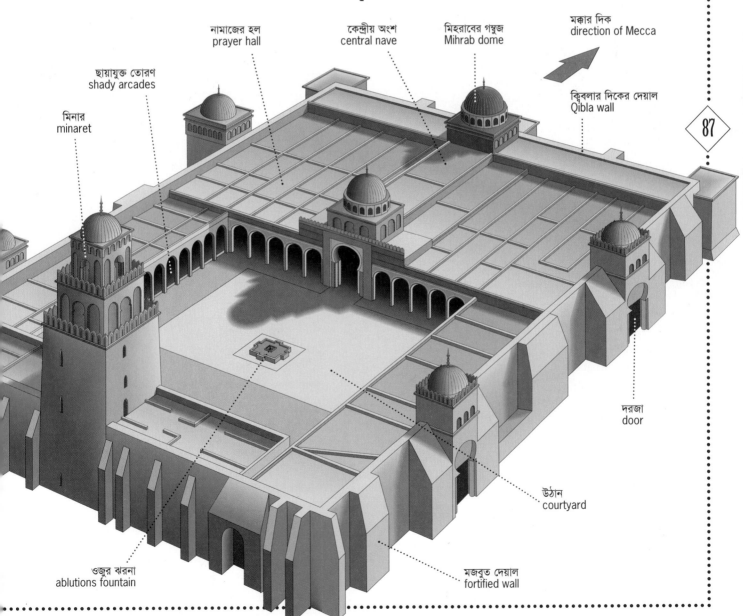

নামাজের হল
prayer hall

কেন্দ্রীয় অংশ
central nave

মিহরাবের গম্বুজ
Mihrab dome

মক্কার দিক
direction of Mecca

ছায়াযুক্ত তোরণ
shady arcades

ক্বিবলার দিকের দেয়াল
Qibla wall

মিনার
minaret

87

উঠান
courtyard

দরজা
door

ওজুর ঝরনা
ablutions fountain

মজবুত দেয়াল
fortified wall

ARCHITECTURE

দুর্গ
CASTLE

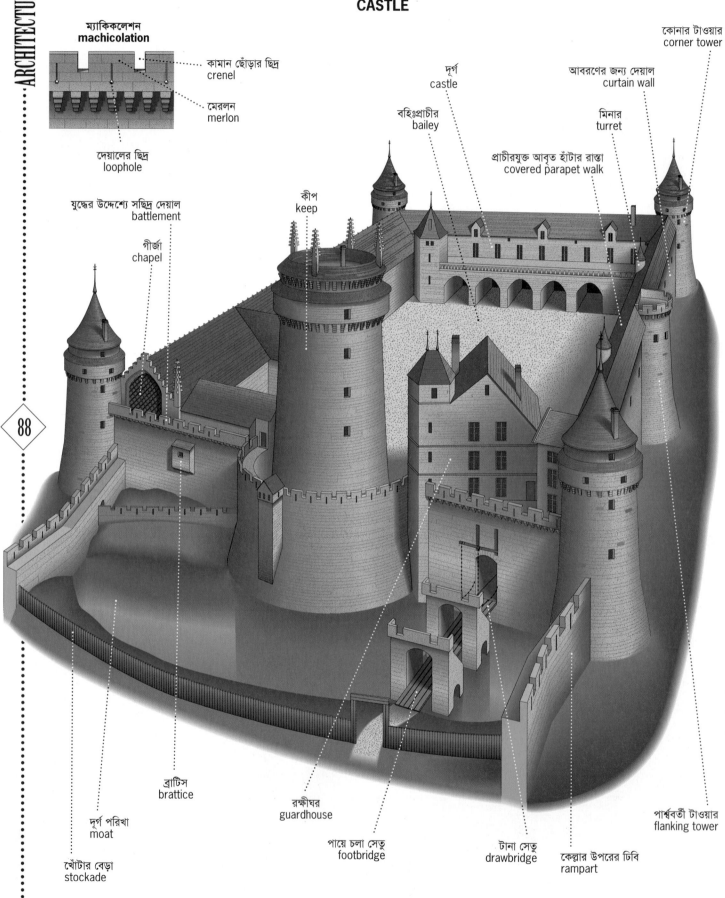

ম্যাকিকলেশন
machicolation

কামান ছোঁড়ার ছিদ্র
crenel

মেরলন
merlon

দেয়ালের ছিদ্র
loophole

যুদ্ধের উদ্দেশ্যে সচ্ছিদ্র দেয়াল
battlement

গীর্জা
chapel

কীপ
keep

বহিঃপ্রাচীর
bailey

দুর্গ
castle

কোনার টাওয়ার
corner tower

আবরণের জন্য দেয়াল
curtain wall

মিনার
turret

প্রাচীরযুক্ত আবৃত হাঁটার রাস্তা
covered parapet walk

ব্রাটিস
brattice

দুর্গ পরিখা
moat

খোঁটার বেড়া
stockade

রক্ষীঘর
guardhouse

পায়ে চলা সেতু
footbridge

টানা সেতু
drawbridge

কেল্লার উপরের ঢিবি
rampart

পার্শ্ববর্তী টাওয়ার
flanking tower

গথদের নির্মিত ক্যাথেড্রাল
GOTHIC CATHEDRAL

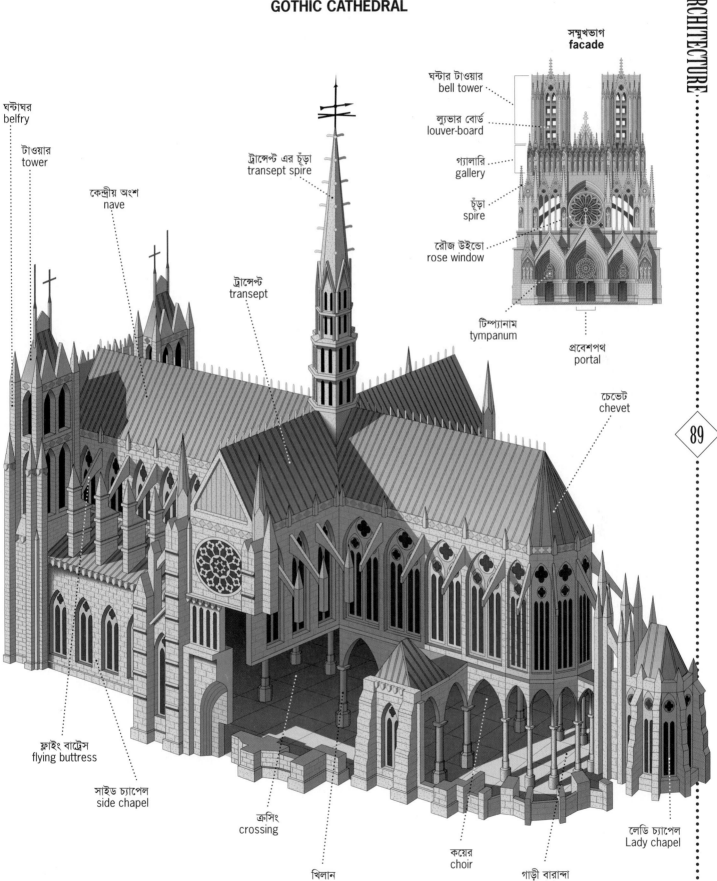

সম্মুখভাগ
facade

ঘন্টার টাওয়ার
bell tower

ল্যুভার বোর্ড
louver-board

গ্যালারি
gallery

চূঁড়া
spire

রৌজ উইন্ডো
rose window

টিম্প্যানাম
tympanum

প্রবেশপথ
portal

ঘন্টাঘর
belfry

টাওয়ার
tower

কেন্দ্রীয় অংশ
nave

ট্রান্সেপ্ট এর চূঁড়া
transept spire

ট্রান্সেপ্ট
transept

চেভেট
chevet

ফ্লাইং বাট্রেস
flying buttress

সাইড চ্যাপেল
side chapel

ক্রসিং
crossing

খিলান
pillar

কয়ের
choir

গাড়ী বারান্দা
ambulatory

লেডি চ্যাপেল
Lady chapel

শহরের কেন্দ্রস্থল
DOWNTOWN

পার্ক
park
কনভেনশন সেন্টার
convention center
অফিস টাওয়ার
office tower
স্কোয়ার
square
ক্যাথেড্রাল
cathedral
রেল স্টেশন
railroad station
মধ্যবর্তী রাস্তা
median strip
প্লানেটরিয়াম
planetarium
রেলপথ
railroad
ট্রাফিক আইল্যান্ড
traffic island
বুলেভার্ড
boulevard / high street
রাস্তা
street
ডেলিভারী রাম্প
delivery ramp
ফ্রিওয়ে
freeway / dual carriageway

90

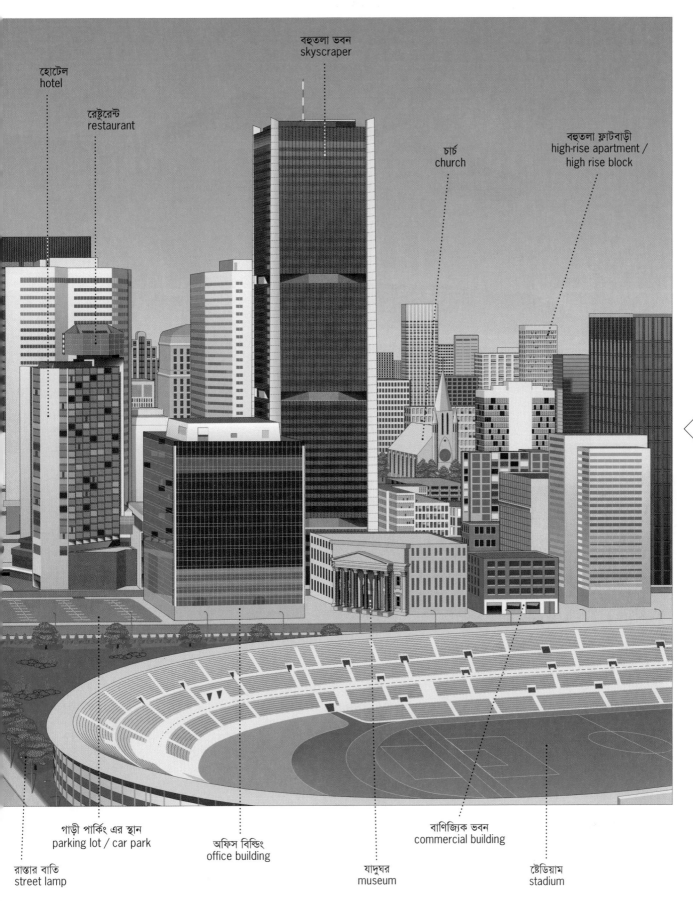

হোটেল
hotel

রেস্টুরেন্ট
restaurant

বহুতলা ভবন
skyscraper

চার্চ
church

বহুতলা ফ্ল্যাটবাড়ী
high-rise apartment /
high rise block

গাড়ী পার্কিং এর স্থান
parking lot / car park

বাণিজ্যিক ভবন
commercial building

অফিস বিল্ডিং
office building

রাস্তার বাতি
street lamp

যাদুঘর
museum

স্টেডিয়াম
stadium

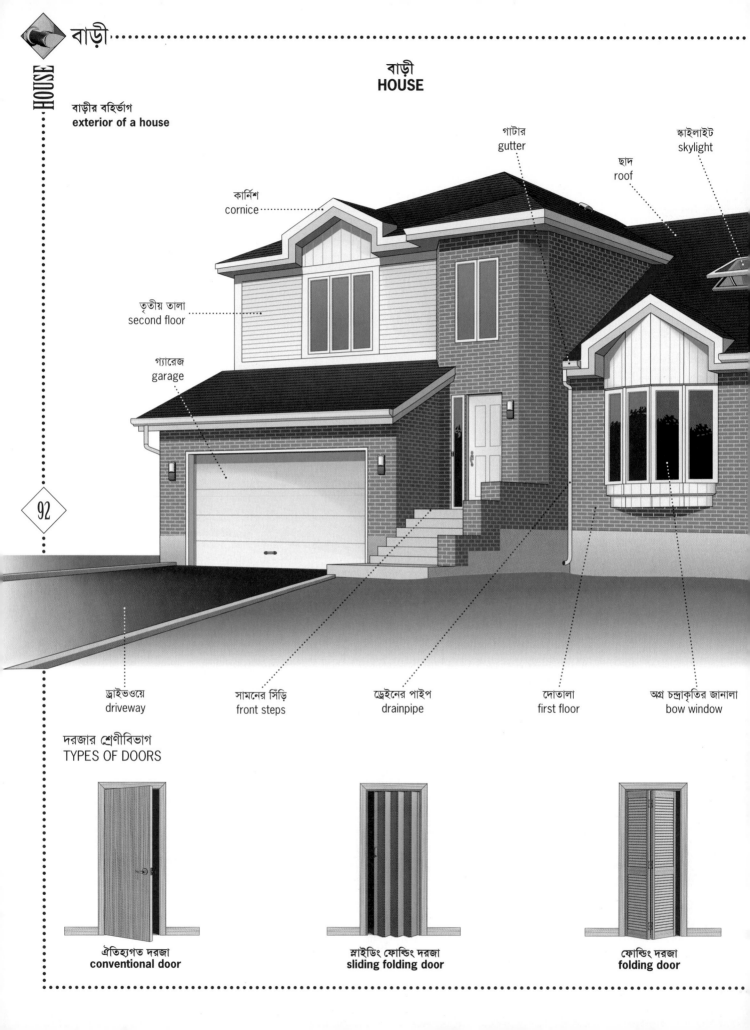

বাড়ী
HOUSE

বাড়ীর বহির্ভাগ
exterior of a house

গাটার
gutter

স্কাইলাইট
skylight

ছাদ
roof

কার্নিশ
cornice

তৃতীয় তালা
second floor

গ্যারেজ
garage

ড্রাইভওয়ে
driveway

সামনের সিঁড়ি
front steps

ড্রেইনের পাইপ
drainpipe

দোতালা
first floor

অগ্র চন্দ্রাকৃতির জানালা
bow window

দরজার শ্রেণীবিভাগ
TYPES OF DOORS

ঐতিহ্যগত দরজা
conventional door

স্লাইডিং ফোল্ডিং দরজা
sliding folding door

ফোল্ডিং দরজা
folding door

92

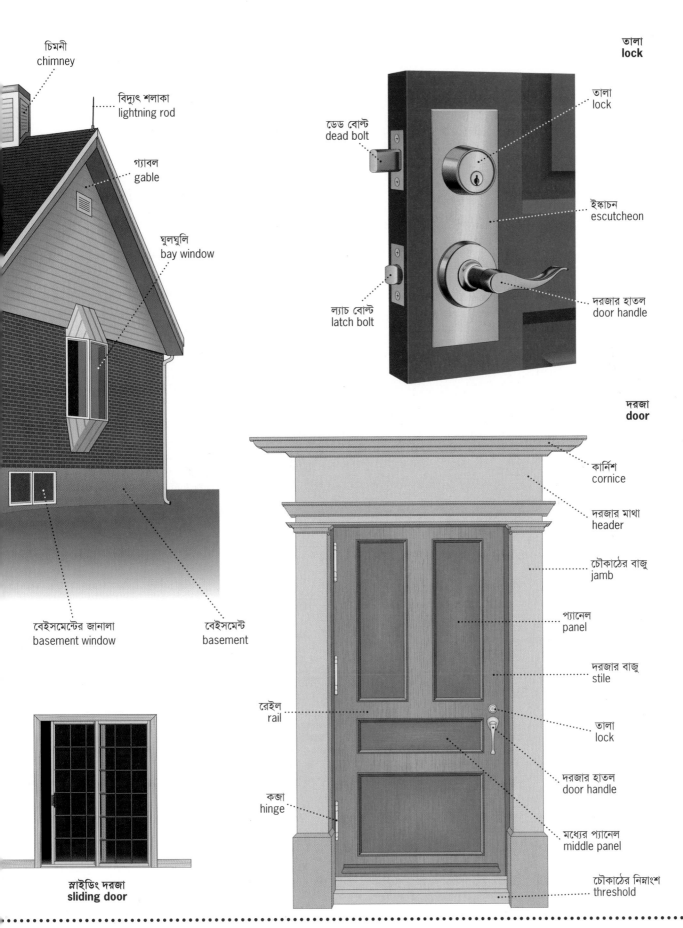

চিমনী
chimney

বিদ্যুৎ শলাকা
lightning rod

গ্যাবল
gable

ঘুলঘুলি
bay window

বেইসমেন্টের জানালা
basement window

বেইসমেন্ট
basement

স্লাইডিং দরজা
sliding door

তালা
lock

ডেড বোল্ট
dead bolt

তালা
lock

ইস্কাচন
escutcheon

দরজার হাতল
door handle

ল্যাচ বোল্ট
latch bolt

দরজা
door

কার্নিশ
cornice

দরজার মাথা
header

চৌকাঠের বাজু
jamb

প্যানেল
panel

দরজার বাজু
stile

তালা
lock

দরজার হাতল
door handle

মধ্যের প্যানেল
middle panel

চৌকাঠের নিম্নাংশ
threshold

রেইল
rail

কজা
hinge

জানালা
WINDOW

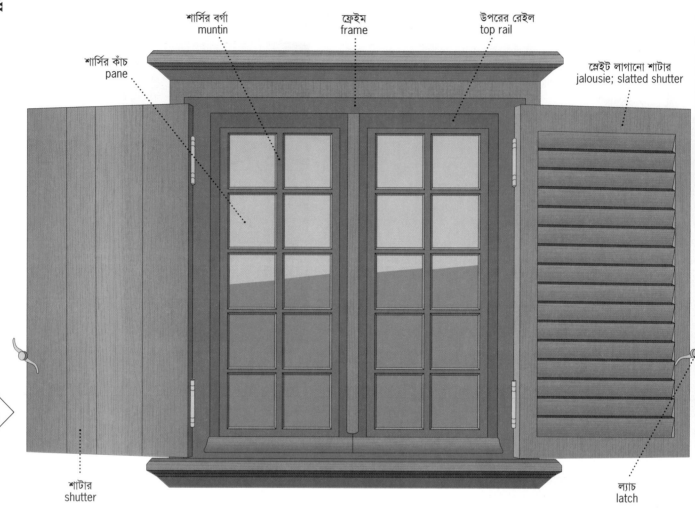

শার্সির কাঁচ
pane

শার্সির বর্গা
muntin

ফ্রেইম
frame

উপরের রেইল
top rail

স্লেইট লাগানো শাটার
jalousie; slatted shutter

শাটার
shutter

ল্যাচ
latch

জানালার শ্রেণীভেদ
TYPES OF WINDOWS

ফ্রেইম লাগানো জানালা (ভিতরের দিকে খোলা)
casement window (inward opening)

ফ্রেইম লাগানো জানালা (বাইরের দিকে খোলা)
casement window (outward opening)

আড়াআড়ি পিভট লাগানো জানালা
horizontal pivoting window

স্লাইডিং জানালা
sliding window

স্লাইডিং ফোল্ডিং জানালা
sliding folding window

পাশের দিকে পিভট লাগানো জানালা
vertical pivoting window

স্যাশ লাগানো জানালা
sash window

ল্যুভার লাগানো জানালা
louvred window

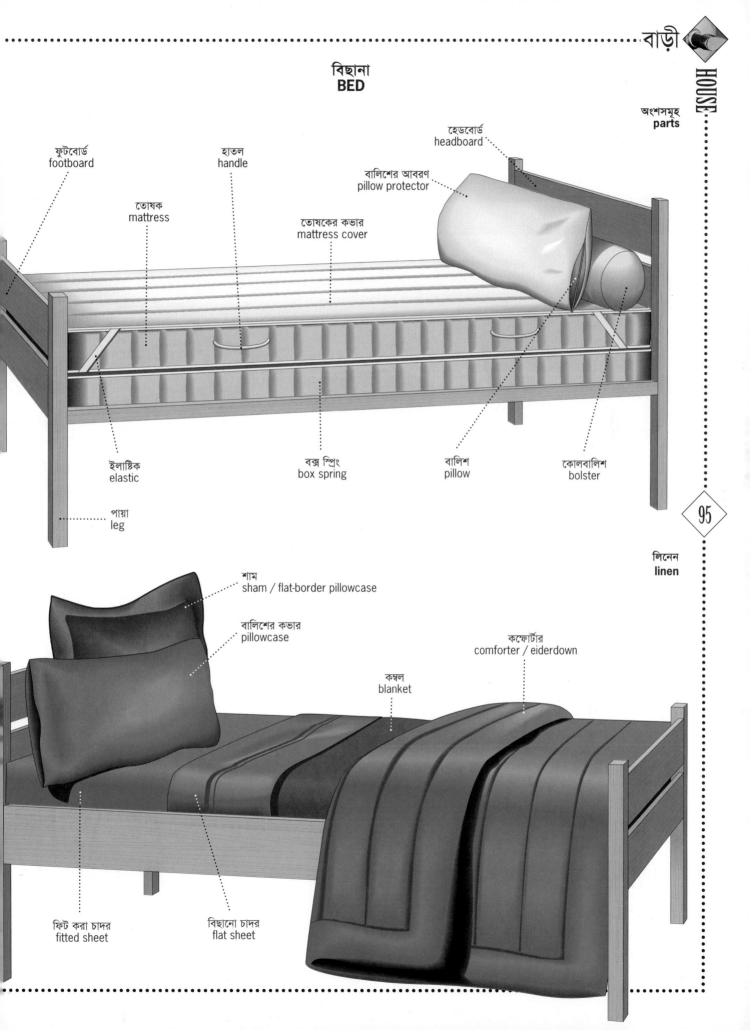

বিছানা
BED

অংশসমূহ
parts

ফুটবোর্ড
footboard
হাতল
handle
হেডবোর্ড
headboard
বালিশের আবরণ
pillow protector
তোষক
mattress
তোষকের কভার
mattress cover
ইলাষ্টিক
elastic
বক্স স্প্রিং
box spring
বালিশ
pillow
কোলবালিশ
bolster
পায়া
leg

লিনেন
linen

শাম
sham / flat-border pillowcase
বালিশের কভার
pillowcase
কফোর্টার
comforter / eiderdown
কম্বল
blanket
ফিট করা চাদর
fitted sheet
বিছানো চাদর
flat sheet

আসনসমূহ
SEATS

সোফা
sofa / settee

লাভসিট
loveseat / settee

আর্মচেয়ার
armchair

ফুটস্টুল
footstool

বেঞ্চ
bench

বারস্টুল
bar stool

স্টুল
stool

আরাম কেদারা
chaise longue

ফোল্ডিং চেয়ার
folding chair

রকিং চেয়ার
rocking chair

স্টেকিং চেয়ার
stacking chairs

96

টেবিল ও চেয়ার
TABLE AND CHAIRS

সাইড চেয়ার
side chair

মাথা
ear

রেইল
rail

পিঠ
back

পায়া
stile

সিট
seat

আবরণ
apron

স্পিন্ডল
spindle

পায়া
leg

সাপোর্ট
support

আর্মচেয়ার
armchair

হাতল
arm

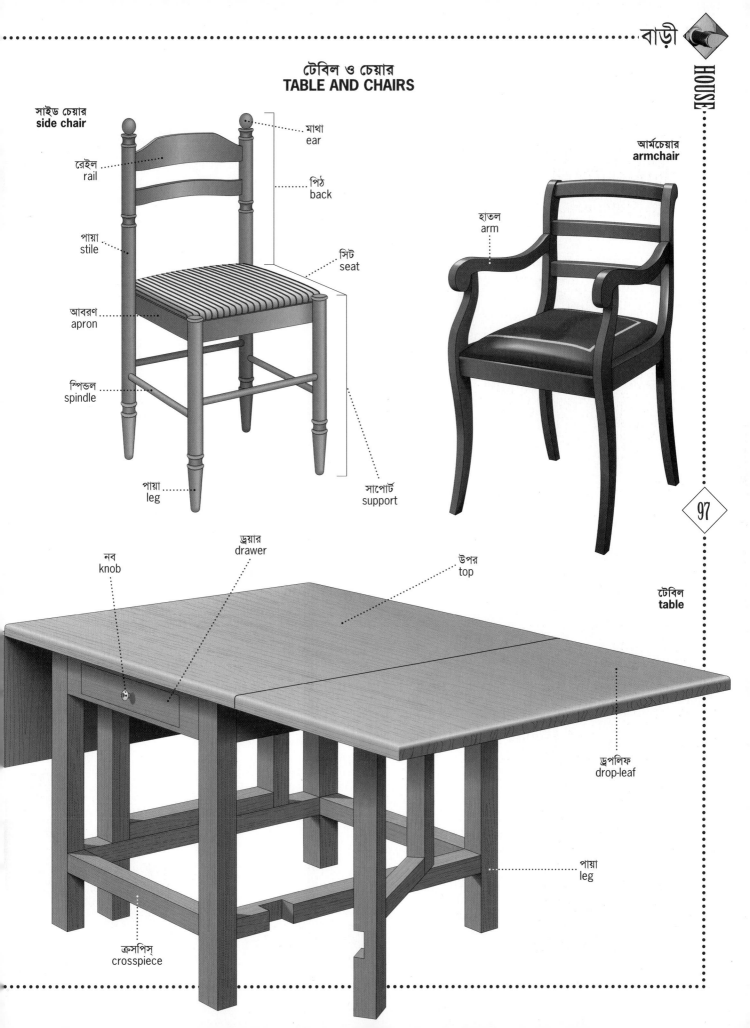

97

নব
knob

ড্রয়ার
drawer

উপর
top

টেবিল
table

ড্রপলিফ
drop-leaf

পায়া
leg

ক্রসপিস্
crosspiece

বাতিসমূহ
LIGHTS

ট্রাক লাইটিং
track lighting

ট্রাক
track

ট্রান্সফরমার
transformer

ফ্লোর ল্যাম্প
floor lamp

সিলিংয়ের ফিক্সচার
ceiling fixture

টেবিল ল্যাম্প
table lamp

শেড
shade

স্ট্যান্ড
stand

হ্যাঙ্গিং প্যান্ডেন্ট
hanging pendant

দেয়ালের ফিক্সচার
wall fixture

বাতি জ্বালানো
LIGHTING

ভাস্বর দীপ
incandescent lamp
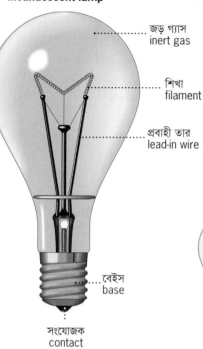

জড় গ্যাস
inert gas

শিখা
filament

প্রবাহী তার
lead-in wire

বেইস
base

সংযোজক
contact

বাল্ব
bulb

স্ক্রু বেইস
screw base

বেয়োনেট বেইস
bayonet base

এনার্জিং সঞ্চয়ী বাল্ব
energy saving bulb
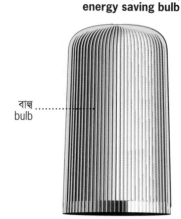

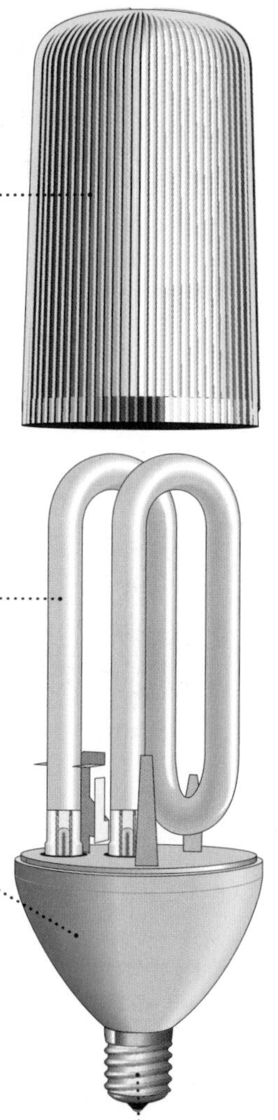

বাল্ব
bulb

ফ্লুরেসেন্ট টিউব
fluorescent tube

হাউজিং
housing

বেইস
base

টাংস্টেন হ্যালোজেন ল্যাম্প
tungsten-halogen lamp

পিন
pin

বেইস
base

ফ্লুরেসেন্ট টিউব
fluorescent tube
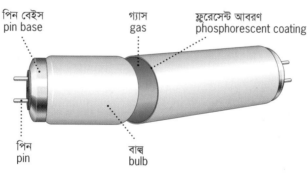

পিন বেইস
pin base

গ্যাস
gas

ফ্লুরেসেন্ট আবরণ
phosphorescent coating

পিন
pin

বাল্ব
bulb

সুইচ
switch

আউটলেট
outlet

ইউরোপিয়ান প্লাগ
European plug

কভার
cover

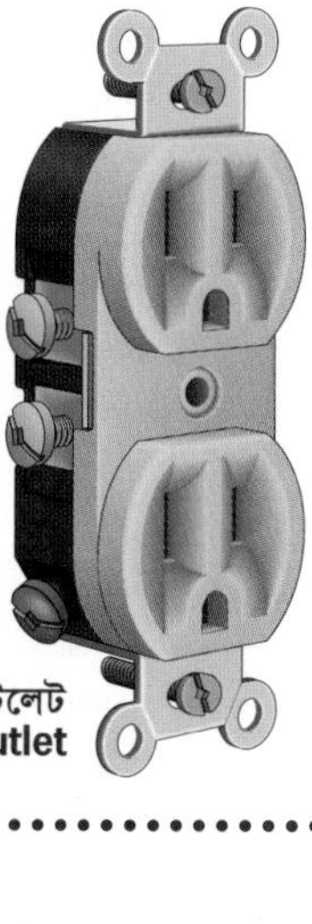

পিন
pin

আমেরিকান প্লাপ
American plug

পিন
pin

গ্রাউন্ডিং টার্মিনাল
grounding terminal

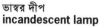

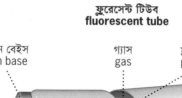

কাচের জিনিষপত্র
GLASSWARE

শ্যাম্পেনের গ্লাস
champagne glass

সাদা মদের গ্লাস
white wine glass

লাল মদের গ্লাস
red wine glass

শ্যাম্পেনের গ্লাস
champagne flute

গ্লাস
tumbler; glass

বিয়ারের মগ
beer mug

সোরাহী
carafe

ডিকেন্টার
decanter

ডিনারের জিনিষপত্র
DINNERWARE

কপির কাপ
coffee cup

কাপ
cup

মগ
mug

ক্রিমার
creamer

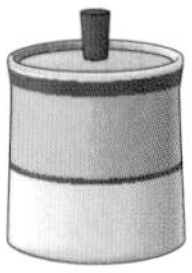

সুগার বউল
sugar bowl

পেপার শেইকার
pepper shaker

সল্ট শেইকার
salt shaker

বাটারের ডিশ
butter dish

সিরিয়্যালের বউল
cereal bowl

সোপের বউল
soup bowl

সালাদের ডিশ
salad dish

ডিনারের প্লেইট
dinner plate

সালাদের প্লেইট
salad plate

ব্রেড এন্ড বাটারের প্লেইট; পার্শ্বের প্লেইট
bread and butter plate; side plate

সালাদের বউল
salad bowl

চায়ের পট
teapot

পেপার শেইকার
coffee plunger

সোপের থালা
soup tureen

ওয়াটার পিচার
water pitcher

সিলভারের জিনিষপত্র
SILVERWARE

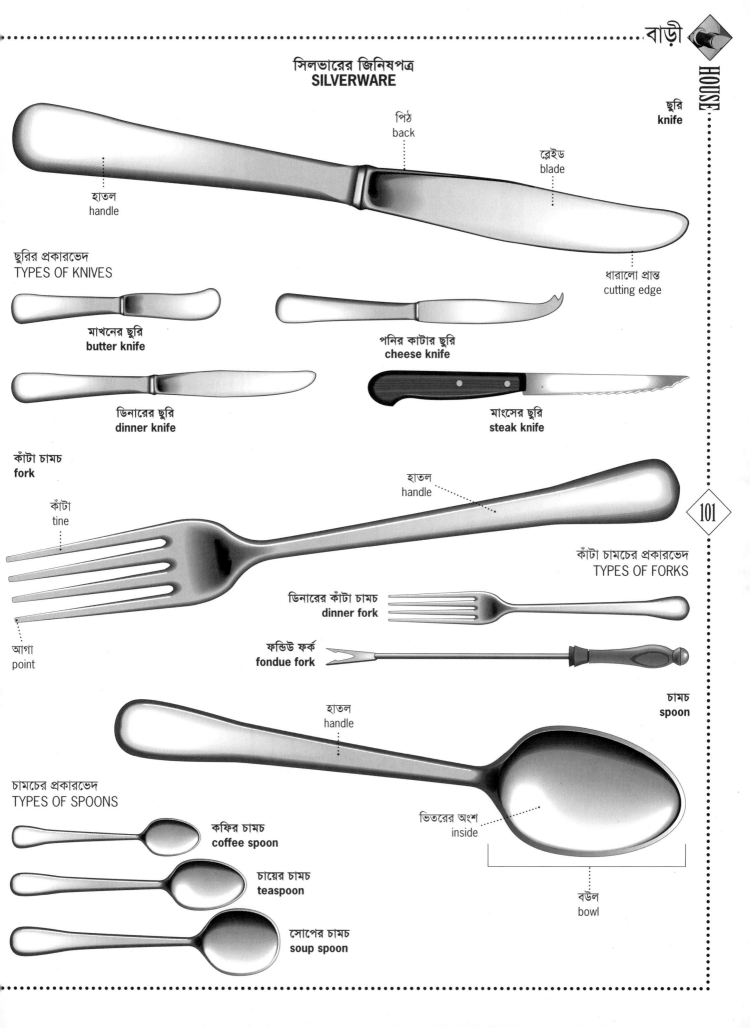

ছুরি
knife

পিঠ
back

ব্লেইড
blade

হাতল
handle

ধারালো প্রান্ত
cutting edge

ছুরির প্রকারভেদ
TYPES OF KNIVES

মাখনের ছুরি
butter knife

পনির কাটার ছুরি
cheese knife

ডিনারের ছুরি
dinner knife

মাংসের ছুরি
steak knife

কাঁটা চামচ
fork

হাতল
handle

কাঁটা
tine

আগা
point

কাঁটা চামচের প্রকারভেদ
TYPES OF FORKS

ডিনারের কাঁটা চামচ
dinner fork

ফন্ডিউ ফর্ক
fondue fork

চামচ
spoon

হাতল
handle

ভিতরের অংশ
inside

বউল
bowl

চামচের প্রকারভেদ
TYPES OF SPOONS

কফির চামচ
coffee spoon

চায়ের চামচ
teaspoon

সোপের চামচ
soup spoon

101

পাকঘরের জিনিষপত্র
KITCHEN UTENSILS

102

ল্যাডল্
ladle

পটেটো ম্যাশার
potato masher

স্প্যাটুলা
spatula

হুইস্ক
whisk

এগ বিটার
egg beater

মাপার চামচ
measuring spoons

নাটক্রেকার
nutcracker

বটল ওপেনার
bottle opener

পিলার
peeler

লেভার কর্কস্ক্রু
lever corkscrew

বেলান
rolling pin

ক্যান ওপেনার
can opener / tin opener

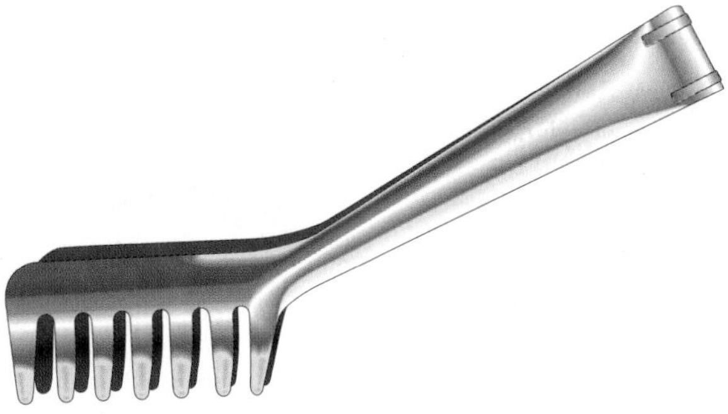

স্প্যাগেটি টংস্
spaghetti tongs

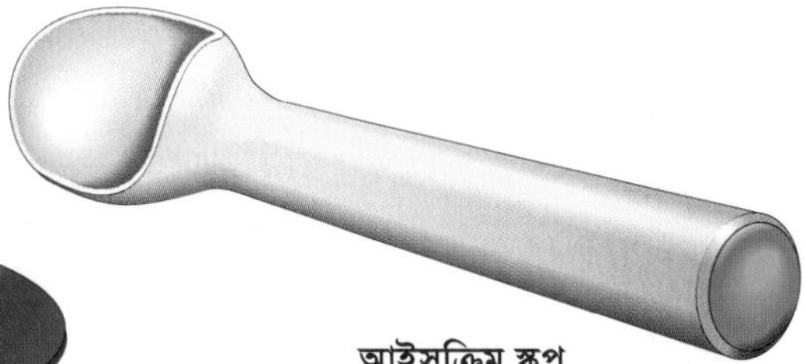

আইসক্রিম স্কুপ
ice-cream scoop

ফানেল
funnel

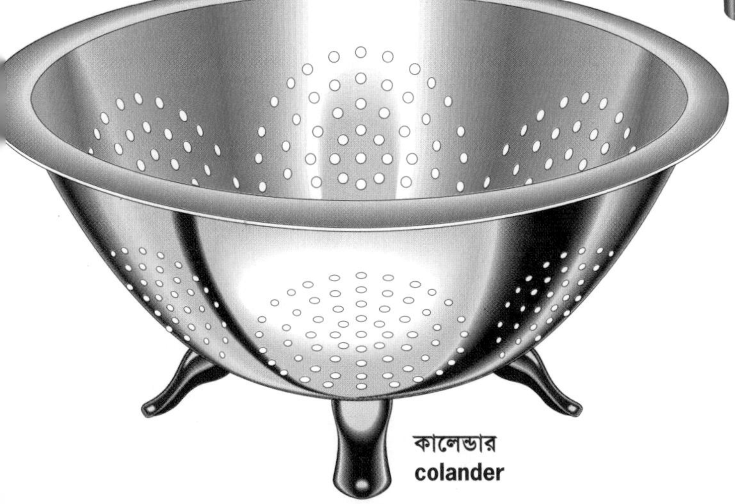

কালেন্ডার
colander

লেমন স্কুইজার
lemon squeezer

স্ট্রেইনার
strainer

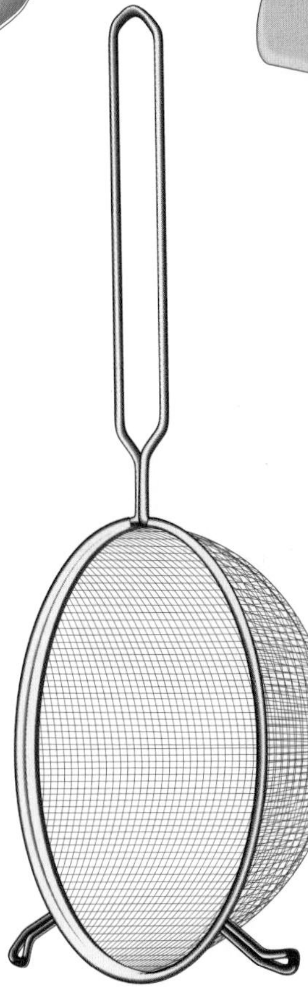

সালাদ স্পিনার
salad spinner

গ্রেটার
grater

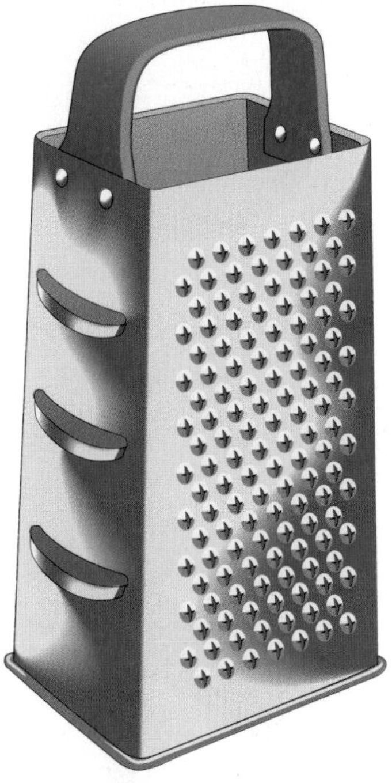

HOUSE

রান্নার বাসনপত্র
COOKING UTENSILS

ফ্রাইং প্যান
frying pan

সউট্ প্যান
sauté pan

ফন্ডু সেট
fondue set

স্টকপট
stockpot; casserole

ওক
wok

ফন্ডু পট
fondue pot

বার্নার
burner

104

ডাবল বয়লার
double boiler

সসপ্যান
saucepan

ভেজিটেবল স্টীমার
vegetable steamer

রোস্টিং প্যান
roasting pans

প্রেসার কুকার
pressure cooker

সেইফটি বাল্ব
safety valve

প্রেসার নিয়ন্ত্রক
pressure regulator

কিচেনের যন্ত্রপাতি
KITCHEN APPLIANCES

অটোমেটিক ড্রিপ কফি মেইকার
automatic drip coffee maker / automatic filter coffee maker

রিজার্ভয়ের
reservoir

বাস্কেট
basket

সোরাহী
carafe

ওয়ার্মিং প্লেইট
warming plate

অন-অফ সুইচ
on-off switch

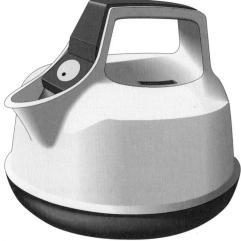

কেত্‌লী
kettle

হ্যান্ড ব্লেন্ডার
hand blender

হ্যান্ড মিক্সার
hand mixer

বিটার ইজেক্টার
beater ejector

গতি নিয়ন্ত্রক
speed control

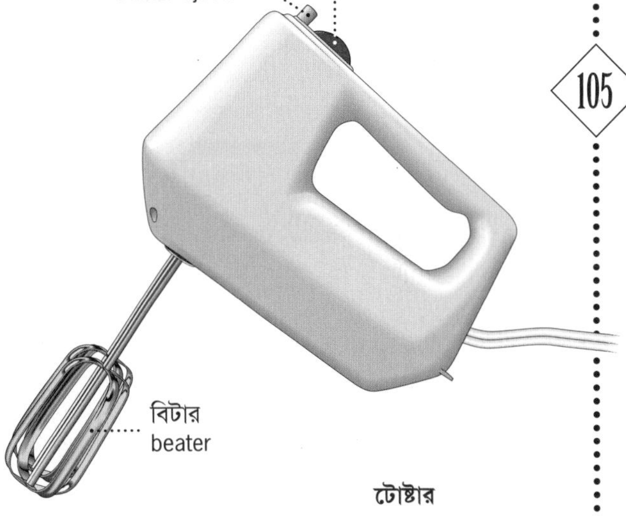

বিটার
beater

ব্লেন্ডার
blender

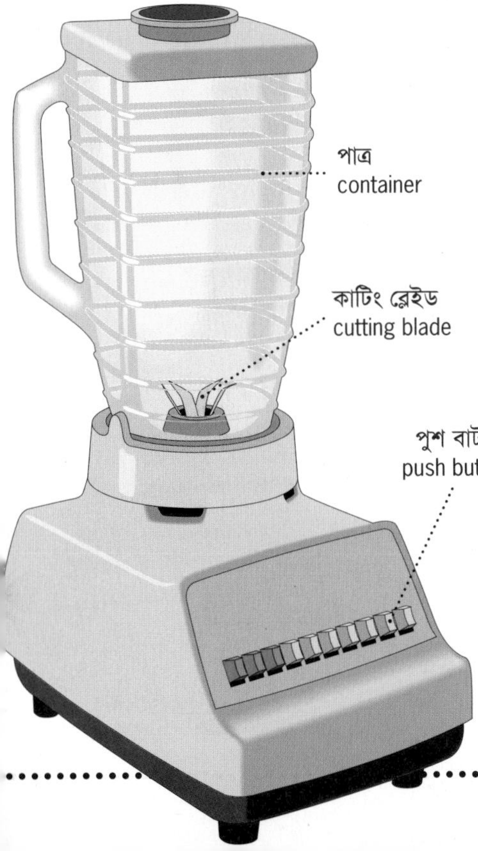

পাত্র
container

কাটিং ব্লেইড
cutting blade

পুশ বাটন
push button

টোস্টার
toaster

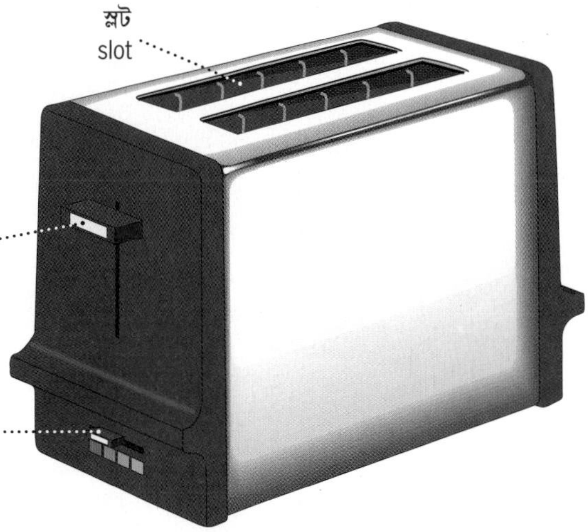

স্লট
slot

লেভার
lever

তাপমাত্রা নিয়ন্ত্রক
temperature control

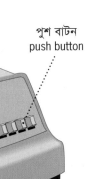

রেফ্রিজারেটর
REFRIGERATOR

আইস কিউব ট্রে
ice cube tray
এগ্‌ ট্রে
egg tray
ডেইরী কম্পার্টমেন্ট
dairy compartment
ফ্রিজার কম্পার্টমেন্ট
freezer compartment
থার্মোস্টেট কন্ট্রোল
thermostat control
বাটার কম্পার্টমেন্ট
butter compartment
ক্রিস্পার
crisper
রেফ্রিজারেটার কম্পার্টমেন্ট
refrigerator compartment
গার্ড রেইল
guard rail
মাংসের ট্রে
meat tray
গ্লাস কবার
glass cover
শেলফ
shelf
স্টোরেজ ডোর
storage door

রান্নার যন্ত্রপাতি
COOKING APPLIANCES

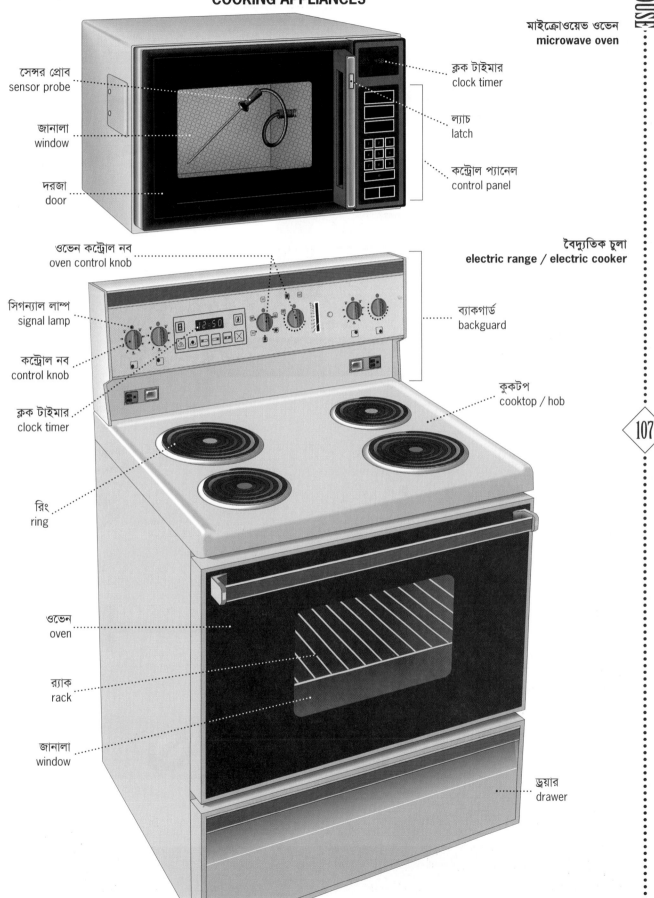

মাইক্রোওয়েভ ওভেন
microwave oven

সেন্সর প্রোব
sensor probe

ক্লক টাইমার
clock timer

জানালা
window

ল্যাচ
latch

দরজা
door

কন্ট্রোল প্যানেল
control panel

ওভেন কন্ট্রোল নব
oven control knob

বৈদ্যুতিক চুলা
electric range / electric cooker

সিগন্যাল ল্যাম্প
signal lamp

ব্যাকগার্ড
backguard

12:50

কন্ট্রোল নব
control knob

ক্লক টাইমার
clock timer

কুকটপ
cooktop / hob

রিং
ring

ওভেন
oven

র‍্যাক
rack

জানালা
window

ড্রয়ার
drawer

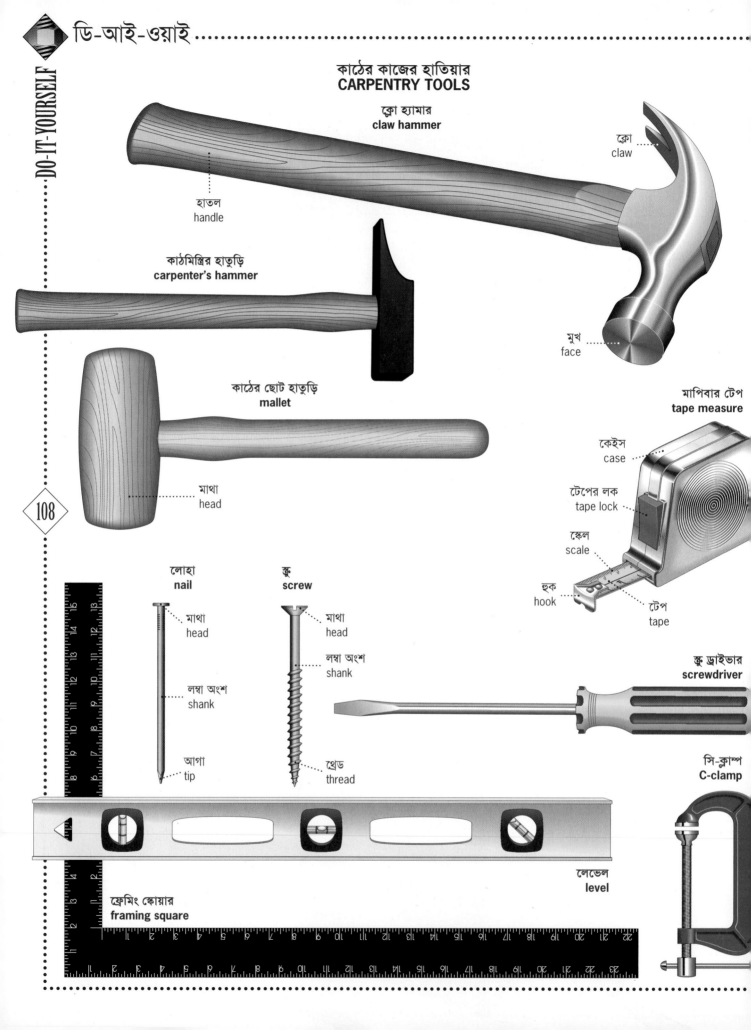

কাঠের কাজের হাতিয়ার
CARPENTRY TOOLS

ক্লো হ্যামার
claw hammer

claw
হাতল
handle
মুখ
face

কাঠমিস্ত্রির হাতুড়ি
carpenter's hammer

কাঠের ছোট হাতুড়ি
mallet

মাথা
head

মাপিবার টেপ
tape measure

কেইস
case
টেপের লক
tape lock
স্কেল
scale
হুক
hook
টেপ
tape

লোহা
nail

মাথা
head
লম্বা অংশ
shank
আগা
tip

স্ক্রু
screw

মাথা
head
লম্বা অংশ
shank
থ্রেড
thread

স্ক্রু ড্রাইভার
screwdriver

লেভেল
level

ফ্রেমিং স্কোয়ার
framing square

সি-ক্লাম্প
C-clamp

হাত করাত
handsaw

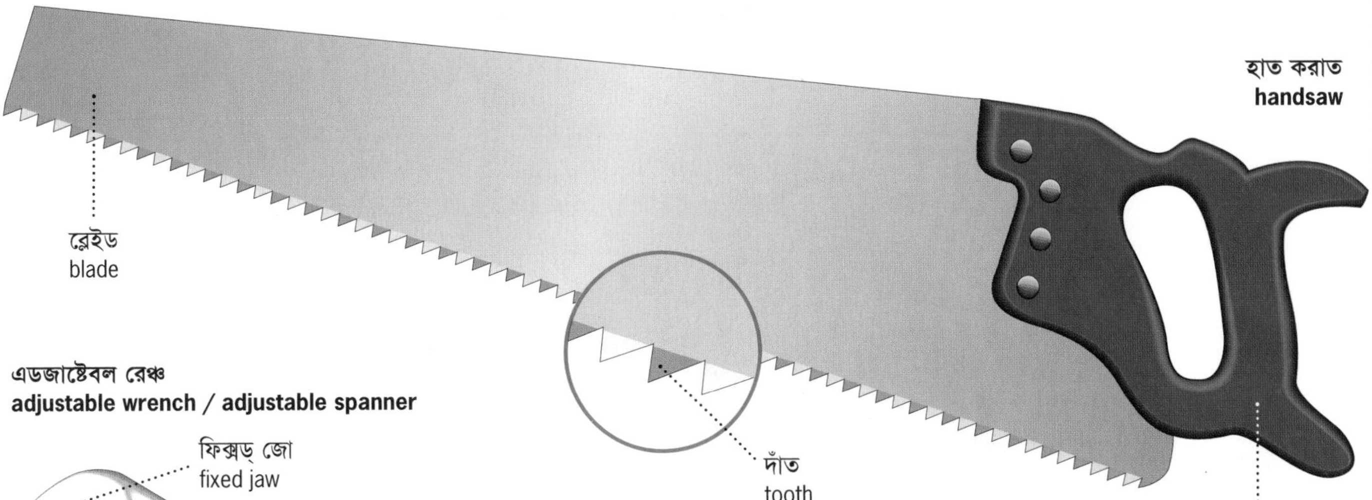

ব্লেইড
blade
দাঁত
tooth
হাতল
handle

এডজাস্টেবল রেঞ্চ
adjustable wrench / adjustable spanner

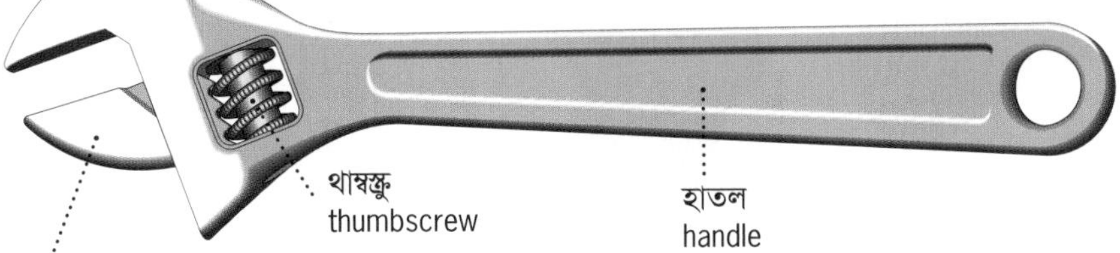

ফিক্সড্ জো
fixed jaw
থাম্বস্ক্রু
thumbscrew
হাতল
handle
মোভেবল্ জো
movable jaw

লকিং প্লায়ার্স
locking pliers / adjustable pliers

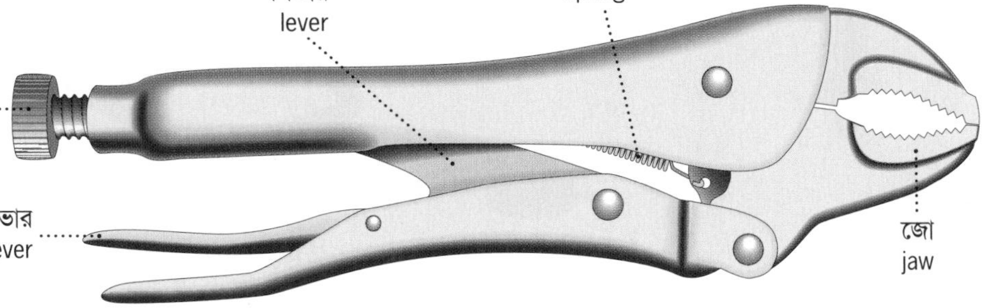

স্প্রিং
spring
লিভার
lever
এডজাস্টিং স্ক্রো
adjusting screw
রিলিজ লিভার
release lever
জো
jaw

রিব জয়েন্ট প্লায়ার্স
rib joint pliers

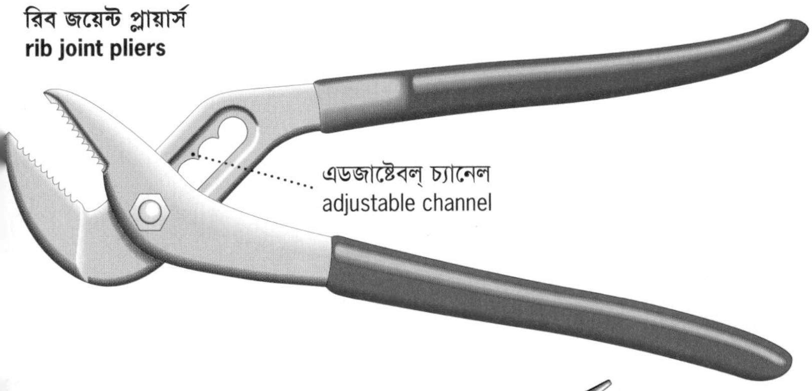

এডজাস্টেবল্ চ্যানেল
adjustable channel

বোল্ট
bolt

নাট
nut
মাথা
head
থ্রেড কাটা রড
threaded rod

লং নৌজ প্লায়ার্স
long-nose pliers

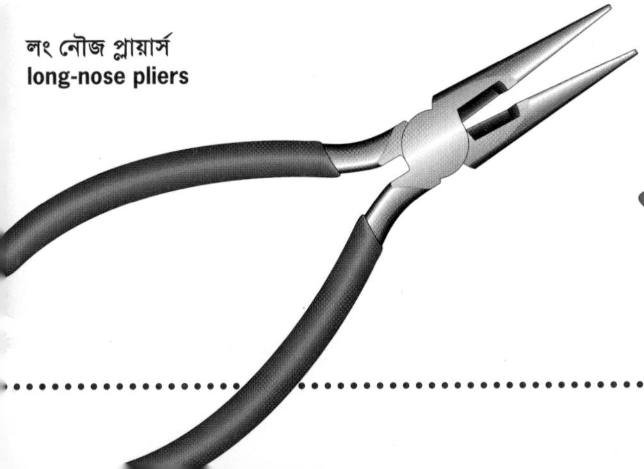

স্লিপ জয়েন্ট প্লায়ার
slip joint pliers

হাতল
handle
স্লিপ জয়েন্ট
slip joint

109

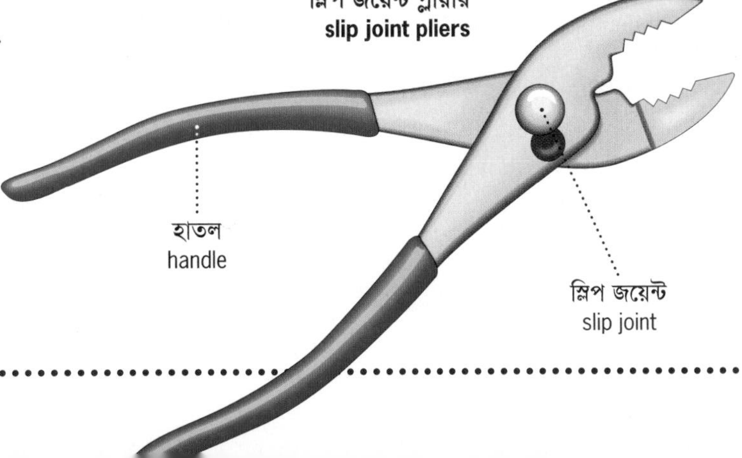

ডি-আই-ওয়াই ·

DO-IT-YOURSELF

বৈদ্যুতিক যন্ত্রপাতি
ELECTRIC TOOLS

বৈদ্যুতিক ড্রিল
electric drill

তুরপুন
auger bit

হাউজিং
housing

সুইচ লক
switch lock

টুইস্ট ড্রিল
twist drill

চাক
chuck

জো
jaw

সহযোগী হাতল
auxiliary handle

সুইচ
switch

চাক কি
chuck key

পিস্তল গ্রিপ হাতল
pistol grip handle

ক্যাবল
cable

প্লাগ
plug

চক্রাকার করাত
circular saw

হাতল
handle

ব্লেড গার্ড
blade guard

ট্রিগার সুইচ
trigger switch

চক্রাকৃতি করাতের ব্লেড
circular saw blade

ব্লেড কাত করার কৌশল
blade tilting mechanism

আগা
tip

মোটর
motor

নবের হাতল
knob handle

ব্লেড
blade

বেইস প্লেইট
base plate

দাঁত
tooth

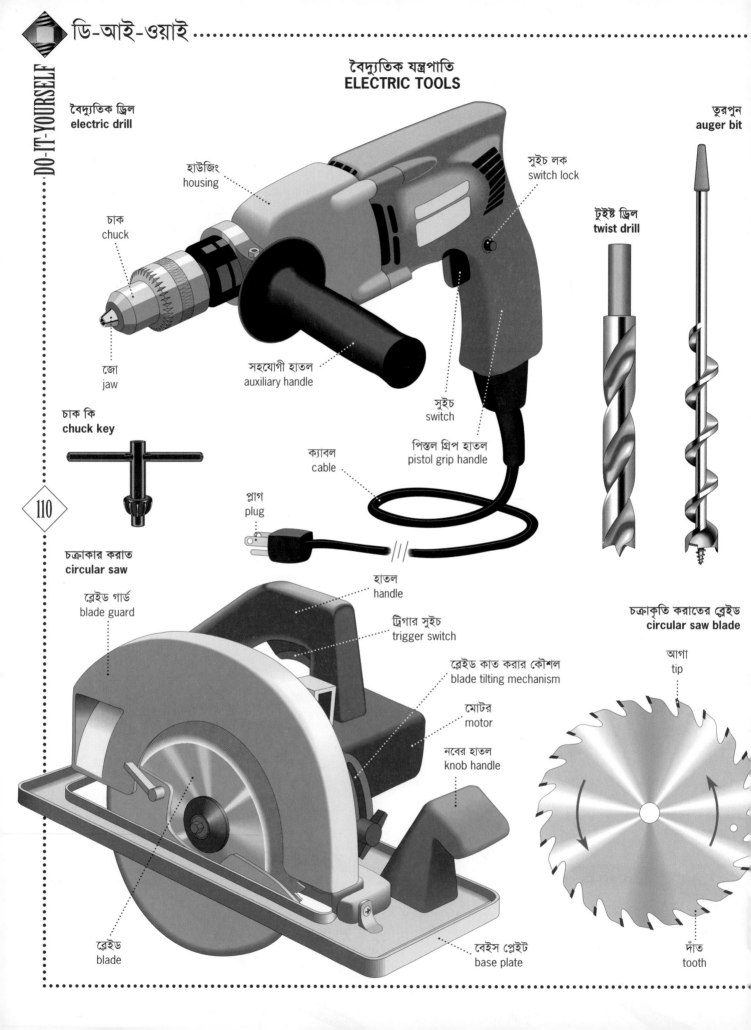

পেইন্টিংয়ের সামগ্রী
PAINTING UPKEEP

পেইন্ট রোলার
paint roller

ট্রে
tray

ক্রেইপার
scraper

ব্লেইড
blade

রোলার ফ্রেইম
roller frame

হাতল
handle

ব্রাশ
brush

রোলার কভার
roller cover

লোম
bristles

এক্সটেনশন ল্যাডার
extension ladder

স্টেপল্যাডার
stepladder

পার্শ্ব মই
side rail

পুলি
pulley

লক করার যন্ত্র
locking device

১১১

প্লাটফরম ল্যাডার
platform ladder

রাং
rung

উত্তোলক রশি
hoisting rope

পিছলে যাওয়া প্রতিরোধক শু
anti-slip shoe

পুরুষের পোষাক
MEN'S CLOTHING

শার্ট
shirt

কলার
collar
কলার পয়েন্ট
collar point
প্লাকেট
placket
বুক পকেট
breast pocket
সামনের দিক
front
কাফ
cuff
বোতাম
button
শার্টটেইল
shirttail

সাস্পেন্ডার
suspenders / braces

এডজাষ্টমেন্ট স্লাইড
adjustment slide
বাটন লুপ
button loop
লেদার এন্ড
leather end

সাস্পেন্ডার ক্লিপ
suspender clip

টাই
tie

রিয়ার এপ্রোন
rear apron
নেক এন্ড
neck end
লুপ
loop
ফ্রন্ট এপ্রোন
front apron

বেল্ট
belt

ফ্রেইম
frame
পাঞ্চ হোল
punch hole
বেল্ট কেরিয়ার
belt carrier
টাং
tongue

প্যান্ট
pants / trousers

ওয়েষ্টবেন্ড
waistband
পকেট
pocket
ফ্লাই
fly
ক্রিজ
crease
কাফ
cuff

বক্সার শর্ট
boxer shorts

ট্যাংক টপ ঃ গেঞ্জী
tank top: undershirt

জাঙ্গিয়া
briefs

ফ্লাই
fly
ক্রচ
crotch
ওয়েষ্ট বেল্ড
waistband

ডাবল ব্রেষ্ট জ্যাকেট
double-breasted jacket

কলার
collar

লাইনিং
lining

ব্রেষ্ট ওয়েল্ট পকেট
breast welt pocket

স্লিভ
sleeve

লুকানো পকেট
concealed pocket

ফ্লাপ
flap

প্যাচ পকেট
patch pocket

ডাফল্ কোট
duffle coat

হুড
hood

ফ্রগ
frog

টগল্ ফাস্টেনিং
toggle fastening

টুপি
cap

ক্রাউন
crown

পিক
peak

ষ্টকিং ক্যাপ
stocking cap / bobble hat

হান্টিং ক্যাপ
hunting cap

ইয়ার ফ্লাপ
ear flap

জ্যাকেট
jacket

স্ন্যাপ ফাস্টেনার
snap fastener

ইলাষ্টিক ওয়েষ্টবেন্ড
elastic waistband

উইন্ড ব্রেকার
windbreaker / anorak

ওয়েষ্টবেন্ড
waistband

ড্রষ্ট্রিং
drawstring

মহিলাদের পোষাক
WOMEN'S CLOTHING

টক
toque

বুনন করা হ্যাট
knitted hat

বালাক্লাভা
balaclava

পিক
peak

বেরেট
beret

ব্লাউজ
blouse

ডাবল্ ব্রেস্টেড জ্যাকেট
double-breasted jacket

স্যুট
suit

জ্যাকেট
jacket

স্কার্ট
skirt

ওভারকোট
overcoat

পংকো
poncho

ড্রেস
dress

জিন্স
jeans

স্কি প্যান্ট
ski pants

ফুটস্ট্র্যাপ
footstrap

শর্টস্
shorts

বারমুডা শর্টস্
Bermuda shorts

স্ট্রেইট স্কার্ট
straight skirt

কালোটস্
culottes

প্লিটেড্ স্কার্ট
pleated skirt

মহিলাদের পোষাক
WOMEN'S CLOTHING

পাজামা
pajamas

ব্রা
bra

শোল্ডার স্ট্র্যাপ
shoulder strap

কাপ
cup

প্যান্ট
pants

হাফ স্লিপ
half-slip / waist slip

বাথরোব
bathrobe / dressing gown

116

সুয়েটার
SWEATERS

ক্রু নেক সুয়েটার
crew neck sweater

টার্টলনেক
turtleneck / polo neck

কার্ডিগান
cardigan

পলো শার্ট
polo shirt

ভি নেক কার্ডিগান
V-neck cardigan

হ্যাংগার লুপ
hanger loop

স্লিভ
sleeve

ভি নেক
V-neck

সোয়েটার ভেষ্ট
sweater vest

বোতাম
button

পকেট
pocket

রিবিং
ribbing

গ্লাভ্‌স্ এবং মোজা
GLOVES AND STOCKINGS

গ্লাভস্
gloves

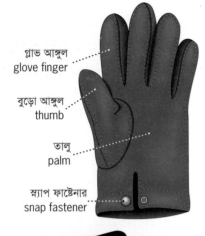

গ্লাভ আঙ্গুল
glove finger
বুড়ো আঙ্গুল
thumb
তালু
palm
স্ন্যাপ ফাস্টেনার
snap fastener
স্টিচিং
stitching

মোজা
sock

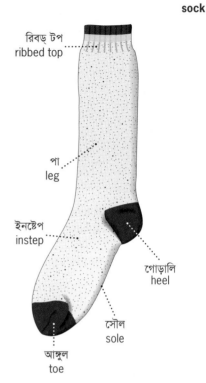

রিবড় টপ
ribbed top
পা
leg
ইনস্টেপ
instep
গোড়ালি
heel
সৌল
sole
toe

ড্রাইভিং গ্লাভ
driving glove

মিটেন
mitten

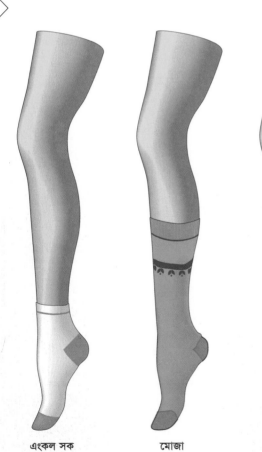

এংকল সক
ankle sock

মোজা
sock

নী-হাই সক
knee-high sock

ষ্টকিং
stocking

টাইটস্
tights

জুতা
SHOES

হেভী ডিউটি বুট
heavy duty boot / walking boot

স্লিং ব্যাক
slingback

ব্যালেরিনা
ballerina / pump

পাম্প
pump / court

টেনিস শু
tennis shoe

থাই বুট
thigh-boot

এস্পাড্রিল
espadrille

লোফার
loafer

স্যান্ডেল
sandal / mule

মোকাসিন
moccasin

এংকল বুট
ankle boot

বুট
boot

স্পোর্টসওয়্যার
SPORTSWEAR

ব্যায়ামের পোষাক
EXERCISE WEAR

ট্যাংক টপ
tank top

সুইম স্যুট
swimsuit

লেটার্ড
leotard

ট্রাক স্যুট
TRACK SUIT

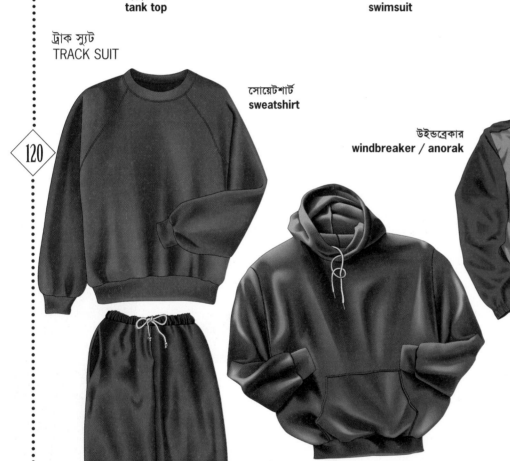

সোয়েটশার্ট
sweatshirt

হুড লাগানো সোয়েটশার্ট
hooded sweatshirt

সোয়েটপ্যান্ট
sweatpants / jogging bottoms

উইন্ডব্রেকার
windbreaker / anorak

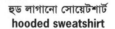

প্যান্ট
pants / waterproof trousers

শরীরচর্চার পোষাক
EXERCISE WEAR

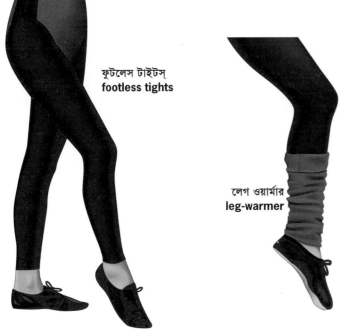

ফুটলেস টাইটস্
footless tights

লেগ ওয়ার্মার
leg-warmer

সুইমিং ট্রাংক
swimming trunks

বক্সার শর্টস্
boxer shorts

রানিং শু
running shoe / trainer

121

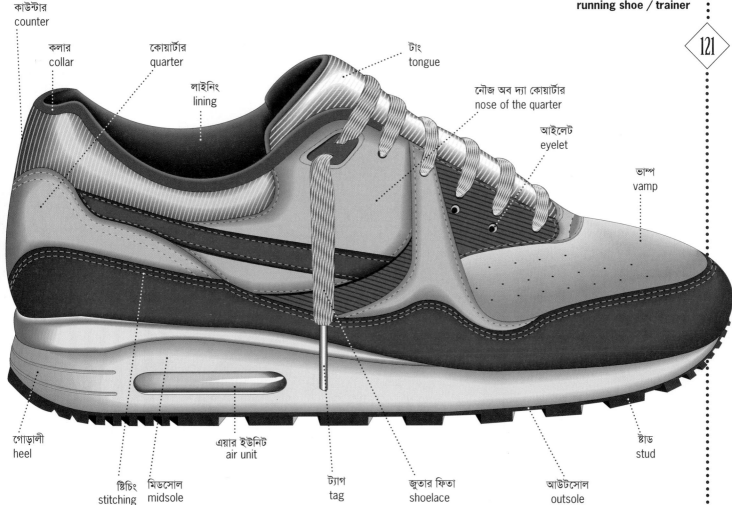

কাউন্টার
counter

কলার
collar

কোয়ার্টার
quarter

লাইনিং
lining

টাং
tongue

নৌজ অব দ্যা কোয়ার্টার
nose of the quarter

আইলেট
eyelet

ভাম্প
vamp

গোড়ালী
heel

স্টিচিং
stitching

মিডসোল
midsole

এয়ার ইউনিট
air unit

ট্যাগ
tag

জুতার ফিতা
shoelace

আউটসোল
outsole

স্টাড
stud

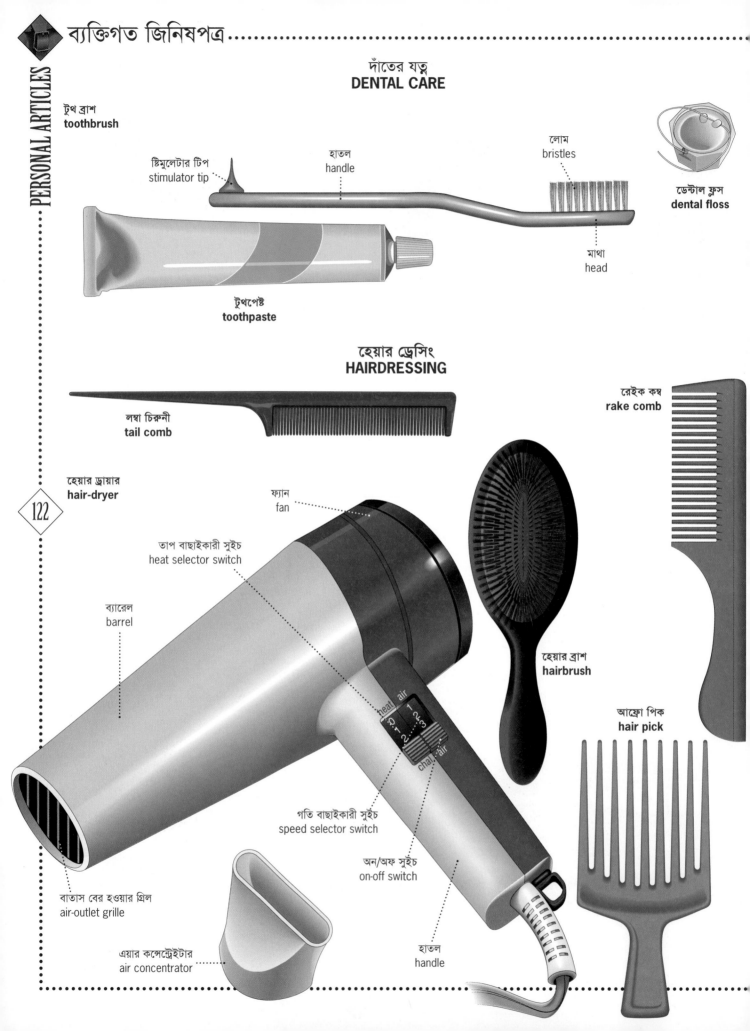

দাঁতের যত্ন
DENTAL CARE

টুথ ব্রাশ
toothbrush

স্টিমুলেটার টিপ
stimulator tip

হাতল
handle

লোম
bristles

ডেন্টাল ফ্লস
dental floss

মাথা
head

টুথপেস্ট
toothpaste

হেয়ার ড্রেসিং
HAIRDRESSING

লম্বা চিরুনী
tail comb

রেইক কম্ব
rake comb

হেয়ার ড্রায়ার
hair-dryer

ফ্যান
fan

তাপ বাছাইকারী সুইচ
heat selector switch

ব্যারেল
barrel

হেয়ার ব্রাশ
hairbrush

আফ্রো পিক
hair pick

গতি বাছাইকারী সুইচ
speed selector switch

অন/অফ সুইচ
on-off switch

বাতাস বের হওয়ার গ্রিল
air-outlet grille

এয়ার কনসেন্ট্রেইটার
air concentrator

হাতল
handle

চামড়ার জিনিষপত্র
LEATHER GOODS

ড্রষ্ট্রিং ব্যাগ
drawstring bag

ড্রষ্ট্রিং
drawstring
শোল্ডার ষ্ট্র্যাপ
shoulder strap
সামনের পকেট
front pocket

ন্যাপস্যাক
knapsack

কী কেইস
key case

ওয়ালেট
wallet

পার্স
purse

চশমা
GLASSES

চশমার লেন্স
glass lens
ব্রিজ
bridge
বার
bar
রিম
rim
নোজ্ প্যাড
nose pad
টেম্পল্
temple

ছাতা
UMBRELLA

চাঁদোয়া
canopy
প্রান্ত
tip
স্প্রেডার
spreader
রিং
ring
টাই
tie
শ্যাংক
shank
রিব
rib
ট্যাব
tab
হাতল
handle

টেলিস্কোপিক আম্ব্রেলা
telescopic umbrella

কভার
cover

টেলিফোনের মাধ্যমে যোগাযোগ
COMMUNICATION BY TELEPHONE

টেলিফোন সেট
telephone set

হ্যান্ডসেট
handset

ইয়ারপিস
earpiece

ডিসপ্লে
display

মাউথপিস
mouthpiece

ফাংশন বাছাই করা
function selectors

অটোমেটিক ডায়ালার
automatic dialer

হ্যান্ডসেট কর্ড
handset cord

পুশ বাটন
push buttons

টেলিফোন ইনডেক্স
telephone index

টেলিফোন আনসারিং মেশিন
telephone answering machine

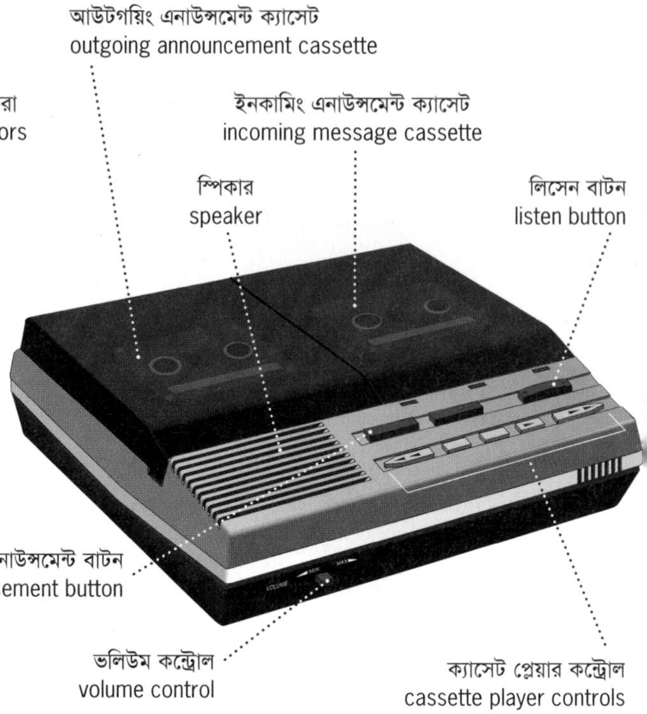

আউটগয়িং এনাউন্সমেন্ট ক্যাসেট
outgoing announcement cassette

ইনকামিং এনাউন্সমেন্ট ক্যাসেট
incoming message cassette

স্পিকার
speaker

লিসেন বাটন
listen button

রেকর্ড এনাউন্সমেন্ট বাটন
record announcement button

ভলিউম কন্ট্রোল
volume control

ক্যাসেট প্লেয়ার কন্ট্রোল
cassette player controls

124

পে ফোন
pay phone

কয়েন ঢুকানোর স্লট
coin slot

ডিসপ্লে
display

পুশ বাটন
push buttons

হ্যান্ডসেট
handset

কার্ড রিডার
card reader

কয়েন ফেরত দেয়ার ট্রে
coin return tray

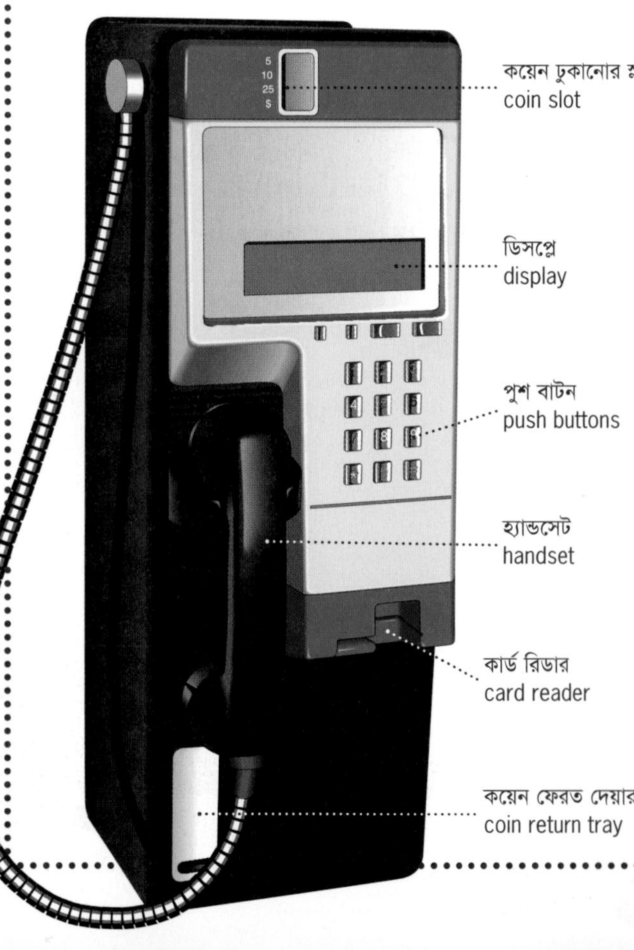

পুশ-বাটন টেলিফোন
push-button telephone

পোর্টেবল সেলুলার টেলিফোন
portable cellular telephone

কর্ডলেস টেলিফোন
cordless telephone

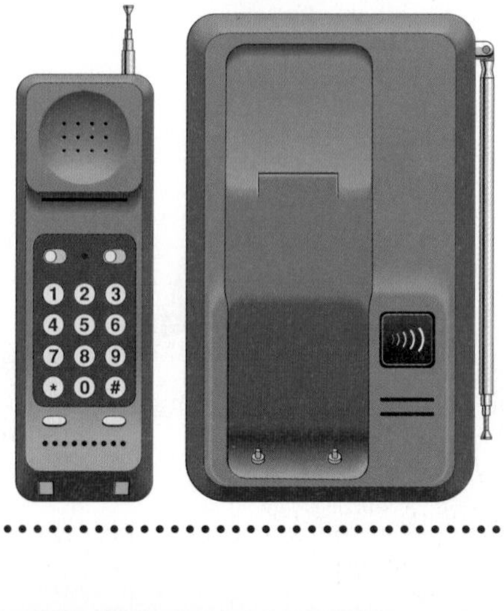

ফটোগ্রাফী
PHOTOGRAPHY

সিংগল লেন্স রিফ্লেক্স (এসএলআর) ক্যামেরা
single lens reflex (slr) camera

এক্সেসরি শু
accessory shoe
ফিল্ম রিওয়াইন্ড বাটন
film rewind button
হট শু কন্টাক্ট
hot-shoe contact
কন্ট্রোল প্যানেল
control panel
ফিল্ম এডভান্স বাটন
film advance button
কন্ট্রোল ডায়াল
control dial
এক্সপোজার বাটন
exposure button
ফিল্মের গতি
film speed
রিমোট কন্ট্রোল টার্মিনাল
remote control terminal
ক্যামেরা বডি
camera body
ফোকাস সেটিং রিং
focus setting ring
শাটার রিলিজ বাটন
shutter release button
অব্জেক্টিভ লেন্স
objective lens

কম্প্যাক্ট ক্যামেরা
compact camera

ইলেক্ট্রনিক ফ্লাশ
electronic flash

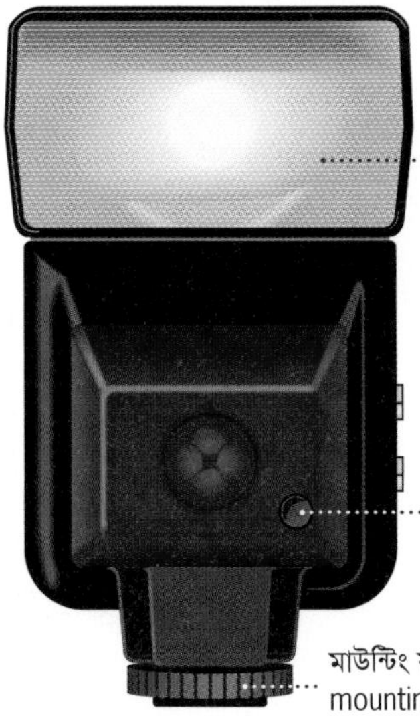

ফ্লাশটিউব
flashtube
ফটোইলেক্ট্রিক সেল
photoelectric cell
মাউন্টিং ফুট
mounting foot

ক্যাসেট ফিল্ম
cassette film

পারফোরেশন
perforation
ফিল্ম লিডার
film leader

পোলারয়েড (রেঃ) ল্যান্ড ক্যামেরা
Polaroid® Land camera

পকেট ক্যামেরা
pocket camera

কার্ট্রিজ ফিল্ম
cartridge film

ফিল্ম প্যাক
film pack

টেলিভিশন
TELEVISION

টেলিভিশন সেট
television set

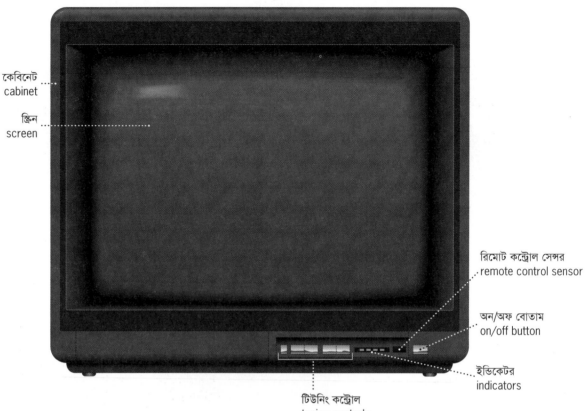

কেবিনেট
cabinet

স্ক্রিন
screen

রিমোট কন্ট্রোল সেন্সর
remote control sensor

অন/অফ বোতাম
on/off button

ইন্ডিকেটর
indicators

টিউনিং কন্ট্রোল
tuning controls

রিমোট কন্ট্রোল
remote control

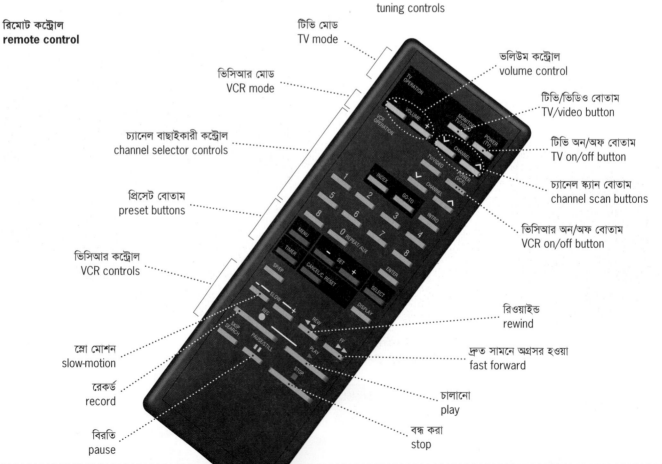

টিভি মোড
TV mode

ভিসিআর মোড
VCR mode

চ্যানেল বাছাইকারী কন্ট্রোল
channel selector controls

প্রিসেট বোতাম
preset buttons

ভিসিআর কন্ট্রোল
VCR controls

স্লো মোশন
slow-motion

রেকর্ড
record

বিরতি
pause

ভলিউম কন্ট্রোল
volume control

টিভি/ভিডিও বোতাম
TV/video button

টিভি অন/অফ বোতাম
TV on/off button

চ্যানেল স্ক্যান বোতাম
channel scan buttons

ভিসিআর অন/অফ বোতাম
VCR on/off button

রিওয়াইন্ড
rewind

দ্রুত সামনে অগ্রসর হওয়া
fast forward

চালানো
play

বন্ধ করা
stop

ভিডিও
VIDEO

ভিডিও ক্যাসেট রেকর্ডার
videocassette recorder

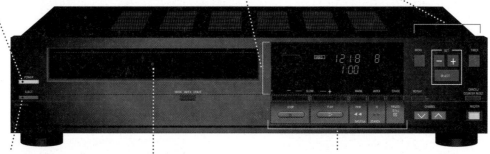

অন/অফ বোতাম
on/off button

ডাটা ডিসপ্লে
data display

প্রিসেট বোতাম
preset buttons

ক্যাসেট বের করার সুইচ
cassette eject switch

ক্যাসেট কম্পার্টমেন্ট
cassette compartment

কন্ট্রোল
controls

ভিডিও ক্যামেরা
video camera

এক্সেসরি শু
accessory shoe

আই পিস্
eyepiece

পাওয়ার ঝুম বোতাম
power zoom button

ইলেক্ট্রনিক ভিউ ফাইন্ডার
electronic viewfinder

ক্যাসেট বের করার সুইচ
cassette eject switch

ভিডিও টেপ অপারেশন কন্ট্রোল
videotape operation controls

ভিউ ফাইন্ডার এডজাস্টমেন্ট কী
viewfinder adjustment keys

বিল্ট ইন মাইক্রোফোন
built-in microphone

ব্যাটারি
battery

ঝুম লেন্স
zoom lens

শুটিং এডজাস্টমেন্ট কী
shooting adjustment keys

ক্যাসেট কম্পার্টমেন্ট
cassette compartment

ব্যাটারি বের করার সুইচ
battery eject switch

ডাটা ডিসপ্লে
data display

এডিট/সার্চ বোতাম
edit/search buttons

স্টিরিও সিস্টেম
STEREO SYSTEM / HI-FI SYSTEM

সিস্টেম কম্পোনেন্টস
SYSTEM COMPONENTS

টার্নার
tuner

এফএম এন্টেনা
FM antenna

এএম এন্টেনা
AM antenna

টার্ন টেবিল
turntable

কম্প্যাক্ট ডিস্ক প্লেয়ার
compact disc player

এমপ্লিফাইয়ার
amplifier

ক্যাসেট টেপ ডেক্স
cassette tape deck

গ্রাফিক ইকুয়ালাইজার
graphic equalizer

লাউডস্পিকার
loudspeakers

লেফট চ্যানেল
left channel

রাইট চ্যানেল
right channel

টুইটার
tweeter

মিডরেঞ্জ
midrange

উফার
woofer

ডায়াফ্রাম; কৌণ
diaphragm; cone

স্পিকার কভার
speaker cover

হেডফোন
headphones

হেডব্যান্ড
headband

এডজাস্টিং ব্যান্ড
adjusting band

ইয়ার ফোন
earphone

ইয়ার কুশন
ear cushion

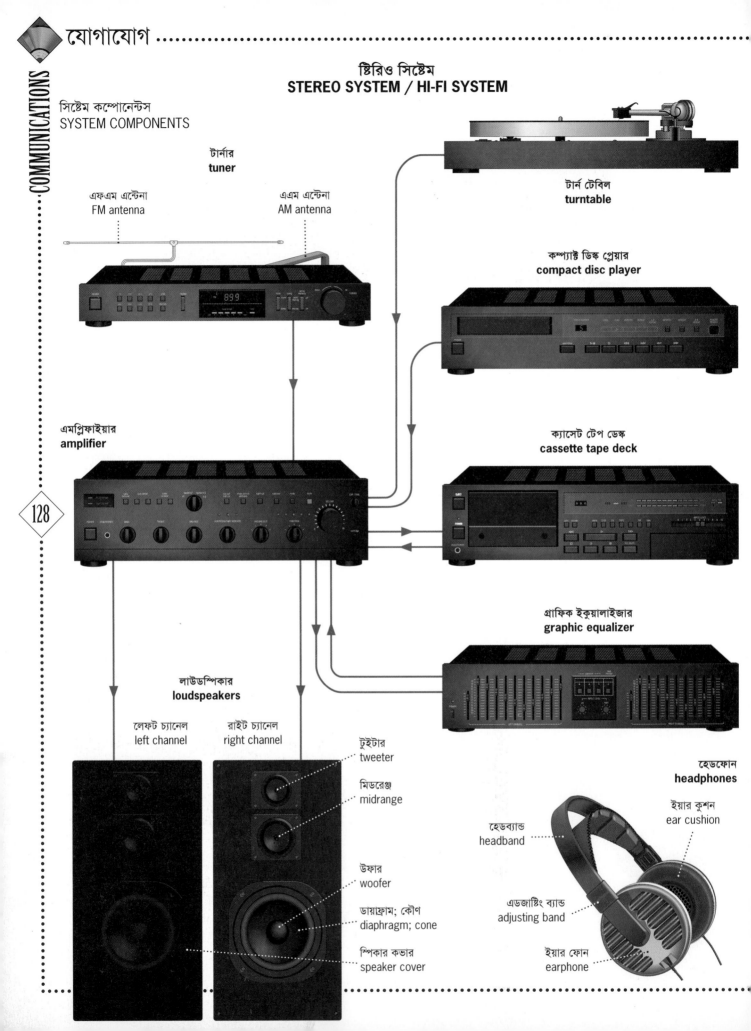

COMMUNICATIONS

পোর্টেবল সাউন্ড সিস্টেম
PORTABLE SOUND SYSTEMS

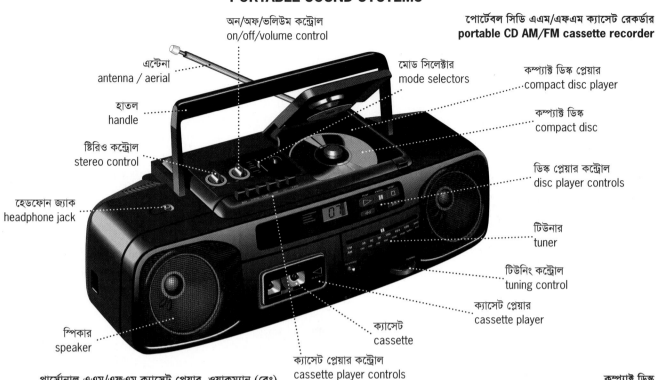

পোর্টেবল সিডি এএম/এফএম ক্যাসেট রেকর্ডার
portable CD AM/FM cassette recorder

অন/অফ/ভলিউম কন্ট্রোল
on/off/volume control
এন্টেনা
antenna / aerial
হাতল
handle
ষ্টিরিও কন্ট্রোল
stereo control
হেডফোন জ্যাক
headphone jack
স্পিকার
speaker
মোড সিলেক্টার
mode selectors
কম্প্যাক্ট ডিস্ক প্লেয়ার
compact disc player
কম্প্যাক্ট ডিস্ক
compact disc
ডিস্ক প্লেয়ার কন্ট্রোল
disc player controls
টিউনার
tuner
টিউনিং কন্ট্রোল
tuning control
ক্যাসেট প্লেয়ার
cassette player
ক্যাসেট
cassette
ক্যাসেট প্লেয়ার কন্ট্রোল
cassette player controls

পার্সোনাল এএম/এফএম ক্যাসেট প্লেয়ার, ওয়াকম্যান (রেঃ)
personal AM/FM cassette player; Walkman®

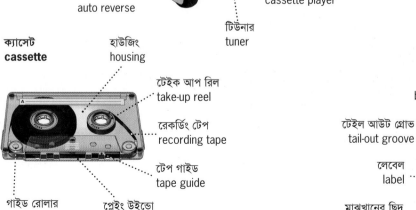

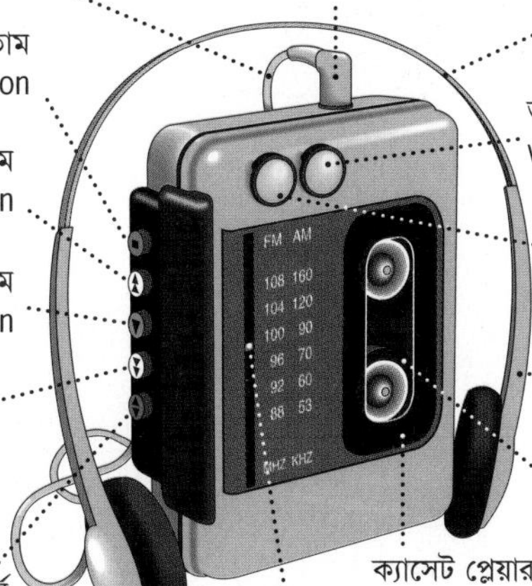

ক্যাবল
cable
হেডফোন প্লাগ
headphone plug
হেড ব্যান্ড
headband
অন/অফ বোতাম
on/off button
ভলিউম কন্ট্রোল
volume control
রিওয়াইন্ড বোতাম
rewind button
টিউনিং কন্ট্রোল
tuning control
প্লে বোতাম
play button
হেডফোন
headphones
ফাষ্ট ফরওয়ার্ড বোতাম
fast-forward button
ক্যাসেট
cassette
অটো রিভার্স
auto reverse
ক্যাসেট প্লেয়ার
cassette player
টিউনার
tuner

কম্প্যাক্ট ডিস্ক
compact disc

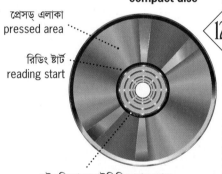

প্রেসড্ এলাকা
pressed area
রিডিং ষ্টার্ট
reading start
টেকনিক্যাল আইডিফিকেশন ব্যান্ড
technical identification band

ক্যাসেট
cassette

হাউজিং
housing
টেইক আপ রিল
take-up reel
রেকর্ডিং টেপ
recording tape
টেপ গাইড
tape guide
গাইড রোলার
guide roller
প্লেইং উইন্ডো
playing window

রেকর্ড
record

স্পাইরাল-ইন গ্রোভ
spiral-in groove
স্পাইরাল
spiral
ব্যান্ড
band
টেইল আউট গ্রোভ
tail-out groove
লেবেল
label
মাঝখানের ছিদ্র
center hole / centre hole

গাড়ী
CAR

বডি
body

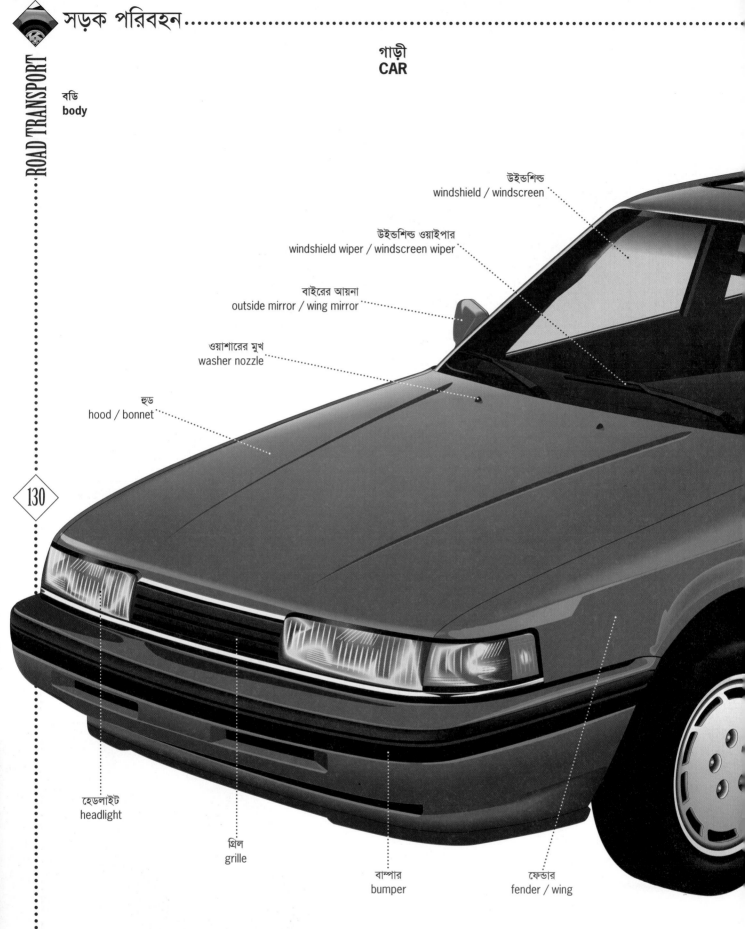

উইন্ডশিল্ড
windshield / windscreen

উইন্ডশিল্ড ওয়াইপার
windshield wiper / windscreen wiper

বাইরের আয়না
outside mirror / wing mirror

ওয়াশারের মুখ
washer nozzle

হুড
hood / bonnet

130

হেডলাইট
headlight

গ্রিল
grille

বাম্পার
bumper

ফেন্ডার
fender / wing

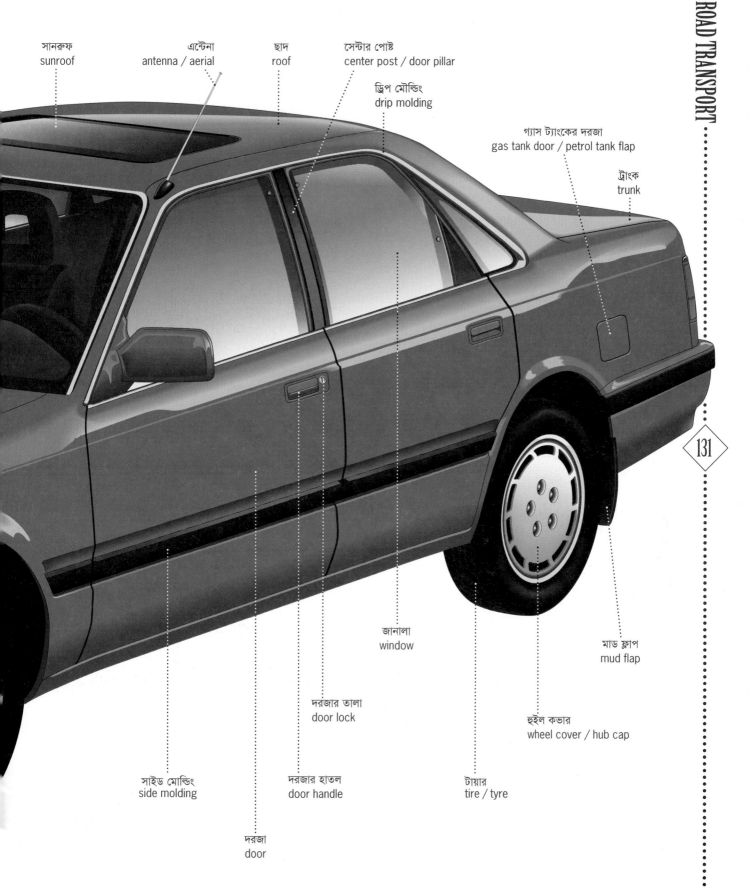

সানরুফ
sunroof
এন্টেনা
antenna / aerial
ছাদ
roof
সেন্টার পোষ্ট
center post / door pillar
ড্রিপ মৌল্ডিং
drip molding
গ্যাস ট্যাংকের দরজা
gas tank door / petrol tank flap
ট্রাংক
trunk
জানালা
window
মাড ফ্লাপ
mud flap
দরজার তালা
door lock
হুইল কভার
wheel cover / hub cap
সাইড মোল্ডিং
side molding
দরজার হাতল
door handle
টায়ার
tire / tyre
দরজা
door

গাড়ী
CAR

ডেশবোর্ড
dashboard

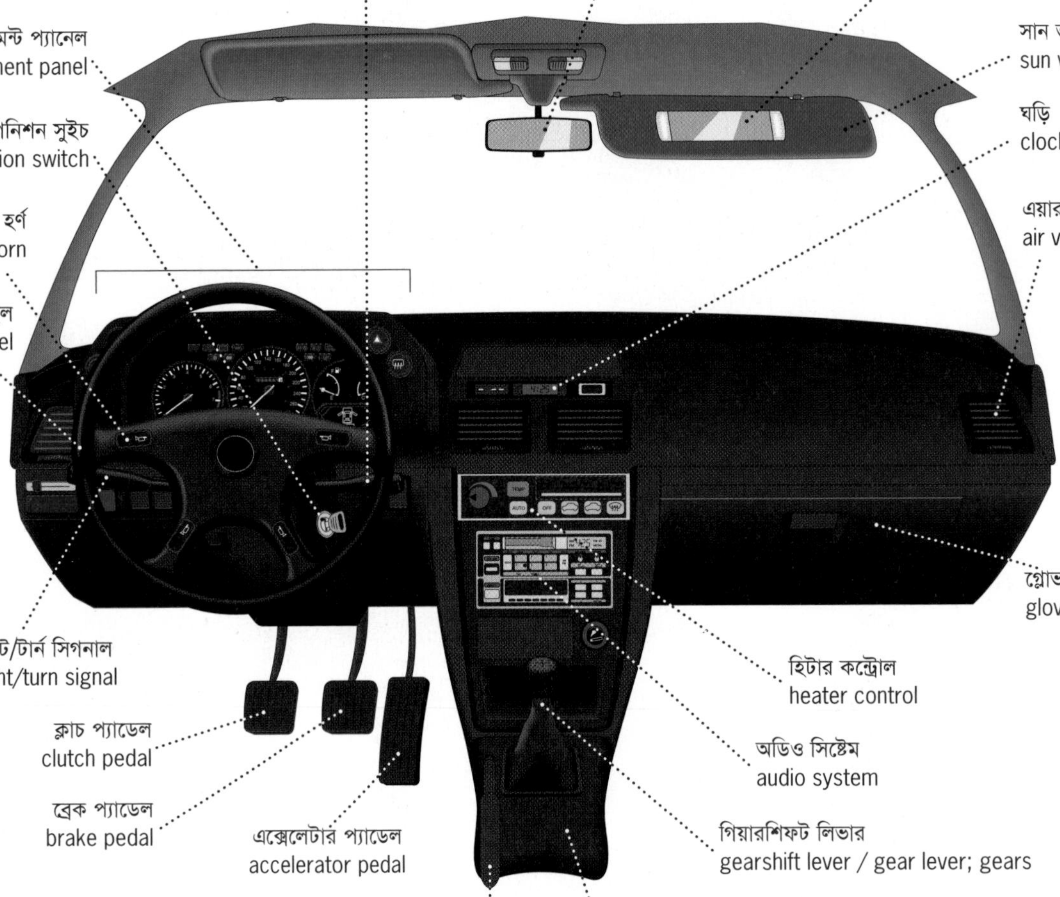

ওয়াইপার সুইচ
wiper switch

রিয়ারভিউ মিরর
rearview mirror

ভ্যানিটি মিরর
vanity mirror

ইন্সট্রুমেন্ট প্যানেল
instrument panel

সান ভাইজর
sun visor

ইগনিশন সুইচ
ignition switch

ঘড়ি
clock

হর্ণ
horn

এয়ার ভেন্ট
air vent

স্টিয়ারিং হুইল
steering wheel

গ্লোভ কম্পার্টমেন্ট
glove compartment

হেডলাইট/টার্ন সিগনাল
headlight/turn signal

হিটার কন্ট্রোল
heater control

ক্লাচ প্যাডেল
clutch pedal

অডিও সিস্টেম
audio system

ব্রেক প্যাডেল
brake pedal

এক্সেলেটার প্যাডেল
accelerator pedal

গিয়ারশিফট লিভার
gearshift lever / gear lever; gears

হ্যান্ডব্রেক
handbrake

সেন্টার কন্সোল
center console / centre console

ইন্সট্রুমেন্ট প্যানেল
instrument panel

টার্ণ সিগনাল ইন্ডিকেটর
turn signal indicator /
indicator light

ওয়ার্নিং লাইট
warning lights

ফুয়েল গজ
fuel gauge

হাই বীম ইন্ডিকেটর লাইট
high beam indicator light /
main beam indicator light

টেম্পারেচার গজ
temperature gauge

ENGINE
MOTEUR

ALB

CRUISE
CONTROL

120 140 160
100   180
80   ,120 200
60   40   80 100   220
      60   ,140
40   240
20   ,160 260
  m/h
  km/h   280

F   H

E   C

রেভ কাউন্টার
rev(olution) counter

ওডোমিটার
odometer / milometer

ট্রিপ ওডোমিটার
trip odometer / trip milometer

স্পিডোমিটার
speedometer

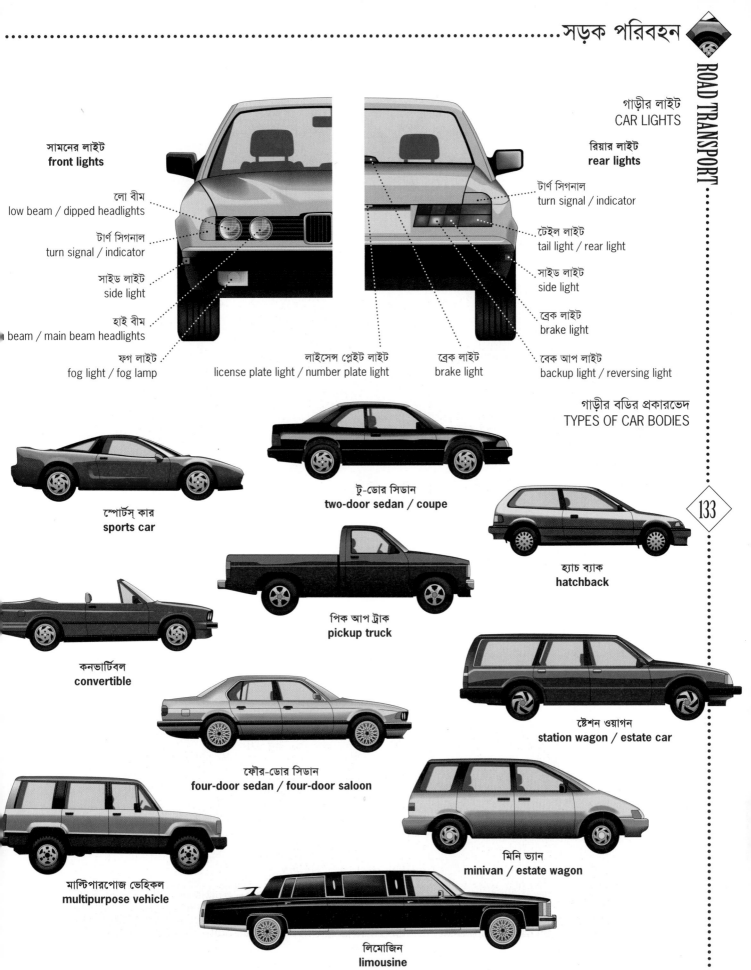

গাড়ীর লাইট
CAR LIGHTS

সামনের লাইট
front lights
লো বীম
low beam / dipped headlights
টার্ণ সিগনাল
turn signal / indicator
সাইড লাইট
side light
হাই বীম
beam / main beam headlights
ফগ লাইট
fog light / fog lamp
লাইসেন্স প্লেইট লাইট
license plate light / number plate light
ব্রেক লাইট
brake light
রিয়ার লাইট
rear lights
টার্ণ সিগনাল
turn signal / indicator
টেইল লাইট
tail light / rear light
সাইড লাইট
side light
ব্রেক লাইট
brake light
বেক আপ লাইট
backup light / reversing light

গাড়ীর বডির প্রকারভেদ
TYPES OF CAR BODIES

স্পোর্টস্ কার
sports car

টু-ডোর সিডান
two-door sedan / coupe

হ্যাচ ব্যাক
hatchback

পিক আপ ট্রাক
pickup truck

কনভার্টিবল
convertible

ষ্টেশন ওয়াগন
station wagon / estate car

ফৌর-ডোর সিডান
four-door sedan / four-door saloon

মিনি ভ্যান
minivan / estate wagon

মাল্টিপারপোজ ভেহিকল
multipurpose vehicle

লিমোজিন
limousine

ট্রাক/লরি
TRUCK / LORRY

ট্রাক্টর ইউনিট
tractor unit

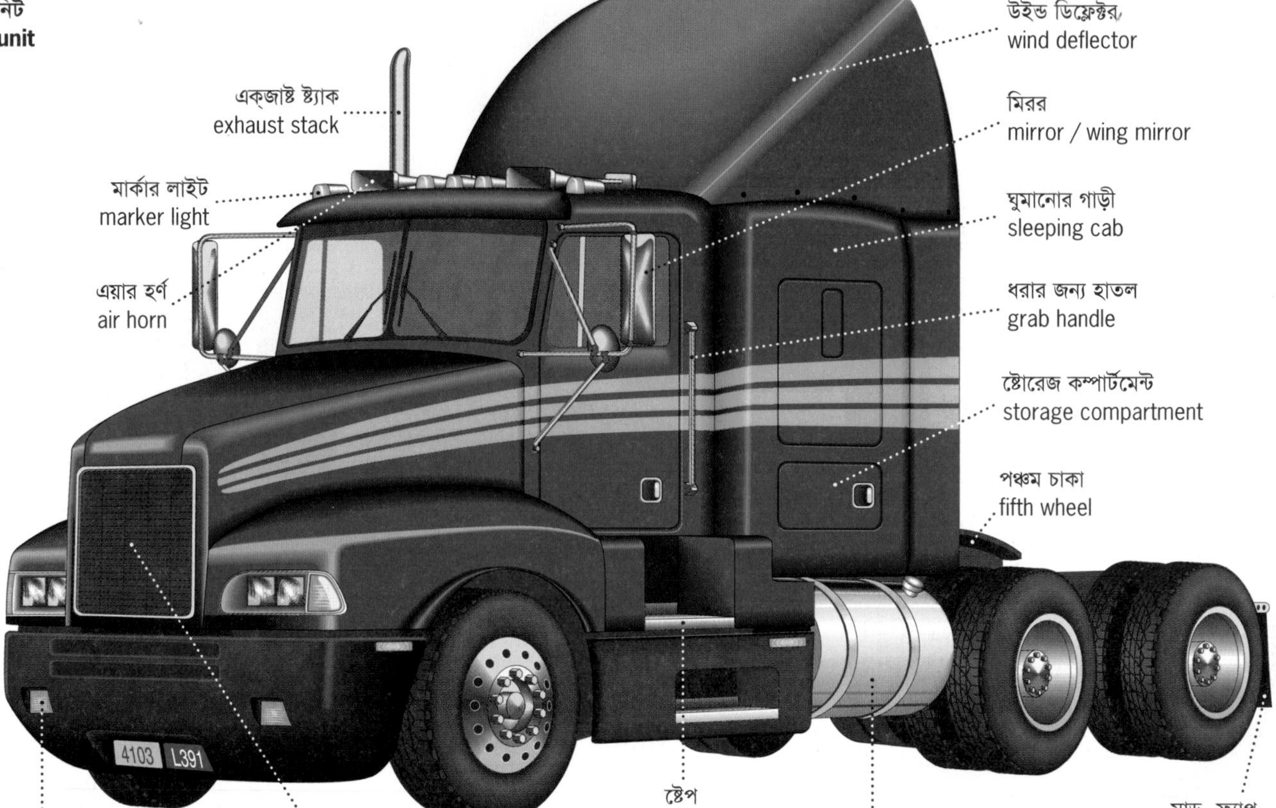

একজাস্ট ষ্ট্যাক
exhaust stack
মার্কার লাইট
marker light
এয়ার হর্ণ
air horn
উইন্ড ডিফ্লেক্টর
wind deflector
মিরর
mirror / wing mirror
ঘুমানোর গাড়ী
sleeping cab
ধরার জন্য হাতল
grab handle
ষ্টোরেজ কম্পার্টমেন্ট
storage compartment
পঞ্চম চাকা
fifth wheel
step
মাড ফ্ল্যাপ
mud flap
ফগ লাইট
fog light / fog lamp
রেডিয়েটর গ্রিল
radiator grille
ফুয়েল ট্যাংক
fuel tank

134

সার্ভিস ষ্টেশন
service station / petrol station

এয়ার পাম্প
air pump / air pressure hose
মেকানিকের বে
mechanics bay / repair shop
রক্ষণাবেক্ষণ
maintenance
অফিস
office
আইস ডিস্পেন্সার
ice dispenser
সফট ড্রিংক ডিস্পেন্সার
soft-drink dispenser
কার ওয়াশ
car wash

মোটরসাইকেল
MOTORCYCLE

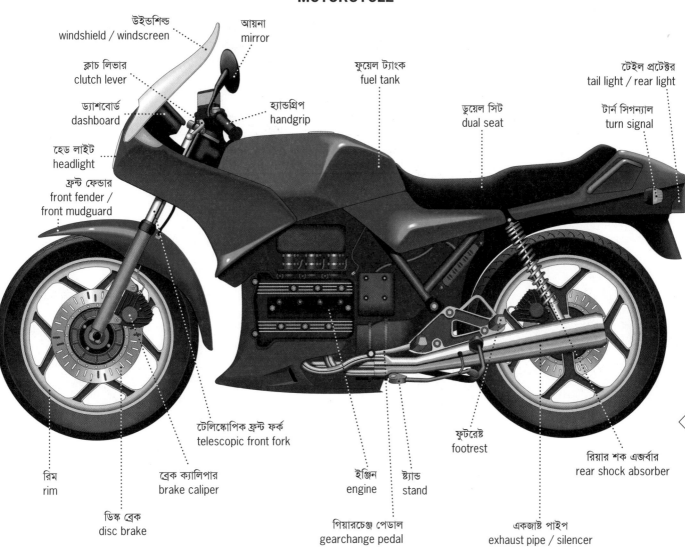

উইন্ডশিল্ড
windshield / windscreen

আয়না
mirror

ক্লাচ লিভার
clutch lever

ড্যাশবোর্ড
dashboard

হ্যান্ডগ্রিপ
handgrip

হেড লাইট
headlight

ফ্রন্ট ফেন্ডার
front fender /
front mudguard

ফুয়েল ট্যাংক
fuel tank

ডুয়েল সিট
dual seat

টেইল প্রটেক্টর
tail light / rear light

টার্ন সিগন্যাল
turn signal

রিম
rim

ডিস্ক ব্রেক
disc brake

ব্রেক ক্যালিপার
brake caliper

টেলিস্কোপিক ফ্রন্ট ফর্ক
telescopic front fork

ইঞ্জিন
engine

গিয়ারচেঞ্জ পেডাল
gearchange pedal

স্ট্যান্ড
stand

ফুটরেস্ট
footrest

একজাস্ট পাইপ
exhaust pipe / silencer

রিয়ার শক এজর্বার
rear shock absorber

135

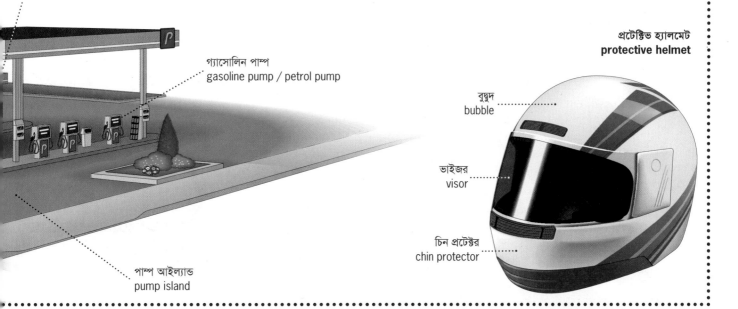

কিওস্ক
kiosk

গ্যাসোলিন পাম্প
gasoline pump / petrol pump

পাম্প আইল্যান্ড
pump island

প্রটেক্টিভ হ্যালমেট
protective helmet

বুদ্বুদ
bubble

ভাইজর
visor

চিন প্রটেক্টর
chin protector

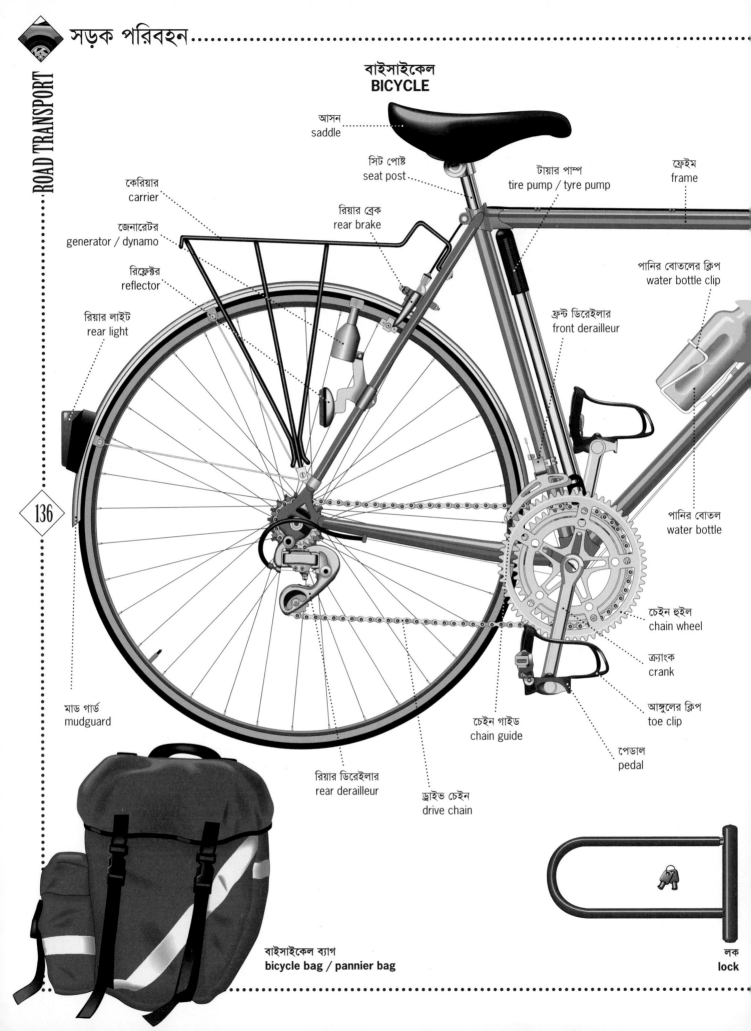

বাইসাইকেল
BICYCLE

আসন
saddle

সিট পোষ্ট
seat post

কেরিয়ার
carrier

জেনারেটর
generator / dynamo

রিফ্লেক্টর
reflector

রিয়ার লাইট
rear light

রিয়ার ব্রেক
rear brake

টায়ার পাম্প
tire pump / tyre pump

ফ্রেইম
frame

পানির বোতলের ক্লিপ
water bottle clip

ফ্রন্ট ডিরেইলার
front derailleur

পানির বোতল
water bottle

চেইন হুইল
chain wheel

ক্র্যাংক
crank

আঙ্গুলের ক্লিপ
toe clip

পেডাল
pedal

মাড গার্ড
mudguard

রিয়ার ডিরেইলার
rear derailleur

ড্রাইভ চেইন
drive chain

চেইন গাইড
chain guide

বাইসাইকেল ব্যাগ
bicycle bag / pannier bag

লক
lock

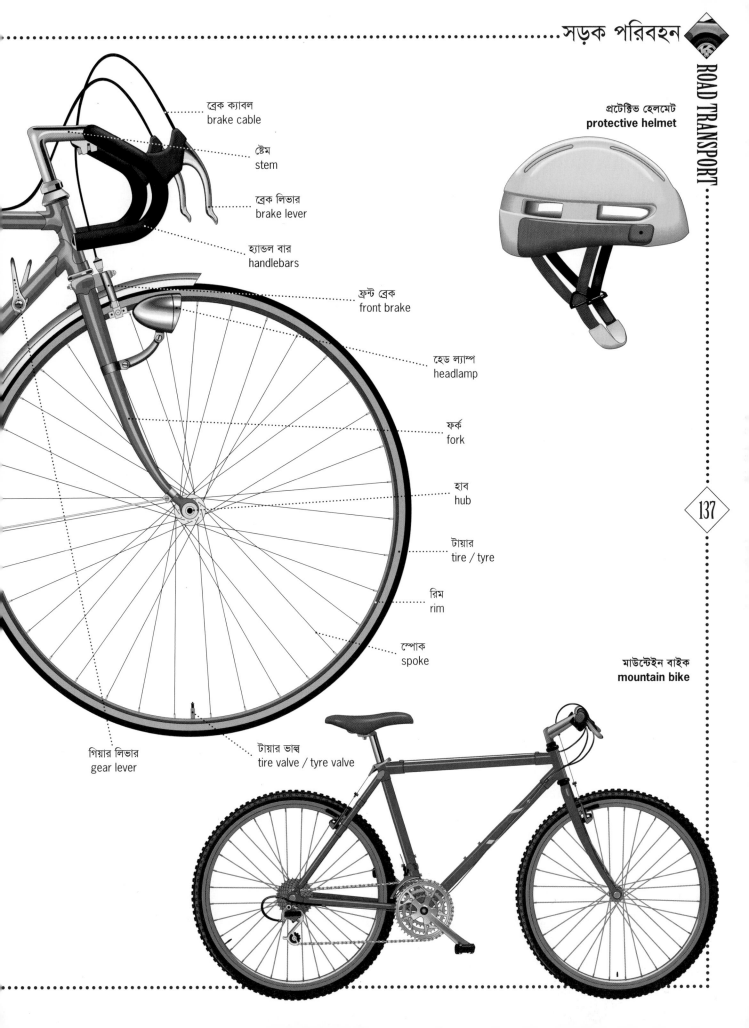

ব্রেক ক্যাবল
brake cable

স্টেম
stem

ব্রেক লিভার
brake lever

হ্যান্ডল বার
handlebars

ফ্রন্ট ব্রেক
front brake

হেড ল্যাম্প
headlamp

ফর্ক
fork

হাব
hub

টায়ার
tire / tyre

রিম
rim

স্পোক
spoke

গিয়ার লিভার
gear lever

টায়ার ভাল্ব
tire valve / tyre valve

প্রটেক্টিভ হেলমেট
protective helmet

137

মাউন্টেইন বাইক
mountain bike

ডিজেল ইলেক্ট্রিক লোকোমোটিভ
DIESEL-ELECTRIC LOCOMOTIVE

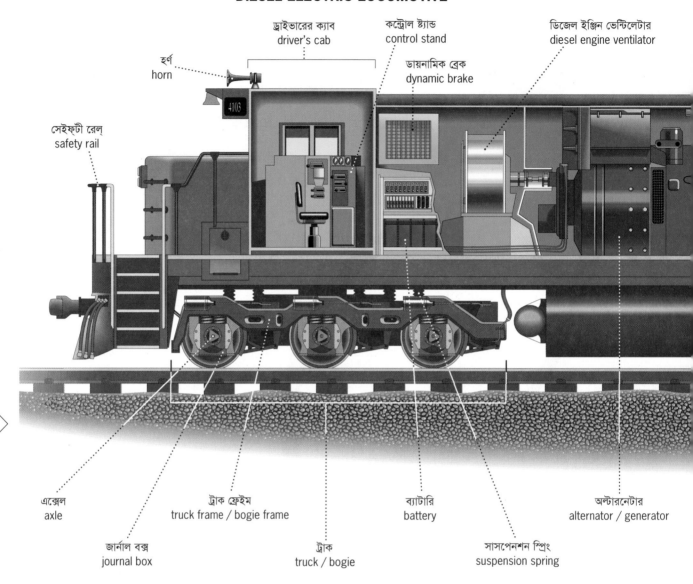

ড্রাইভারের ক্যাব
driver's cab
কন্ট্রোল স্ট্যান্ড
control stand
ডিজেল ইঞ্জিন ভেন্টিলেটার
diesel engine ventilator
হর্ণ
horn
ডায়নামিক ব্রেক
dynamic brake
সেইফ্‌টী রেল্
safety rail
এক্সেল
axle
ট্রাক ফ্রেইম
truck frame / bogie frame
ব্যাটারি
battery
অল্টারনেটার
alternator / generator
জার্নাল বক্স
journal box
ট্রাক
truck / bogie
সাসপেনশন স্প্রিং
suspension spring

মাল পরিবহনকারী গাড়ীর প্রকারভেদ
TYPES OF FREIGHT CARS

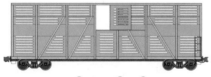

প্রাণী বহনকারী গাড়ী
livestock car / livestock van

হপার কার
hopper car / hopper wagon

বক্স কার
box car / bogie wagon

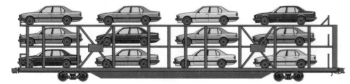

অটোমবাইল কার
automobile car / bogie car-transporter wagon

কন্টেইনার কার
container car / container flat wagon

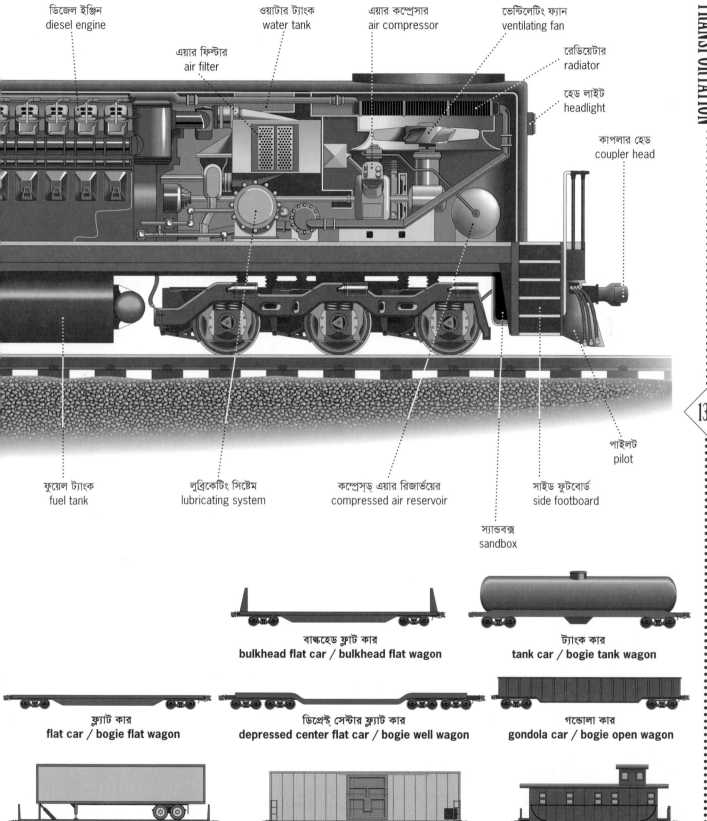

ডিজেল ইঞ্জিন
diesel engine
ওয়াটার ট্যাংক
water tank
এয়ার কম্প্রেসার
air compressor
ভেন্টিলেটিং ফ্যান
ventilating fan
এয়ার ফিল্টার
air filter
রেডিয়েটার
radiator
হেড লাইট
headlight
কাপলার হেড
coupler head
পাইলট
pilot
ফুয়েল ট্যাংক
fuel tank
লুব্রিকেটিং সিস্টেম
lubricating system
কম্প্রেস্‌ড্ এয়ার রিজার্ভয়ের
compressed air reservoir
সাইড ফুটবোর্ড
side footboard
স্যান্ডবক্স
sandbox

বাল্কহেড ফ্লাট কার
bulkhead flat car / bulkhead flat wagon

ট্যাংক কার
tank car / bogie tank wagon

ফ্ল্যাট কার
flat car / bogie flat wagon

ডিপ্রেস্ট্ সেন্টার ফ্ল্যাট কার
depressed center flat car / bogie well wagon

গন্ডোলা কার
gondola car / bogie open wagon

পিগীব্যাক কার
piggyback car / piggyback flat wagon

রেফ্রিজারেটার কার
refrigerator car / refrigerator van

কাবোজ
caboose / brake van

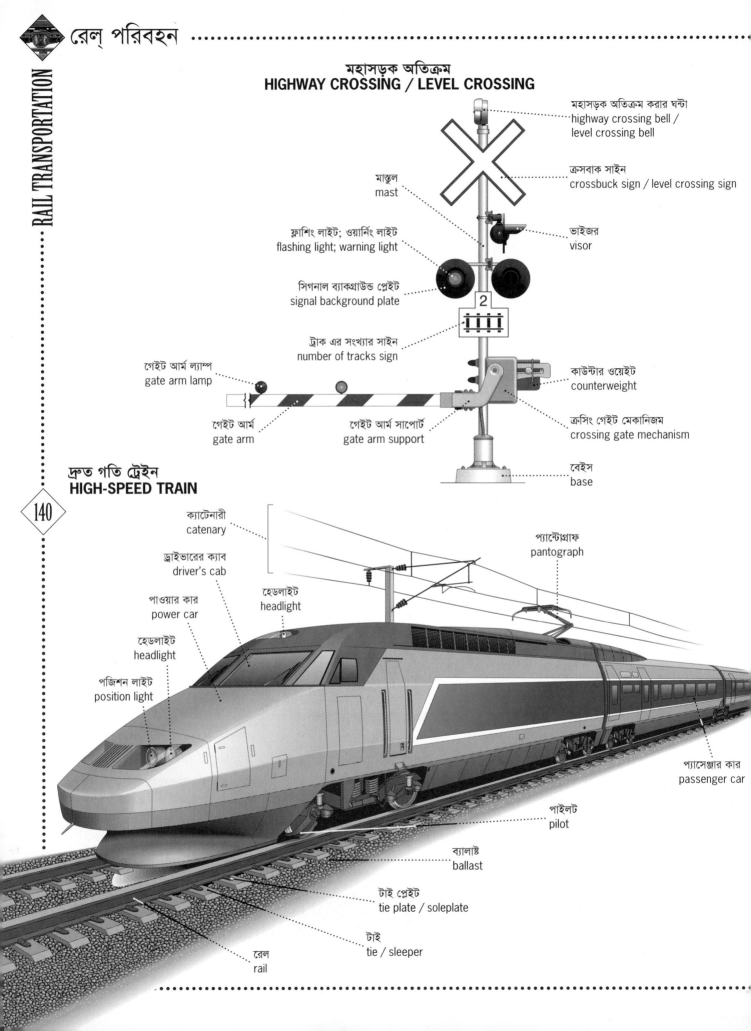

মহাসড়ক অতিক্রম
HIGHWAY CROSSING / LEVEL CROSSING

মহাসড়ক অতিক্রম করার ঘন্টা
highway crossing bell / level crossing bell

ক্রসবাক সাইন
crossbuck sign / level crossing sign

মাস্তুল
mast

ভাইজর
visor

ফ্লাশিং লাইট; ওয়ার্নিং লাইট
flashing light; warning light

সিগনাল ব্যাকগ্রাউন্ড প্লেইট
signal background plate

ট্রাক এর সংখ্যার সাইন
number of tracks sign

গেইট আর্ম ল্যাম্প
gate arm lamp

কাউন্টার ওয়েইট
counterweight

গেইট আর্ম
gate arm

গেইট আর্ম সাপোর্ট
gate arm support

ক্রসিং গেইট মেকানিজম
crossing gate mechanism

বেইস
base

দ্রুত গতি ট্রেইন
HIGH-SPEED TRAIN

140

ক্যাটেনারী
catenary

ড্রাইভারের ক্যাব
driver's cab

প্যান্টোগ্রাফ
pantograph

পাওয়ার কার
power car

হেডলাইট
headlight

হেডলাইট
headlight

পজিশন লাইট
position light

প্যাসেঞ্জার কার
passenger car

পাইলট
pilot

ব্যালাষ্ট
ballast

টাই প্লেইট
tie plate / soleplate

টাই
tie / sleeper

রেল
rail

চার মাস্তুল পানসী
FOUR-MASTED BARK / FOUR-MASTED BAROQUE

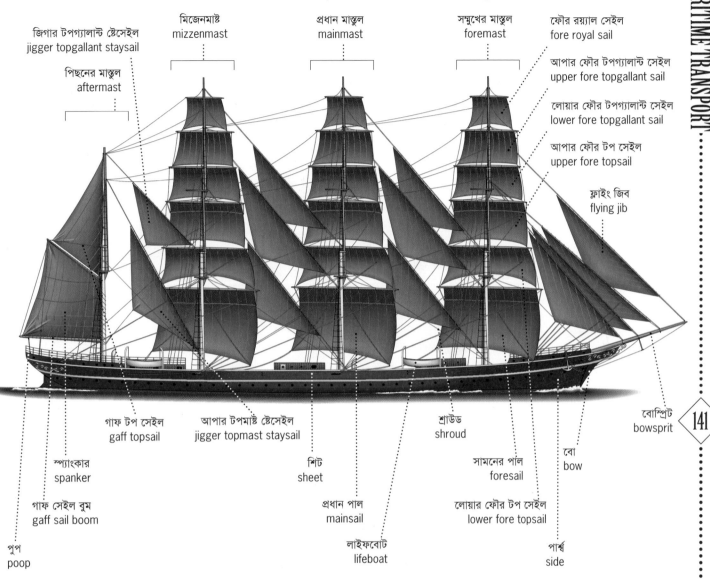

জিগার টপগ্যালান্ট ষ্টেসেইল
jigger topgallant staysail
মিজেনমাষ্ট
mizzenmast
প্রধান মাস্তুল
mainmast
সম্মুখের মাস্তুল
foremast
ফৌর রয়্যাল সেইল
fore royal sail
পিছনের মাস্তুল
aftermast
আপার ফৌর টপগ্যালান্ট সেইল
upper fore topgallant sail
লোয়ার ফৌর টপগ্যালান্ট সেইল
lower fore topgallant sail
আপার ফৌর টপ সেইল
upper fore topsail
ফ্লাইং জিব
flying jib
গাফ টপ সেইল
gaff topsail
আপার টপমাষ্ট ষ্টেসেইল
jigger topmast staysail
শ্রাউড
shroud
বোস্প্রিট
bowsprit
স্প্যাংকার
spanker
শিট
sheet
সামনের পাল
foresail
বো
bow
গাফ সেইল বুম
gaff sail boom
প্রধান পাল
mainsail
লোয়ার ফৌর টপ সেইল
lower fore topsail
পুপ
poop
লাইফবোট
lifeboat
পার্শ্ব
side

হোভারক্রাফট
HOVERCRAFT

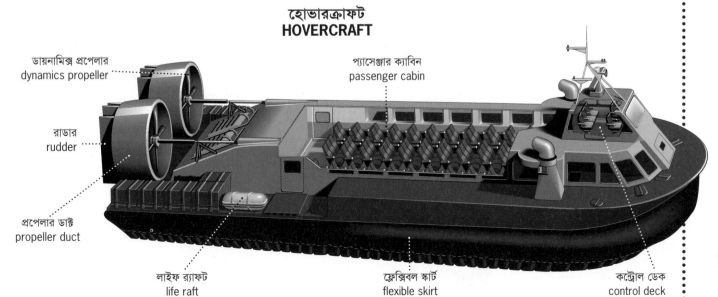

ডায়নামিক্স প্রপেলার
dynamics propeller
প্যাসেঞ্জার ক্যাবিন
passenger cabin
রাডার
rudder
প্রপেলার ডাক্ট
propeller duct
লাইফ র‍্যাফট
life raft
ফ্লেক্সিবল স্কার্ট
flexible skirt
কন্ট্রোল ডেক
control deck

ক্রুজ লাইনার
CRUISE LINER

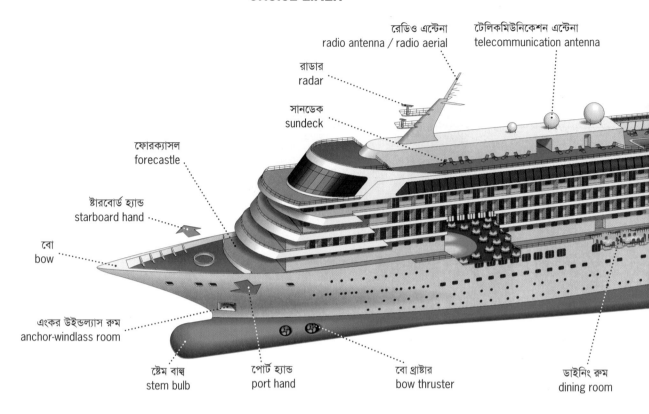

রেডিও এন্টেনা
radio antenna / radio aerial
টেলিকমিউনিকেশন এন্টেনা
telecommunication antenna
রাডার
radar
সানডেক
sundeck
ফোরক্যাসল
forecastle
ষ্টারবোর্ড হ্যান্ড
starboard hand
বো
bow
এংকর উইন্ডল্যাস রুম
anchor-windlass room
ষ্টেম বাল্ব
stem bulb
পোর্ট হ্যান্ড
port hand
বো থ্রাষ্টার
bow thruster
ডাইনিং রুম
dining room

বন্দর
HARBOR

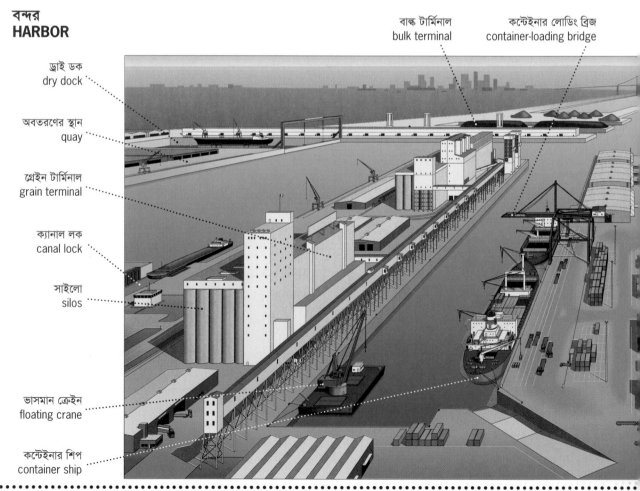

বাল্ক টার্মিনাল
bulk terminal
কন্টেইনার লোডিং ব্রিজ
container-loading bridge
ড্রাই ডক
dry dock
অবতরণের স্থান
quay
গ্রেইন টার্মিনাল
grain terminal
ক্যানাল লক
canal lock
সাইলো
silos
ভাসমান ক্রেইন
floating crane
কন্টেইনার শিপ
container ship

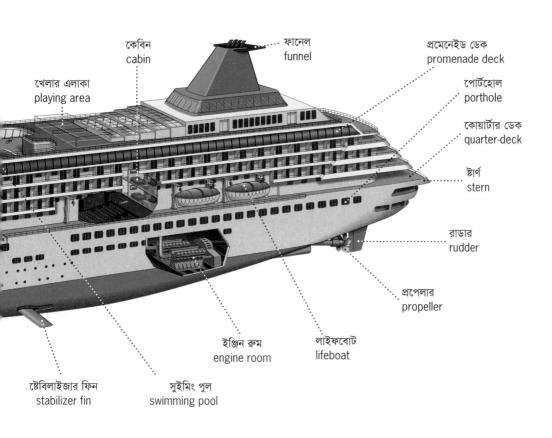

খেলার এলাকা
playing area

কেবিন
cabin

ফানেল
funnel

প্রমেনেইড ডেক
promenade deck

পোর্টহোল
porthole

কোয়ার্টার ডেক
quarter-deck

স্ট্যার্ণ
stern

রাডার
rudder

প্রপেলার
propeller

ইঞ্জিন রুম
engine room

লাইফবোট
lifeboat

স্টেবিলাইজার ফিন
stabilizer fin

সুইমিং পুল
swimming pool

143

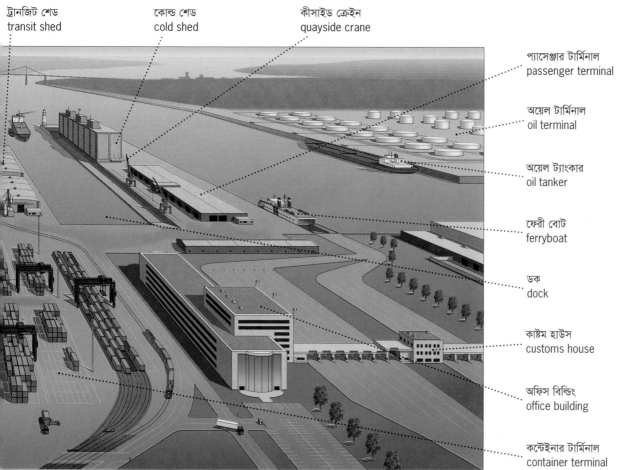

ট্রানজিট শেড
transit shed

কোল্ড শেড
cold shed

কীসাইড ক্রেন
quayside crane

প্যাসেঞ্জার টার্মিনাল
passenger terminal

অয়েল টার্মিনাল
oil terminal

অয়েল ট্যাংকার
oil tanker

ফেরী বোট
ferryboat

ডক
dock

কাস্টম হাউস
customs house

অফিস বিল্ডিং
office building

কন্টেইনার টার্মিনাল
container terminal

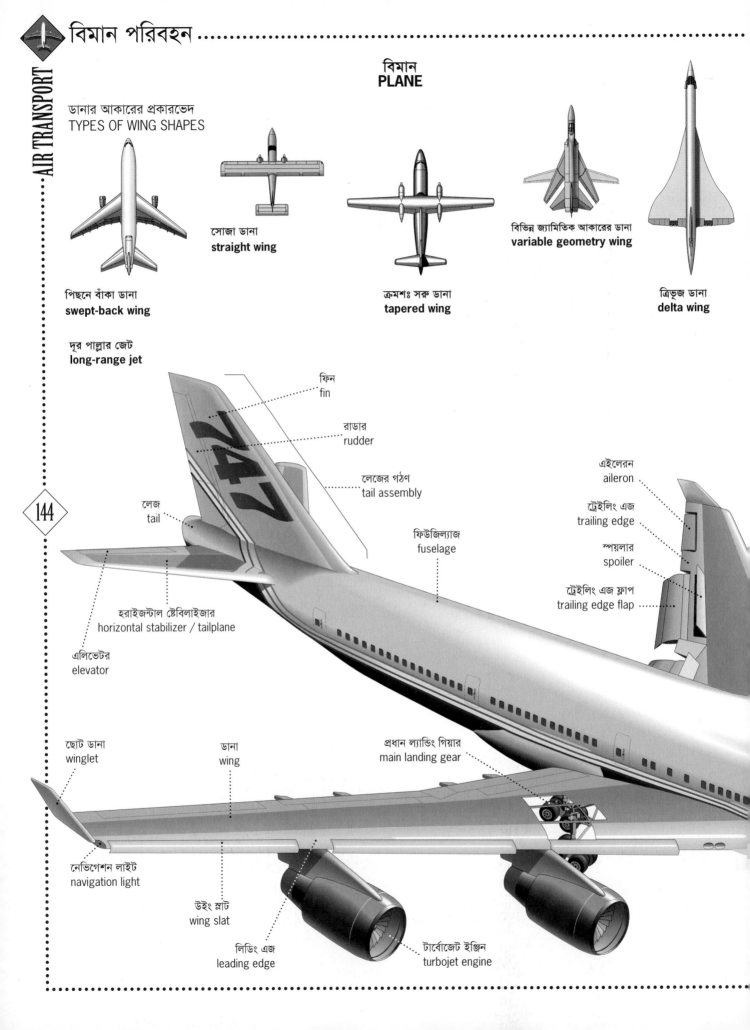

বিমান
PLANE

ডানার আকারের প্রকারভেদ
TYPES OF WING SHAPES

পিছনে বাঁকা ডানা
swept-back wing

সোজা ডানা
straight wing

ক্রমশঃ সরু ডানা
tapered wing

বিভিন্ন জ্যামিতিক আকারের ডানা
variable geometry wing

ত্রিভুজ ডানা
delta wing

দূর পাল্লার জেট
long-range jet

ফিন
fin
রাডার
rudder
লেজের গঠণ
tail assembly
লেজ
tail
ফিউজিল্যাজ
fuselage
এইলেরন
aileron
ট্রেইলিং এজ
trailing edge
স্পয়লার
spoiler
ট্রেইলিং এজ ফ্লাপ
trailing edge flap
হরাইজন্টাল ষ্টেবিলাইজার
horizontal stabilizer / tailplane
এলিভেটর
elevator
ছোট ডানা
winglet
ডানা
wing
প্রধান ল্যান্ডিং গিয়ার
main landing gear
নেভিগেশন লাইট
navigation light
উইং স্লাট
wing slat
লিডিং এজ
leading edge
টার্বোজেট ইঞ্জিন
turbojet engine

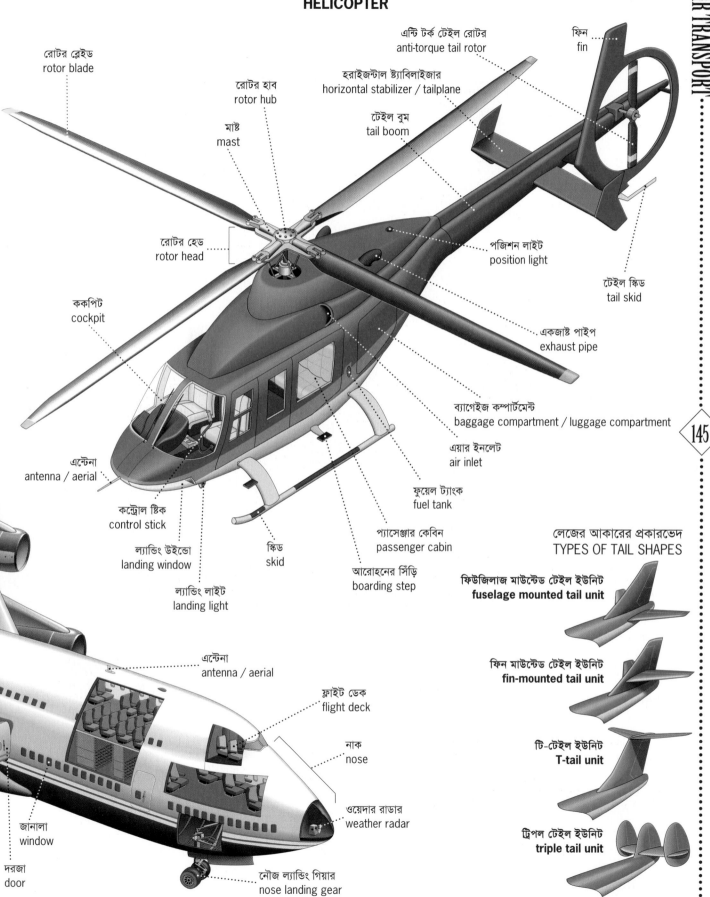

হেলিকপ্টার
HELICOPTER

এন্টি টর্ক টেইল রোটর
anti-torque tail rotor
ফিন
fin
রোটর ব্লেইড
rotor blade
হরাইজন্টাল স্ট্যাবিলাইজার
horizontal stabilizer / tailplane
রোটর হাব
rotor hub
টেইল বুম
tail boom
মাস্ট
mast
রোটর হেড
rotor head
পজিশন লাইট
position light
টেইল স্কিড
tail skid
ককপিট
cockpit
একজাষ্ট পাইপ
exhaust pipe
ব্যাগেইজ কম্পার্টমেন্ট
baggage compartment / luggage compartment
এন্টেনা
antenna / aerial
এয়ার ইনলেট
air inlet
ফুয়েল ট্যাংক
fuel tank
কন্ট্রোল ষ্টিক
control stick
প্যাসেঞ্জার কেবিন
passenger cabin
ল্যান্ডিং উইন্ডো
landing window
স্কিড
skid
আরোহনের সিঁড়ি
boarding step
ল্যান্ডিং লাইট
landing light

এন্টেনা
antenna / aerial
ফ্লাইট ডেক
flight deck
নাক
nose
ওয়েদার রাডার
weather radar
জানালা
window
দরজা
door
নৌজ ল্যান্ডিং গিয়ার
nose landing gear

লেজের আকারের প্রকারভেদ
TYPES OF TAIL SHAPES

ফিউজিলাজ মাউন্টেড টেইল ইউনিট
fuselage mounted tail unit
ফিন মাউন্টেড টেইল ইউনিট
fin-mounted tail unit
টি-টেইল ইউনিট
T-tail unit
ট্রিপল টেইল ইউনিট
triple tail unit

বিমান বন্দর
AIRPORT

কন্ট্রোল টাওয়ার
control tower
কন্ট্রোল টাওয়ার ক্যাব
control tower cab
প্রবেশ পথ
access road
হাই স্পিড এক্জিট রানওয়ে
high-speed exit runway
বাইপাস রানওয়ে
by-pass runway
এপ্রোন
apron
এপ্রোন
apron
সার্ভিস রোড
service road
রানওয়ে
runway

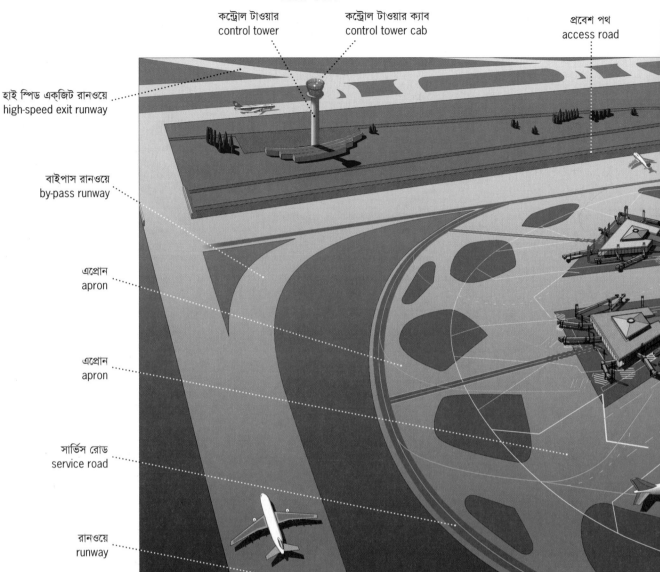

এয়ারপোর্টের ভূমিতে ব্যবহৃত যন্ত্রপাতি
AIRPORT GROUND EQUIPMENT

টো বার
tow bar

টো ট্রাক্টর
tow tractor

কন্টেইনার/প্যালেট লোডার
container/pallet loader

ইউনিভাসেল ষ্টেপ
universal step

ব্যাগেজ কনভেয়ার
baggage conveyor

হুইল চোক
wheel chock

রক্ষণাবেক্ষণের হ্যাঙ্গার
maintenance hangar

পার্কিংয়ের এলাকা
parking area

প্যাসেঞ্জার টার্মিনাল
passenger terminal

আরোহনের জন্য পায়েচলা রাস্তা
boarding walkway

রেডিয়্যাল প্যাসেঞ্জার লোডিং এলাকা
radial passenger loading area

টেলিস্কোপিকা করিডোর
telescopic corridor

সার্ভিস এলাকা
service area

রানওয়ে লাইন
runway line

147

ব্যাগেজ ট্রলার
baggage trailer

যাত্রী স্থানান্তরের গাড়ী
passenger transfer vehicle

টো ট্র্যাক্টর
tow tractor

ক্যাটারিংয়ের গাড়ী
catering vehicle

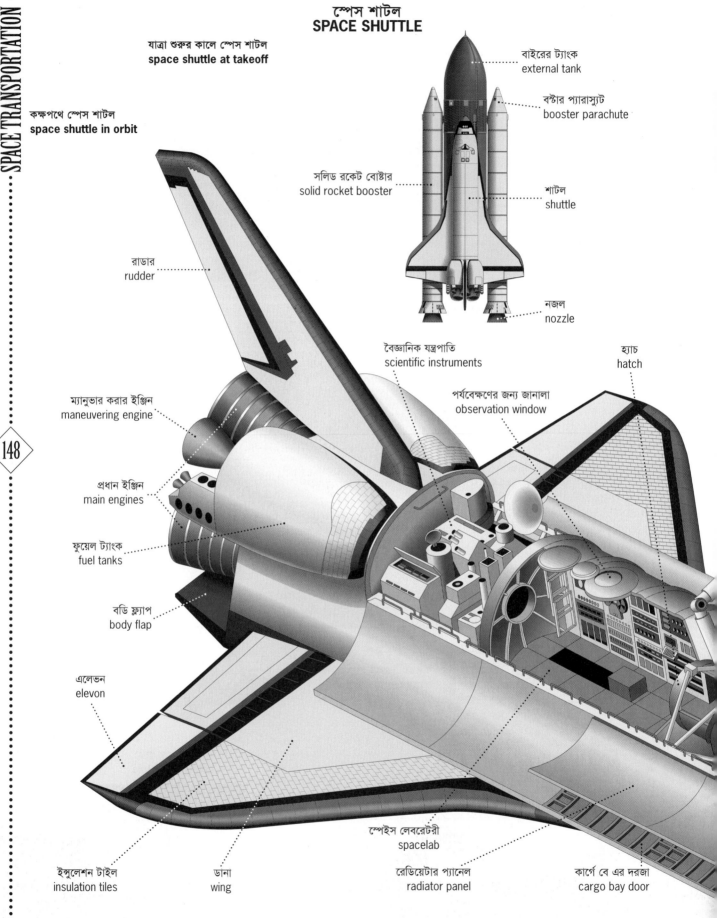

যাত্রা শুরুর কালে স্পেস শাটল
space shuttle at takeoff

কক্ষপথে স্পেস শাটল
space shuttle in orbit

স্পেস শাটল
SPACE SHUTTLE

বাইরের ট্যাংক
external tank

বস্টার প্যারাস্যুট
booster parachute

সলিড রকেট বোস্টার
solid rocket booster

শাটল
shuttle

রাডার
rudder

নজল
nozzle

বৈজ্ঞানিক যন্ত্রপাতি
scientific instruments

হ্যাচ
hatch

ম্যান্যুভার করার ইঞ্জিন
maneuvering engine

পর্যবেক্ষণের জন্য জানালা
observation window

প্রধান ইঞ্জিন
main engines

ফুয়েল ট্যাংক
fuel tanks

বডি ফ্ল্যাপ
body flap

এলেভন
elevon

স্পেইস লেবরেটরী
spacelab

ইন্সুলেশন টাইল
insulation tiles

ডানা
wing

রেডিয়েটার প্যানেল
radiator panel

কার্গো বে এর দরজা
cargo bay door

148

স্পেসস্যুট
SPACESUIT

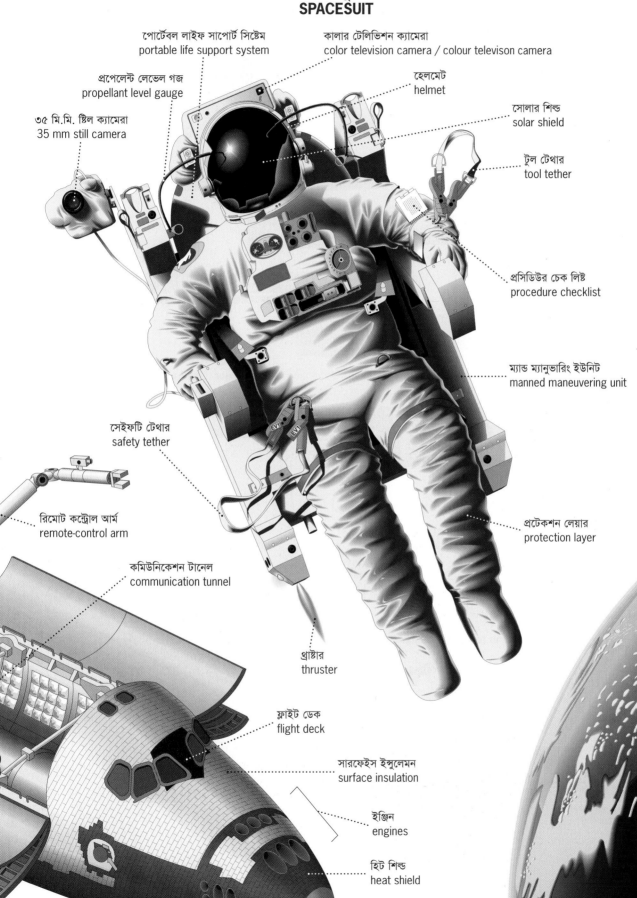

পোর্টেবল লাইফ সাপোর্ট সিস্টেম
portable life support system
কালার টেলিভিশন ক্যামেরা
color television camera / colour televison camera
প্রপেলেন্ট লেভেল গজ
propellant level gauge
হেলমেট
helmet
সোলার শিল্ড
solar shield
৩৫ মি.মি. ষ্টিল ক্যামেরা
35 mm still camera
টুল টেথার
tool tether
প্রসিডিউর চেক লিষ্ট
procedure checklist
ম্যান্ড ম্যানুভারিং ইউনিট
manned maneuvering unit
সেইফটি টেথার
safety tether
রিমোট কন্ট্রোল আর্ম
remote-control arm
প্রটেকশন লেয়ার
protection layer
কমিউনিকেশন টানেল
communication tunnel
থ্রাষ্টার
thruster
ফ্লাইট ডেক
flight deck
সারফেইস ইন্সুলেমন
surface insulation
ইঞ্জিন
engines
হিট শিল্ড
heat shield

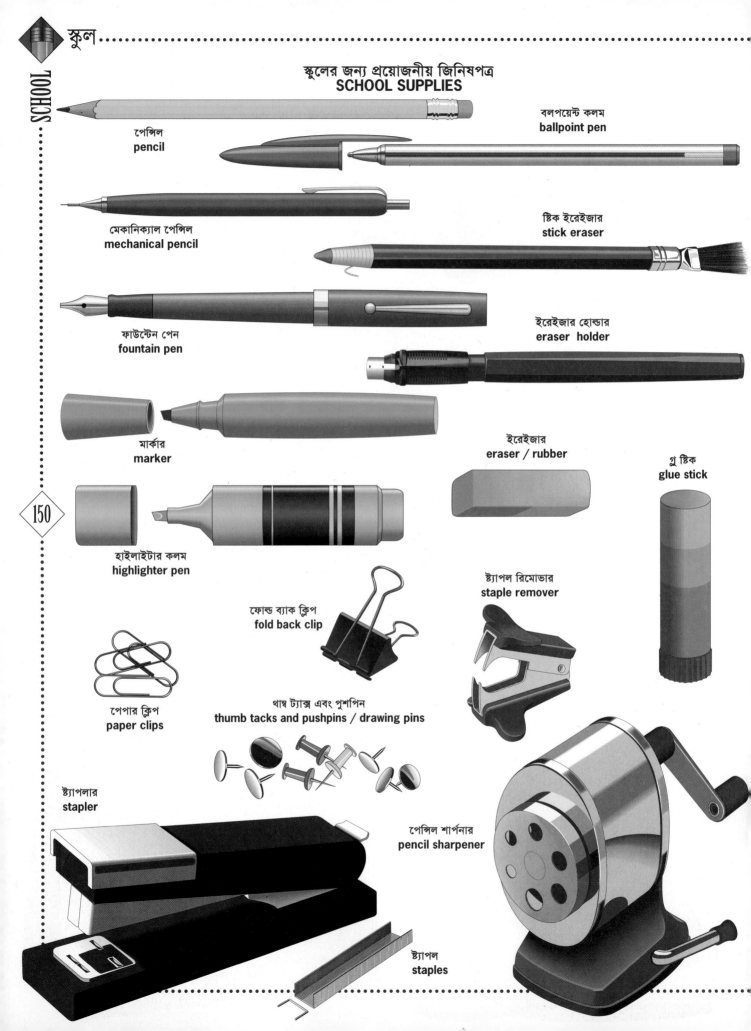

স্কুলের জন্য প্রয়োজনীয় জিনিষপত্র
SCHOOL SUPPLIES

পেন্সিল
pencil

বলপয়েন্ট কলম
ballpoint pen

মেকানিক্যাল পেন্সিল
mechanical pencil

ষ্টিক ইরেইজার
stick eraser

ফাউন্টেন পেন
fountain pen

ইরেইজার হোল্ডার
eraser holder

মার্কার
marker

ইরেইজার
eraser / rubber

গ্লু ষ্টিক
glue stick

হাইলাইটার কলম
highlighter pen

ফোল্ড ব্যাক ক্লিপ
fold back clip

ষ্ট্যাপল রিমোভার
staple remover

পেপার ক্লিপ
paper clips

থাম্ব ট্যাক্স এবং পুশপিন
thumb tacks and pushpins / drawing pins

ষ্ট্যাপলার
stapler

পেন্সিল শার্পনার
pencil sharpener

ষ্ট্যাপল
staples

স্কোয়ার
ruler

প্রট্রাক্টর
protractor

সেট স্কোয়ার
set square

টেপ ডিসপেন্সার
tape dispenser

রিং বাইন্ডার
ring binder

স্পাইর‍্যাল বাউন্ড নোটবুক
spiral bound notebook

লোজ লিফ পেপার
loose-leaf paper

নোটবুক
notebook

নোটপ্যাড
notepad

ব্যাক্‌প্যাক্
backpack / satchel

ব্রিফকেইস
briefcase

স্কুলের সরঞ্জামাদি
SCHOOL EQUIPMENT

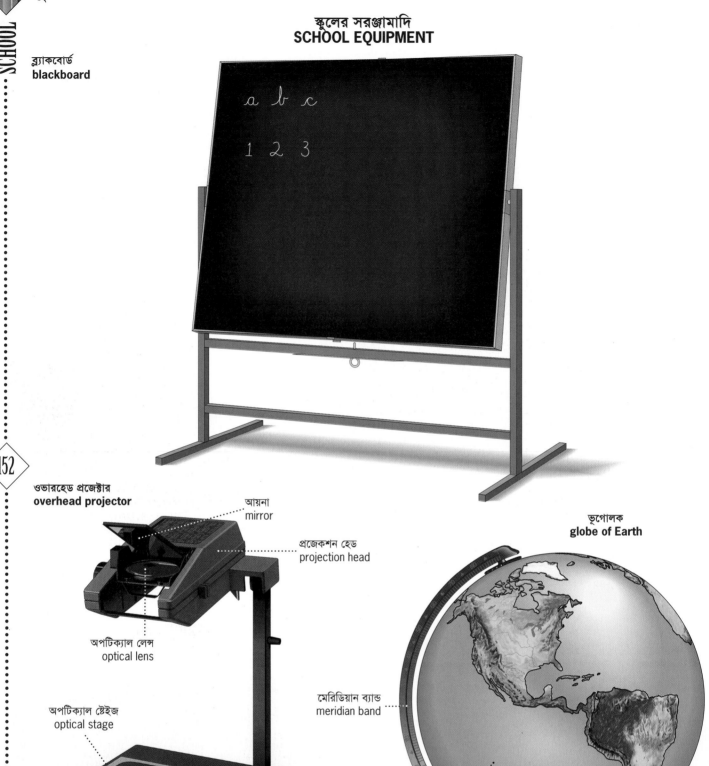

ব্ল্যাকবোর্ড
blackboard

ওভারহেড প্রজেক্টার
overhead projector

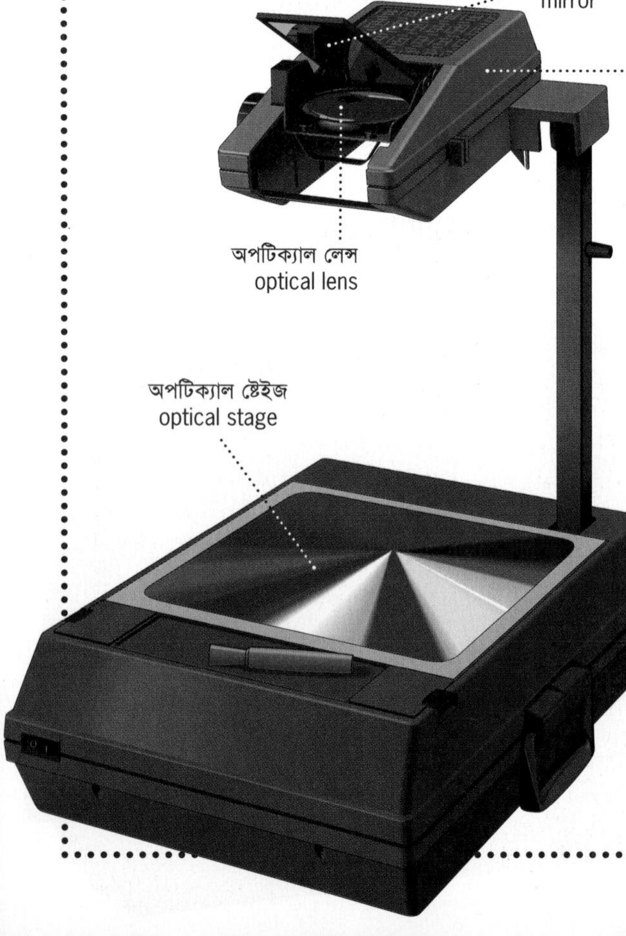

আয়না
mirror

প্রজেকশন হেড
projection head

অপটিক্যাল লেন্স
optical lens

অপটিক্যাল স্টেইজ
optical stage

ভূগোলক
globe of Earth

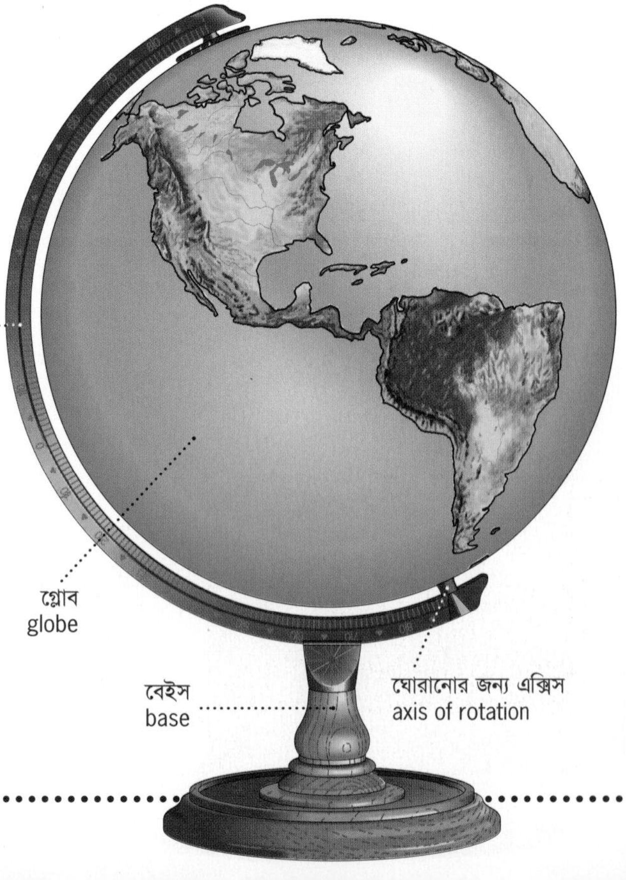

মেরিডিয়ান ব্যান্ড
meridian band

গ্লোব
globe

বেইস
base

ঘোরানোর জন্য এক্সিস
axis of rotation

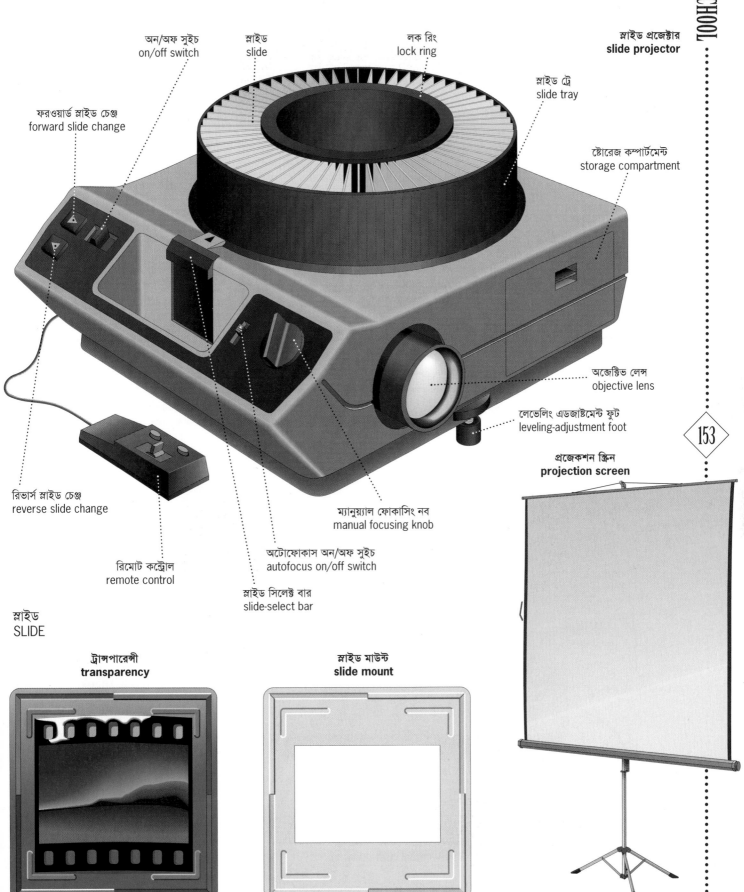

স্লাইড প্রজেক্টার
slide projector

অন/অফ সুইচ
on/off switch
স্লাইড
slide
লক রিং
lock ring
স্লাইড ট্রে
slide tray
ফরওয়ার্ড স্লাইড চেঞ্জ
forward slide change
স্টোরেজ কম্পার্টমেন্ট
storage compartment
অব্জেক্টিভ লেন্স
objective lens
লেভেলিং এডজাষ্টমেন্ট ফুট
leveling-adjustment foot
রিভার্স স্লাইড চেঞ্জ
reverse slide change
ম্যানুয়্যাল ফোকাসিং নব
manual focusing knob
অটোফোকাস অন/অফ সুইচ
autofocus on/off switch
রিমোট কন্ট্রোল
remote control
স্লাইড সিলেক্ট বার
slide-select bar

প্রজেকশন স্ক্রিন
projection screen

স্লাইড
SLIDE

ট্রান্সপারেন্সী
transparency

স্লাইড মাউন্ট
slide mount

স্কুলের সরঞ্জামাদি
SCHOOL EQUIPMENT

পকেট ক্যালকুলেটর
pocket calculator

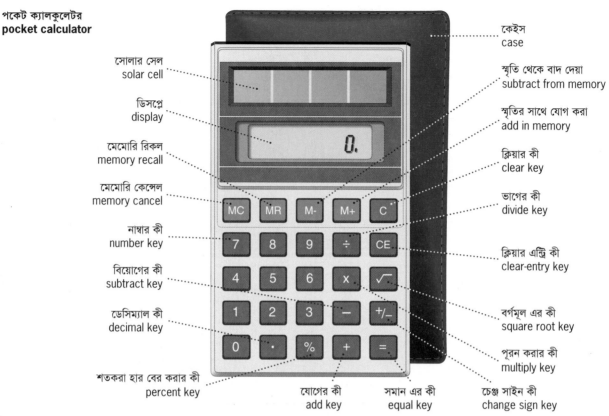

সোলার সেল
solar cell
ডিসপ্লে
display
মেমোরি রিকল
memory recall
মেমোরি কেন্সেল
memory cancel
নাম্বার কী
number key
বিয়োগের কী
subtract key
ডেসিম্যাল কী
decimal key
শতকরা হার বের করার কী
percent key
যোগের কী
add key
সমান এর কী
equal key
চেঞ্জ সাইন কী
change sign key
পূরন করার কী
multiply key
বর্গমূল এর কী
square root key
ক্লিয়ার এন্ট্রি কী
clear-entry key
ভাগের কী
divide key
ক্লিয়ার কী
clear key
স্মৃতির সাথে যোগ করা
add in memory
স্মৃতি থেকে বাদ দেয়া
subtract from memory
কেইস
case
M-
M+
C
CE
4
5
1

154

পার্সোনাল কম্পিউটার
personal computer

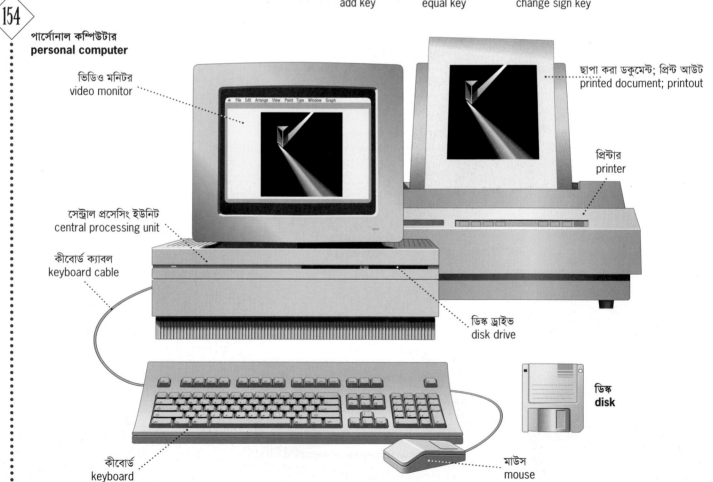

ভিডিও মনিটর
video monitor
সেন্ট্রাল প্রসেসিং ইউনিট
central processing unit
কীবোর্ড ক্যাবল
keyboard cable
কীবোর্ড
keyboard
মাউস
mouse
ডিস্ক ড্রাইভ
disk drive
প্রিন্টার
printer
ছাপা করা ডকুমেন্ট; প্রিন্ট আউট
printed document; printout

ডিস্ক
disk

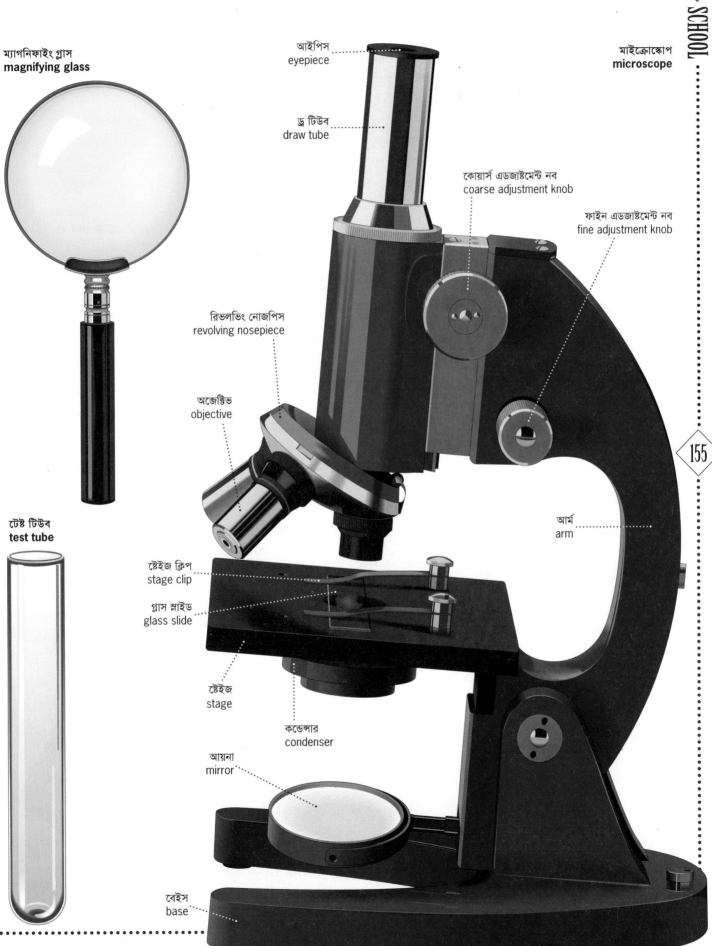

ম্যাগনিফাইং গ্লাস
magnifying glass

টেষ্ট টিউব
test tube

মাইক্রোস্কোপ
microscope

আইপিস
eyepiece
ড্র টিউব
draw tube
কোয়ার্স এডজাষ্টমেন্ট নব
coarse adjustment knob
ফাইন এডজাষ্টমেন্ট নব
fine adjustment knob
রিভলভিং নোজপিস
revolving nosepiece
অজেক্টিভ
objective
আর্ম
arm
ষ্টেইজ ক্লিপ
stage clip
গ্লাস স্লাইড
glass slide
ষ্টেইজ
stage
কন্ডেন্সার
condenser
আয়না
mirror
বেইস
base

জ্যামিতি
GEOMETRY

সমতল ভূমি
PLANE SURFACES

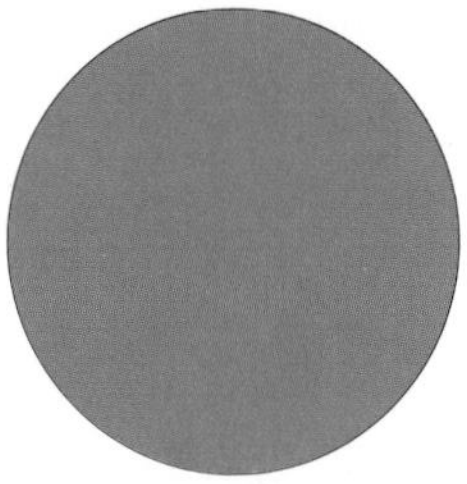

বৃত্ত
circle

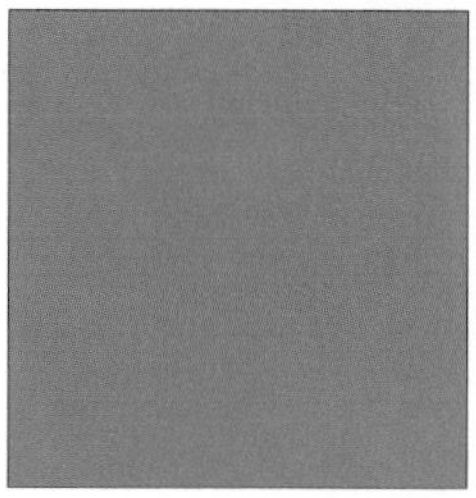

চতুর্ভূজ
square

ত্রিভূজ
triangle

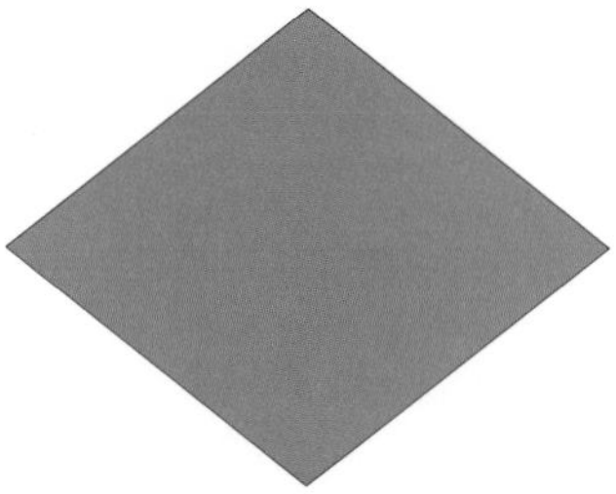

রম্বাস
rhombus

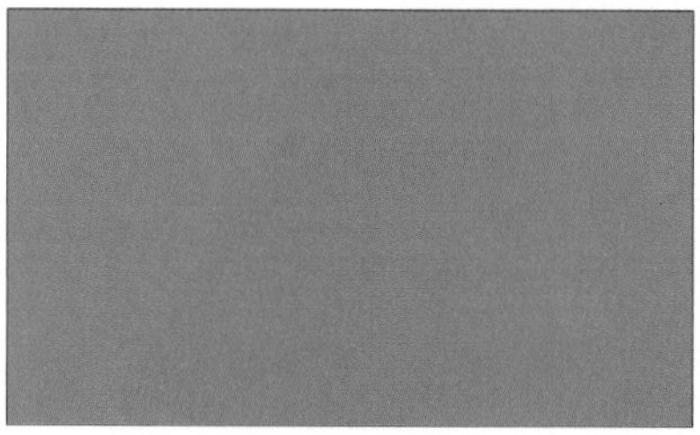

আয়তক্ষেত্র
rectangle

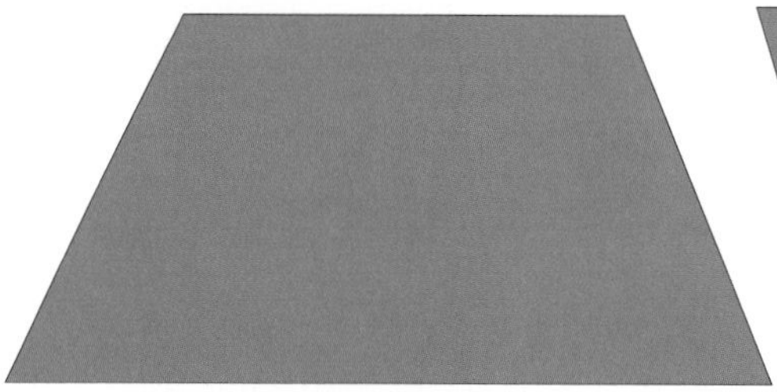

ট্রাইপেজয়েড
trapezoid

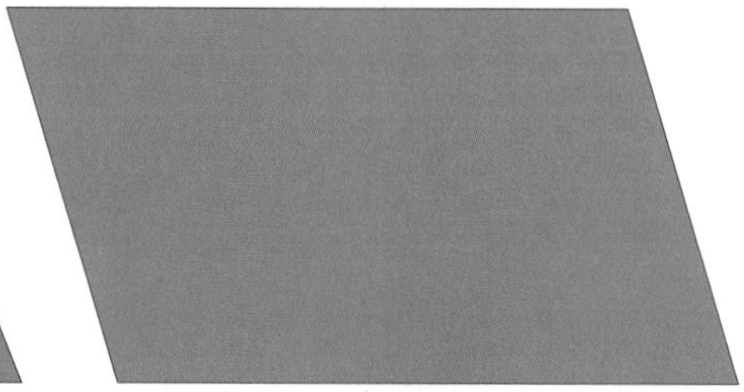

প্যারালেলোগ্রাম
parallelogram

ত্রিমাত্রিক আকার
SOLIDS

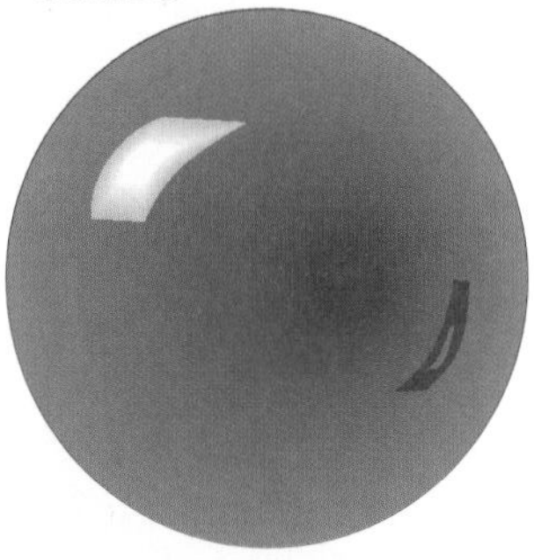

গোলক
sphere

ঘনক্ষেত্র
cube

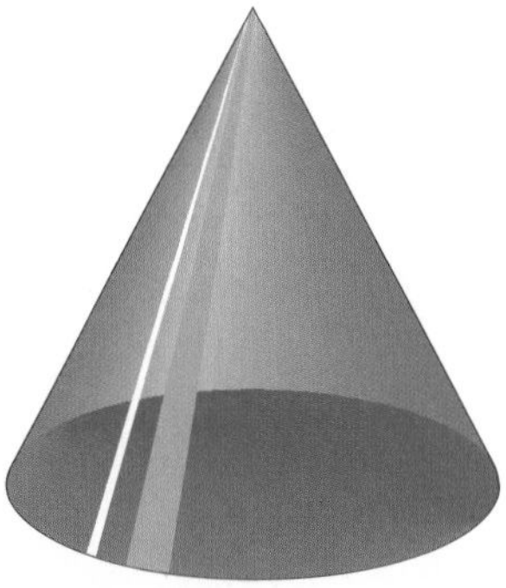

শংকু, কৌণ
cone

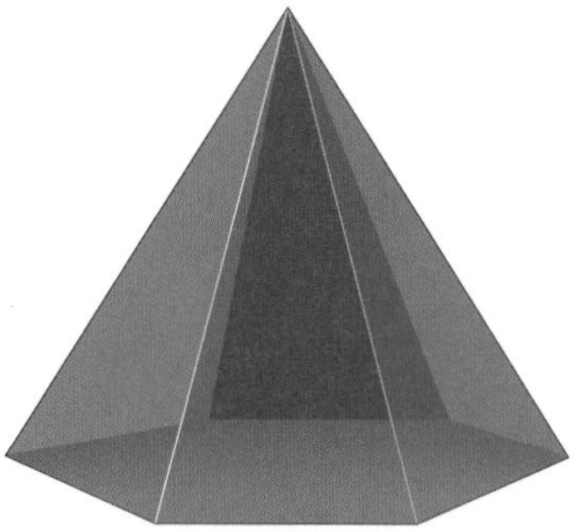

পিরামিড
pyramid

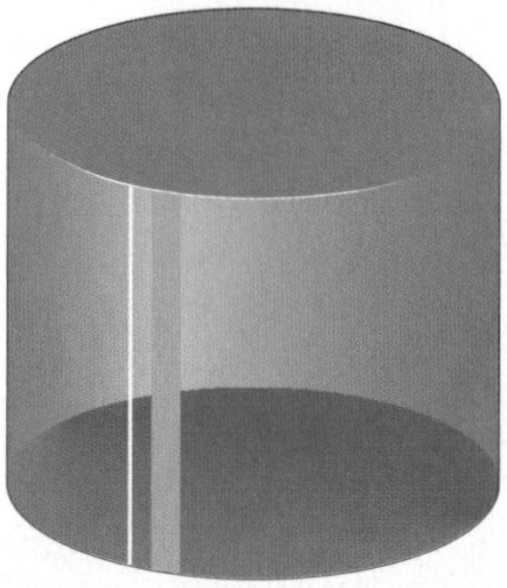

সিলিন্ডার
cylinder

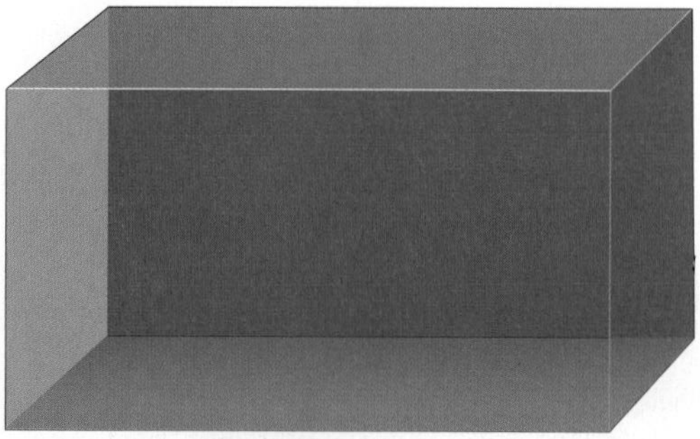

প্যারালেলিপাইপড্
parallelepiped

প্রিজম
prism

অংকন
DRAWING

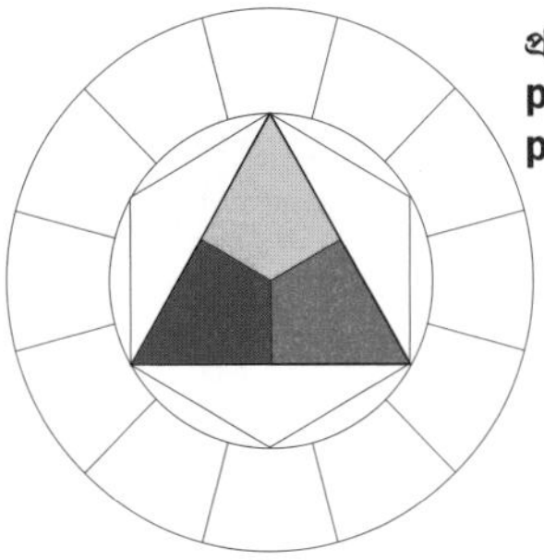

সেকেন্ডারী রং
secondary colors / secondary colours

রং এর বৃত্ত
COLOR CIRCLE / COLOUR CIRCLE

প্রাইমারী রং
primary colors / primary colours

তৃতীয় পর্যায়ের রং
tertiary colors / tertiary colours

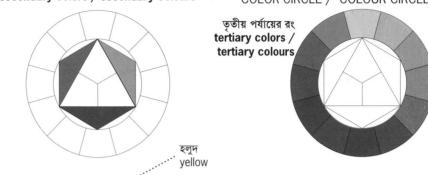

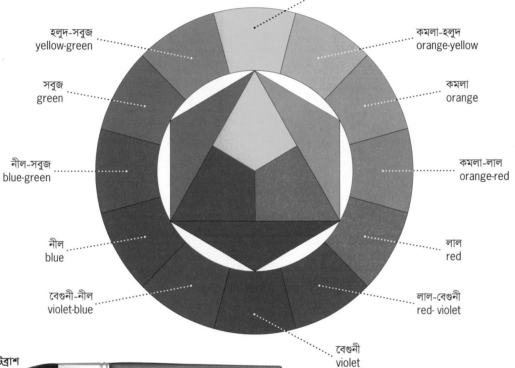

হলুদ
yellow

হলুদ-সবুজ
yellow-green

কমলা-হলুদ
orange-yellow

সবুজ
green

কমলা
orange

নীল-সবুজ
blue-green

কমলা-লাল
orange-red

নীল
blue

লাল
red

বেগুনী-নীল
violet-blue

লাল-বেগুনী
red-violet

বেগুনী
violet

পেইন্টব্রাশ
paintbrush

ফ্লাট ব্রাশ
flat brush

রং পেন্সিল
colored pencils / coloured pencils

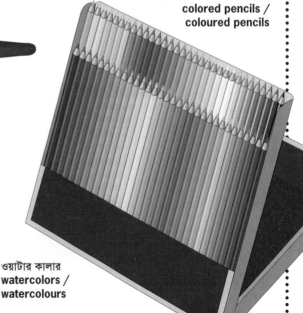

ওয়াক্স ক্রেয়োন্স
wax crayons

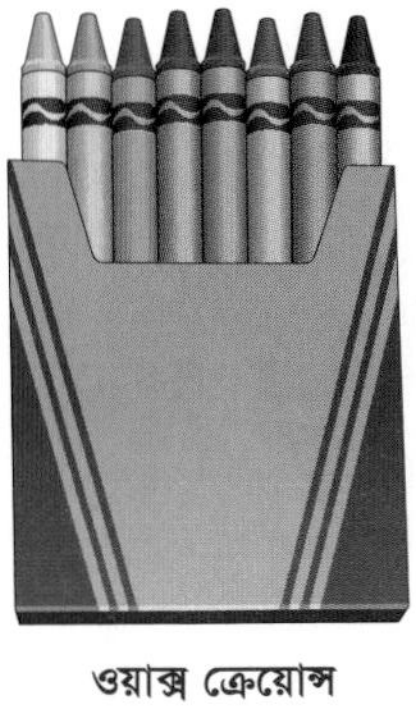

ওয়াটার কালার
watercolors / watercolours

157

প্রথাগত বাদ্যযন্ত্রসমুহ
TRADITIONAL MUSICAL INSTRUMENTS

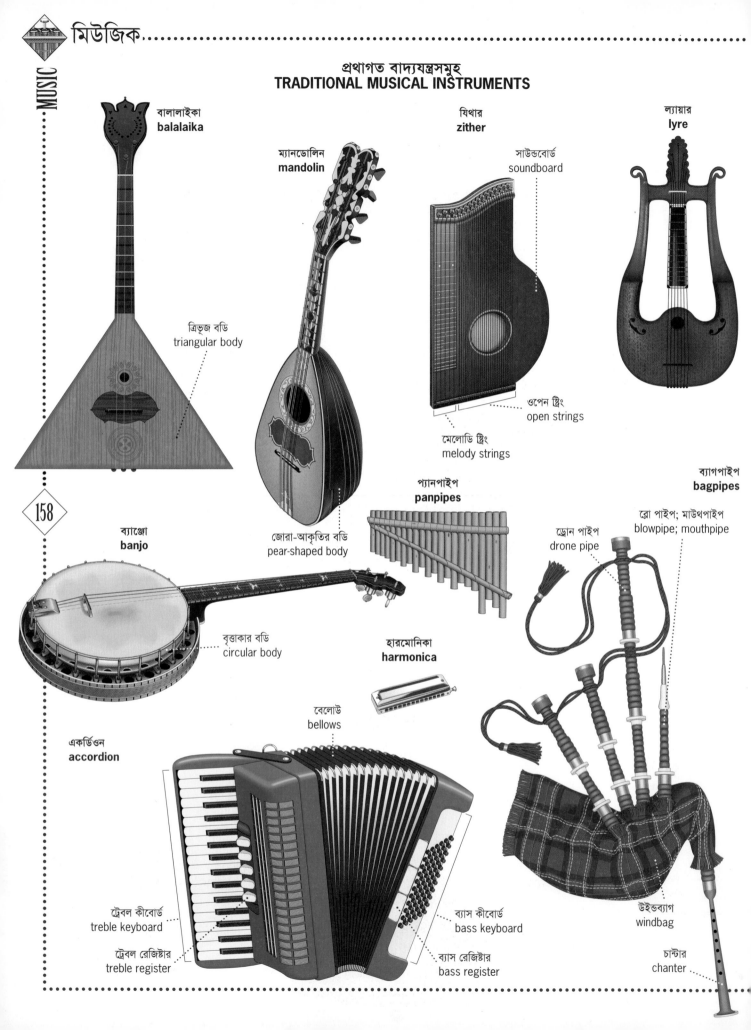

বালালাইকা
balalaika
ত্রিভুজ বডি
triangular body
ম্যানডোলিন
mandolin
জোরা-আকৃতির বডি
pear-shaped body
যিথার
zither
সাউন্ডবোর্ড
soundboard
ওপেন স্ট্রিং
open strings
মেলোডি স্ট্রিং
melody strings
ল্যায়ার
lyre
ব্যাঞ্জো
banjo
বৃত্তাকার বডি
circular body
প্যানপাইপ
panpipes
হারমোনিকা
harmonica
ব্যাগপাইপ
bagpipes
ব্লো পাইপ; মাউথপাইপ
blowpipe; mouthpipe
ড্রোন পাইপ
drone pipe
উইন্ডব্যাগ
windbag
চান্টার
chanter
একর্ডিওন
accordion
বেলোউ
bellows
ট্রেবল কীবোর্ড
treble keyboard
ট্রেবল রেজিষ্টার
treble register
ব্যাস কীবোর্ড
bass keyboard
ব্যাস রেজিষ্টার
bass register

কীবোর্ড যন্ত্রপাতি
KEYBOARD INSTRUMENT

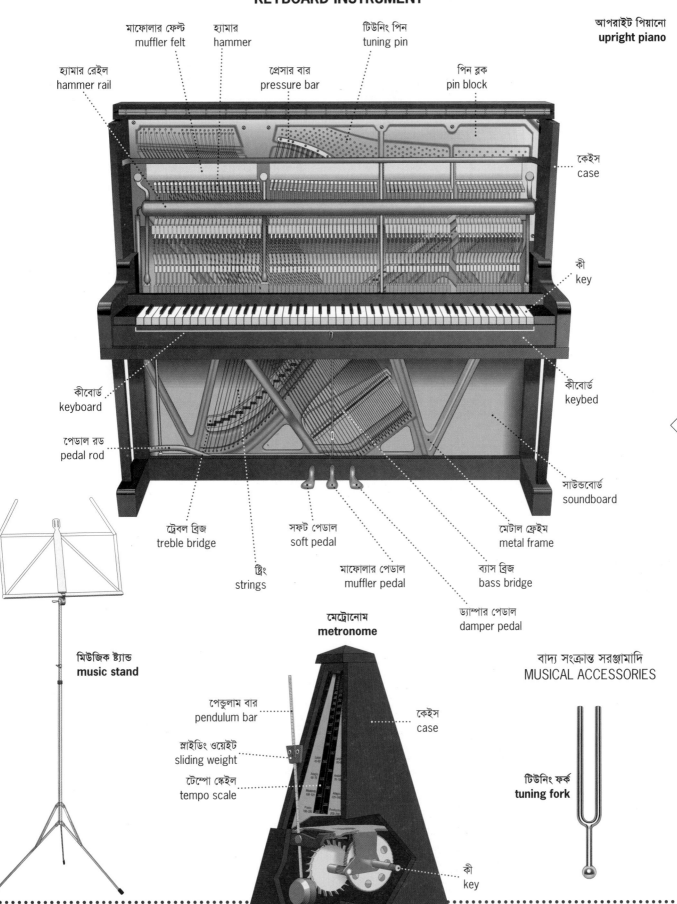

আপরাইট পিয়ানো
upright piano

মাফোলার ফেল্ট
muffler felt

হ্যামার
hammer

টিউনিং পিন
tuning pin

হ্যামার রেইল
hammer rail

প্রেসার বার
pressure bar

পিন ব্লক
pin block

কেইস
case

কী
key

কীবোর্ড
keybed

সাউন্ডবোর্ড
soundboard

কীবোর্ড
keyboard

পেডাল রড
pedal rod

ট্রেবল ব্রিজ
treble bridge

সফট পেডাল
soft pedal

মেটাল ফ্রেইম
metal frame

স্ট্রিং
strings

মাফোলার পেডাল
muffler pedal

ব্যাস ব্রিজ
bass bridge

ড্যাম্পার পেডাল
damper pedal

মিউজিক স্ট্যান্ড
music stand

মেট্রোনোম
metronome

বাদ্য সংক্রান্ত সরঞ্জামাদি
MUSICAL ACCESSORIES

পেন্ডুলাম বার
pendulum bar

কেইস
case

স্লাইডিং ওয়েইট
sliding weight

টেম্পো স্কেইল
tempo scale

টিউনিং ফর্ক
tuning fork

কী
key

159

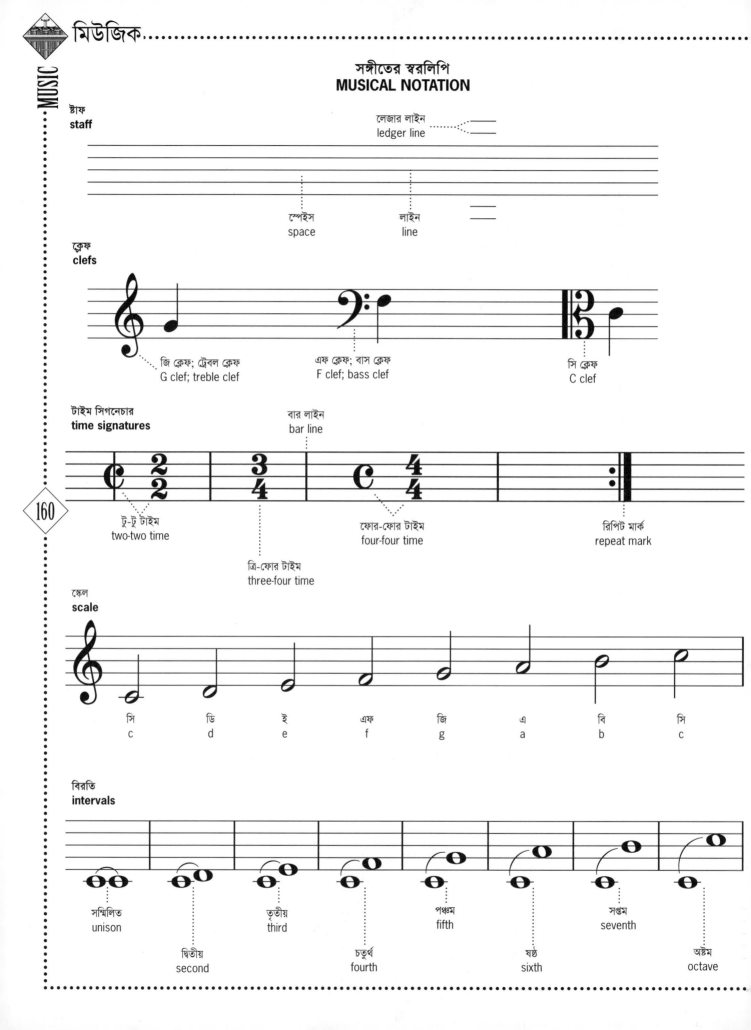

সঙ্গীতের স্বরলিপি
MUSICAL NOTATION

স্টাফ
staff

লেজার লাইন
ledger line

স্পেইস
space

লাইন
line

ক্লেফ
clefs

জি ক্লেফ; ট্রেবল ক্লেফ
G clef; treble clef

এফ ক্লেফ; বাস ক্লেফ
F clef; bass clef

সি ক্লেফ
C clef

টাইম সিগনেচার
time signatures

বার লাইন
bar line

টু-টু টাইম
two-two time

ত্রি-ফোর টাইম
three-four time

ফোর-ফোর টাইম
four-four time

রিপিট মার্ক
repeat mark

স্কেল
scale

সি c ডি d ই e এফ f জি g এ a বি b সি c

বিরতি
intervals

সম্মিলিত
unison

দ্বিতীয়
second

তৃতীয়
third

চতুর্থ
fourth

পঞ্চম
fifth

ষষ্ঠ
sixth

সপ্তম
seventh

অষ্টম
octave

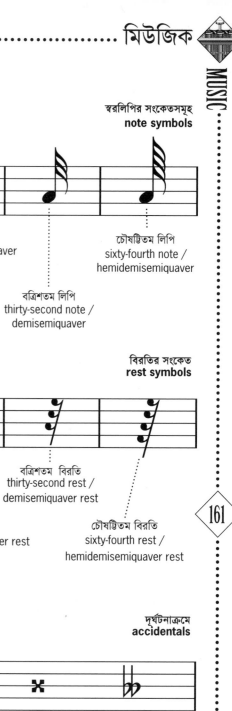

স্বরলিপির সংকেতসমূহ
note symbols

সমগ্র লিপি
whole note / semi-breve

অর্ধ লিপি
half note / minim

কোয়ার্টার লিপি
quarter note / crotchet

অষ্টম লিপি
eighth note / quaver

ষোড়শ লিপি
sixteenth note / semiquaver

বত্রিশতম লিপি
thirty-second note / demisemiquaver

চৌষট্টিতম লিপি
sixty-fourth note / hemidemisemiquaver

বিরতির সংকেত
rest symbols

সমগ্র বিরতি
whole rest / semi-breve rest

অর্ধ বিরতি
half rest / minim rest

কোয়ার্টার বিরতি
quarter rest / crotchet rest

অষ্টম বিরতি
eighth rest / quaver rest

ষোড়শ বিরতি
sixteenth rest / semiquaver rest

বত্রিশতম বিরতি
thirty-second rest / demisemiquaver rest

চৌষট্টিতম বিরতি
sixty-fourth rest / hemidemisemiquaver rest

দুর্ঘটনাক্রমে
accidentals

প্রাকৃতিক
natural

কী সিগনেচার
key signature

শার্প
sharp

ফ্লাট
flat

ডাবল শার্প
double sharp

ডাবল ফ্লাট
double flat

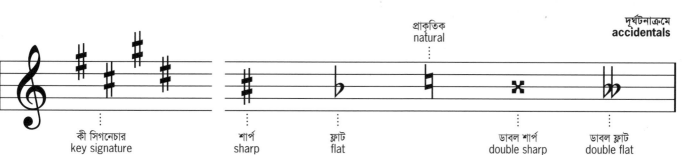

অলংকার
ornaments

এপোজিয়াচুরা
appoggiatura

ট্রিল
trill

টার্ন
turn

মর্ডেন্ট
mordent

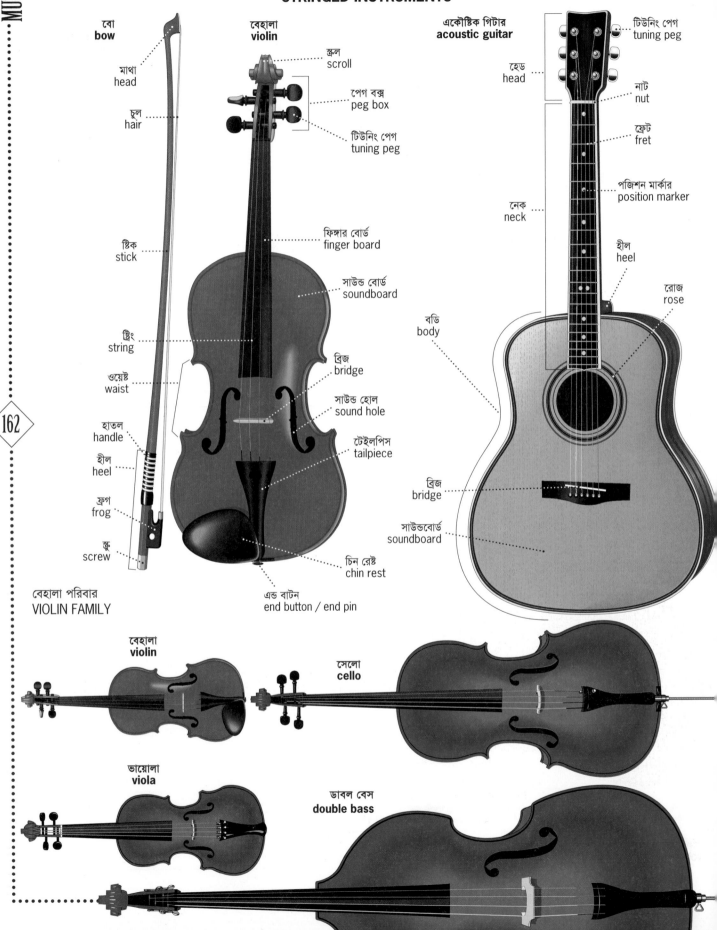

তার লাগানো যন্ত্রপাতি
STRINGED INSTRUMENTS

বো
bow

মাথা
head

চুল
hair

স্টিক
stick

হাতল
handle

হীল
heel

ফ্রগ
frog

স্ক্রু
screw

বেহালা
violin

স্ক্রল
scroll

পেগ বক্স
peg box

টিউনিং পেগ
tuning peg

ফিঙ্গার বোর্ড
finger board

সাউন্ড বোর্ড
soundboard

ব্রিজ
bridge

সাউন্ড হোল
sound hole

টেইলপিস
tailpiece

চিন রেস্ট
chin rest

এন্ড বাটন
end button / end pin

স্ট্রিং
string

ওয়েস্ট
waist

একৌস্টিক গিটার
acoustic guitar

হেড
head

নেক
neck

বডি
body

ব্রিজ
bridge

সাউন্ডবোর্ড
soundboard

টিউনিং পেগ
tuning peg

নাট
nut

ফ্রেট
fret

পজিশন মার্কার
position marker

হীল
heel

রোজ
rose

বেহালা পরিবার
VIOLIN FAMILY

বেহালা
violin

সেলো
cello

ভায়োলা
viola

ডাবল বেস
double bass

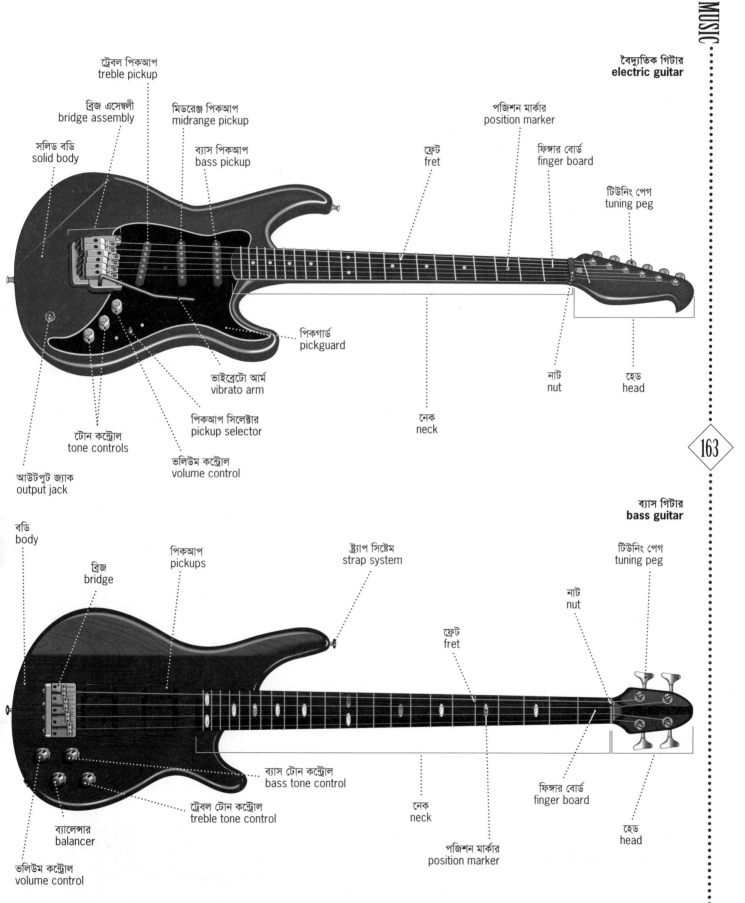

ট্রেবল পিকআপ
treble pickup

ব্রিজ এসেম্বলী
bridge assembly

মিডরেঞ্জ পিকআপ
midrange pickup

ব্যাস পিকআপ
bass pickup

সলিড বডি
solid body

বৈদ্যুতিক গিটার
electric guitar

পজিশন মার্কার
position marker

ফ্রেট
fret

ফিঙ্গার বোর্ড
finger board

টিউনিং পেগ
tuning peg

পিকগার্ড
pickguard

ভাইব্রেটো আর্ম
vibrato arm

পিকআপ সিলেক্টর
pickup selector

টোন কন্ট্রোল
tone controls

ভলিউম কন্ট্রোল
volume control

আউটপুট জ্যাক
output jack

নাট
nut

হেড
head

নেক
neck

163

ব্যাস গিটার
bass guitar

বডি
body

ব্রিজ
bridge

পিকআপ
pickups

স্ট্র্যাপ সিস্টেম
strap system

টিউনিং পেগ
tuning peg

নাট
nut

ফ্রেট
fret

ব্যাস টোন কন্ট্রোল
bass tone control

ট্রেবল টোন কন্ট্রোল
treble tone control

ব্যালেন্সার
balancer

ভলিউম কন্ট্রোল
volume control

নেক
neck

পজিশন মার্কার
position marker

ফিঙ্গার বোর্ড
finger board

হেড
head

বায়ুর যন্ত্রপাতি
WIND INSTRUMENTS

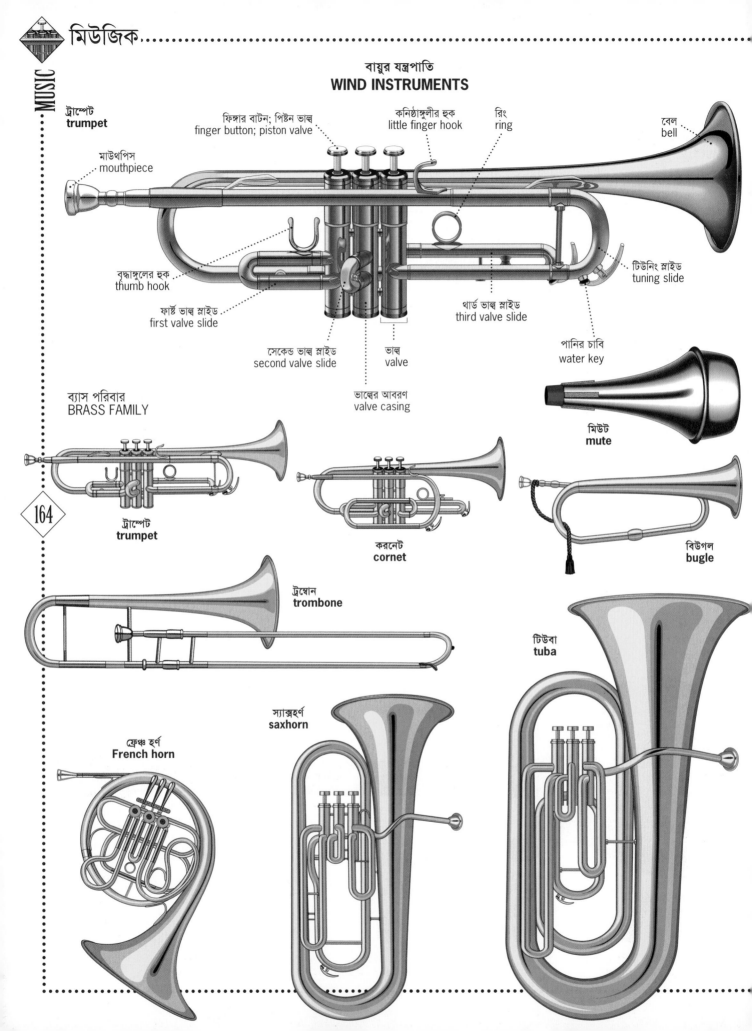

ট্রাম্পেট
trumpet

ফিঙ্গার বাটন; পিস্টন ভাল্ব
finger button; piston valve

কনিষ্ঠাঙ্গুলীর হুক
little finger hook

রিং
ring

বেল
bell

মাউথপিস
mouthpiece

বৃদ্ধাঙ্গুলের হুক
thumb hook

ফার্স্ট ভাল্ব স্লাইড
first valve slide

সেকেন্ড ভাল্ব স্লাইড
second valve slide

ভাল্ব
valve

ভাল্বের আবরণ
valve casing

থার্ড ভাল্ব স্লাইড
third valve slide

টিউনিং স্লাইড
tuning slide

পানির চাবি
water key

মিউট
mute

ব্যাস পরিবার
BRASS FAMILY

ট্রাম্পেট
trumpet

করনেট
cornet

বিউগল
bugle

164

ট্রম্বোন
trombone

টিউবা
tuba

স্যাক্সহর্ন
saxhorn

ফ্রেঞ্চ হর্ন
French horn

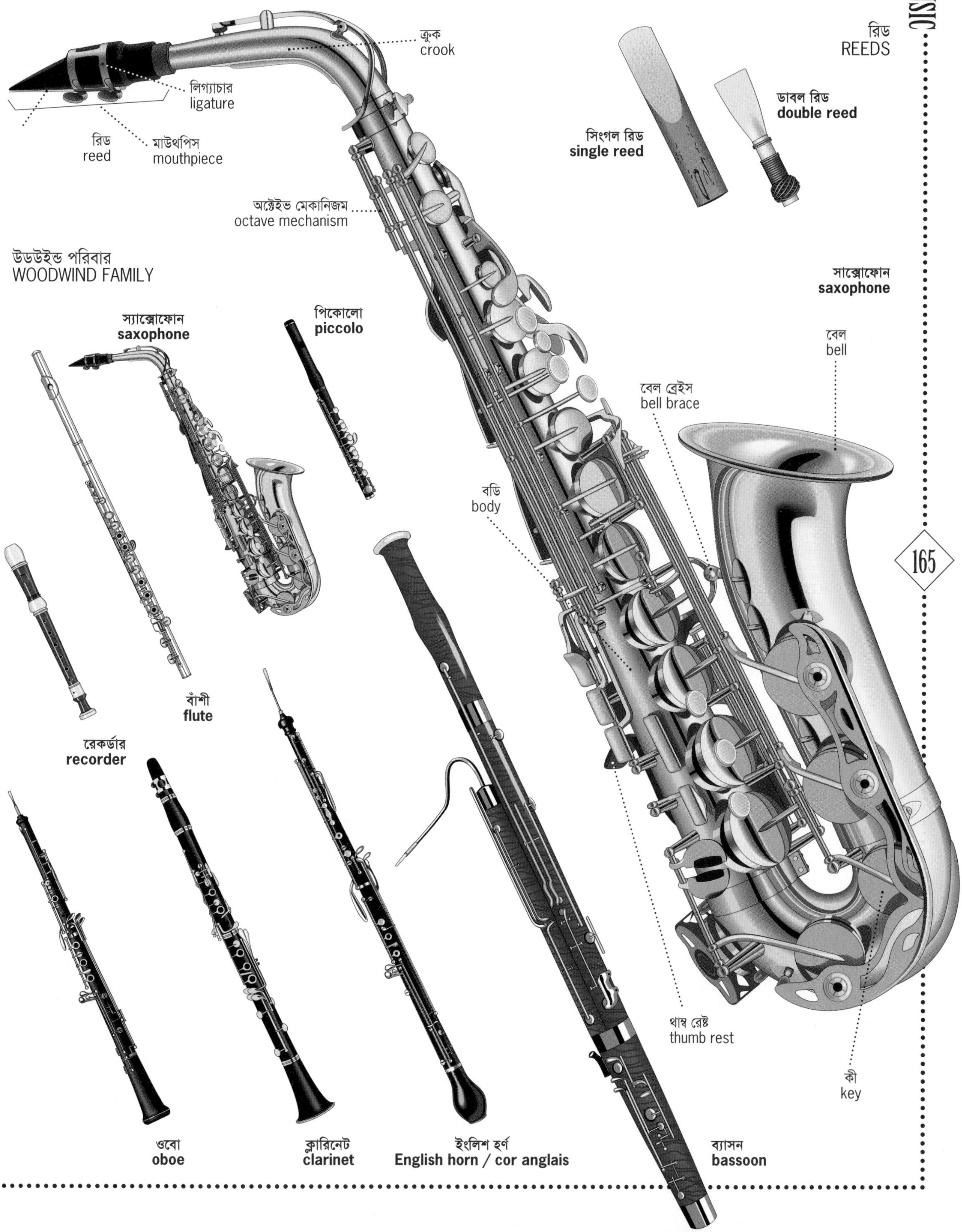

ত্রুক
crook

রিড
REEDS

লিগ্যাচার
ligature

ডাবল রিড
double reed

সিংগল রিড
single reed

রিড
reed

মাউথপিস
mouthpiece

অক্টেইভ মেকানিজম
octave mechanism

সাক্সোফোন
saxophone

উডউইন্ড পরিবার
WOODWIND FAMILY

স্যাক্সোফোন
saxophone

পিকোলো
piccolo

বেল
bell

বেল ব্রেইস
bell brace

বডি
body

বাঁশী
flute

রেকর্ডার
recorder

থাম্ব রেষ্ট
thumb rest

কী
key

ওবো
oboe

ক্লারিনেট
clarinet

ইংলিশ হর্ণ
English horn / cor anglais

ব্যাসন
bassoon

165

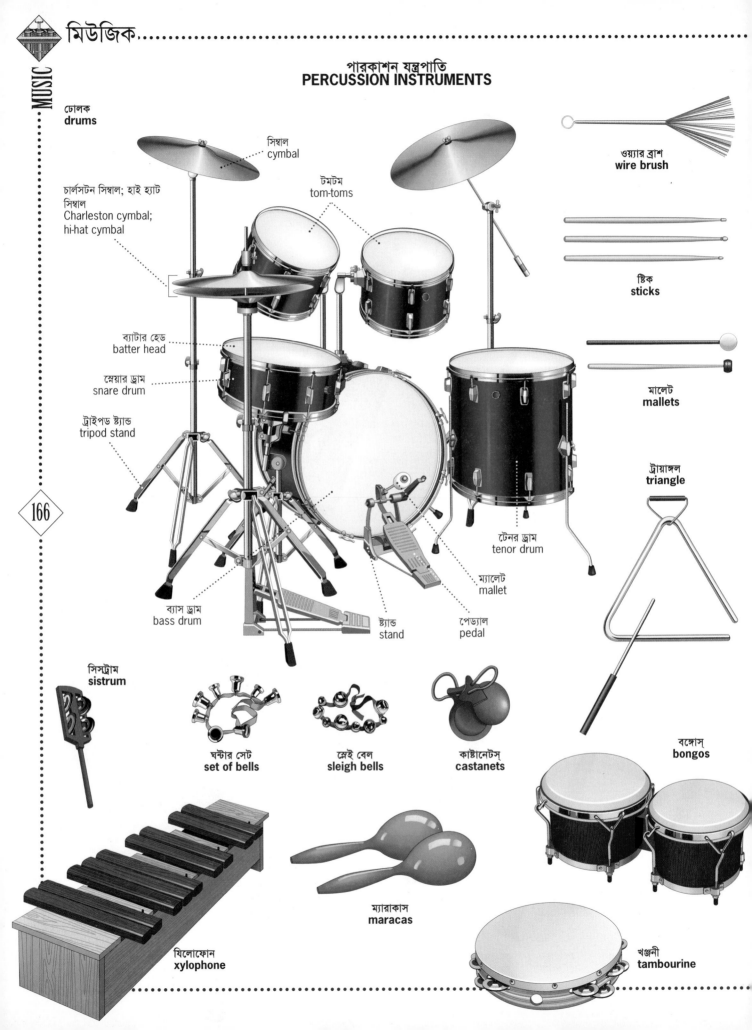

পারকাশন যন্ত্রপাতি
PERCUSSION INSTRUMENTS

ঢোলক
drums

সিম্বাল
cymbal

চার্লসটন সিম্বাল; হাই হ্যাট সিম্বাল
Charleston cymbal; hi-hat cymbal

টমটম
tom-toms

ব্যাটার হেড
batter head

স্নেয়ার ড্রাম
snare drum

ট্রাইপড স্ট্যান্ড
tripod stand

ব্যাস ড্রাম
bass drum

স্ট্যান্ড
stand

টেনর ড্রাম
tenor drum

ম্যালেট
mallet

পেড্যাল
pedal

ওয়্যার ব্রাশ
wire brush

স্টিক
sticks

মালেট
mallets

ট্রায়াঙ্গল
triangle

সিস্ট্রাম
sistrum

ঘন্টার সেট
set of bells

স্লেই বেল
sleigh bells

কাস্টানেটস্
castanets

বঙ্গোস্
bongos

যিলোফোন
xylophone

ম্যারাকাস
maracas

খঞ্জনী
tambourine

সিম্ফনি অর্কেস্ট্রা
SYMPHONY ORCHESTRA

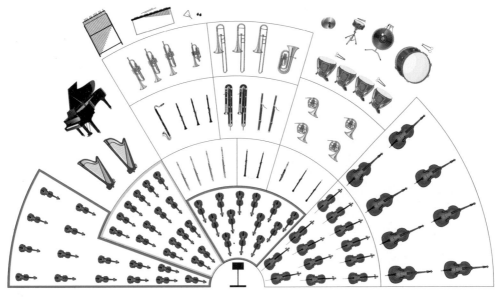

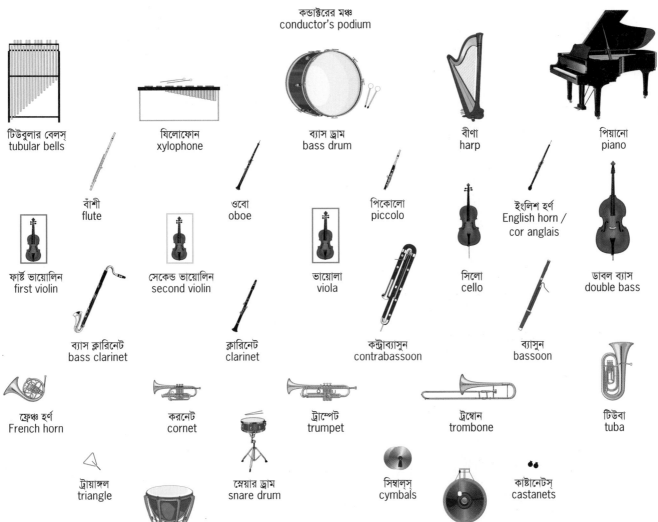

কন্ডাক্টরের মঞ্চ
conductor's podium

টিউবুলার বেলস্
tubular bells

যিলোফোন
xylophone

ব্যাস ড্রাম
bass drum

বীণা
harp

পিয়ানো
piano

বাঁশী
flute

ওবো
oboe

পিকোলো
piccolo

ইংলিশ হর্ণ
English horn / cor anglais

ফার্স্ট ভায়োলিন
first violin

সেকেন্ড ভায়োলিন
second violin

ভায়োলা
viola

সিলো
cello

ডাবল ব্যাস
double bass

ব্যাস ক্লারিনেট
bass clarinet

ক্লারিনেট
clarinet

কন্ট্রাব্যাসুন
contrabassoon

ব্যাসুন
bassoon

টিউবা
tuba

ফ্রেঞ্চ হর্ণ
French horn

করনেট
cornet

ট্রাম্পেট
trumpet

ট্রম্বোন
trombone

স্নেয়ার ড্রাম
snare drum

ট্রায়াঙ্গল
triangle

সিম্বাল্স্
cymbals

কাষ্টানেটস্
castanets

কেটলড্রাম
kettledrum

গঙ্গ
gong

বেইসবল
BASEBALL

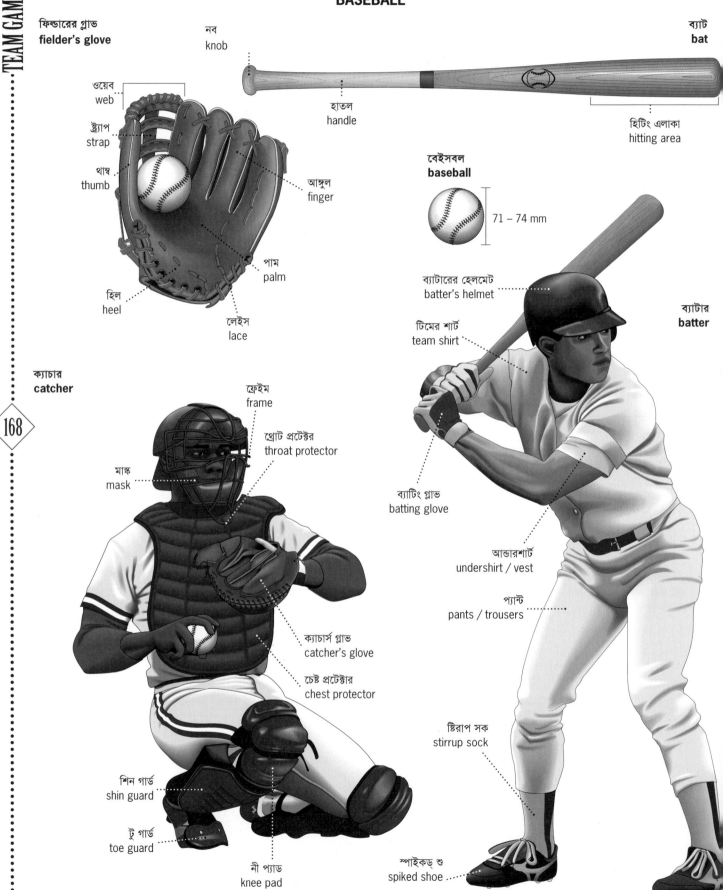

ফিল্ডারের গ্লাভ
fielder's glove

ওয়েব
web
স্ট্র্যাপ
strap
থাম্ব
thumb
finger
পাম
palm
হিল
heel
লেইস
lace

ব্যাট
bat

নব
knob
হাতল
handle
হিটিং এলাকা
hitting area

বেইসবল
baseball

71 – 74 mm

ব্যাটার
batter

ব্যাটারের হেলমেট
batter's helmet
টিমের শার্ট
team shirt
ব্যাটিং গ্লাভ
batting glove
আন্ডারশার্ট
undershirt / vest
প্যান্ট
pants / trousers
স্টিরাপ সক
stirrup sock
স্পাইকড্ শু
spiked shoe

ক্যাচার
catcher

ফ্রেইম
frame
থ্রোট প্রটেক্টর
throat protector
মাস্ক
mask
ক্যাচার্স গ্লাভ
catcher's glove
চেস্ট প্রটেক্টার
chest protector
শিন গার্ড
shin guard
টু গার্ড
toe guard
নী প্যাড
knee pad

মাঠ
field

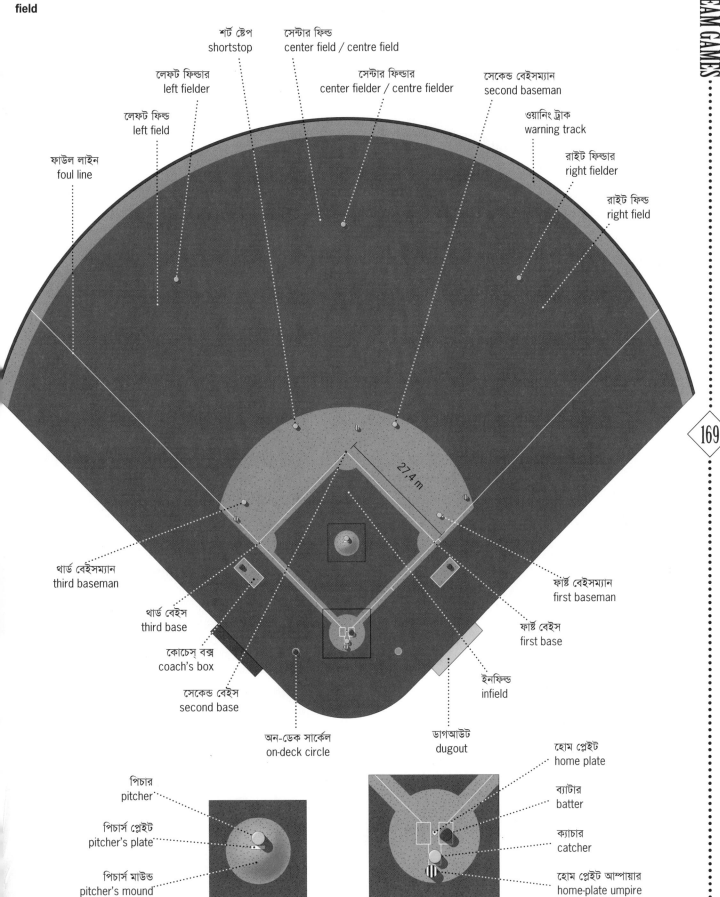

শর্ট স্টপ
shortstop

সেন্টার ফিল্ড
center field / centre field

লেফট ফিল্ডার
left fielder

সেন্টার ফিল্ডার
center fielder / centre fielder

সেকেন্ড বেইসম্যান
second baseman

লেফট ফিল্ড
left field

ওয়ানিং ট্রাক
warning track

ফাউল লাইন
foul line

রাইট ফিল্ডার
right fielder

রাইট ফিল্ড
right field

27.4 m

থার্ড বেইসম্যান
third baseman

ফার্স্ট বেইসম্যান
first baseman

থার্ড বেইস
third base

ফার্স্ট বেইস
first base

কোচেস্ বক্স
coach's box

সেকেন্ড বেইস
second base

ইনফিল্ড
infield

অন-ডেক সার্কেল
on-deck circle

ডাগআউট
dugout

হোম প্লেইট
home plate

পিচার
pitcher

ব্যাটার
batter

পিচার্স প্লেইট
pitcher's plate

ক্যাচার
catcher

পিচার্স মাউন্ড
pitcher's mound

হোম প্লেইট আম্পায়ার
home-plate umpire

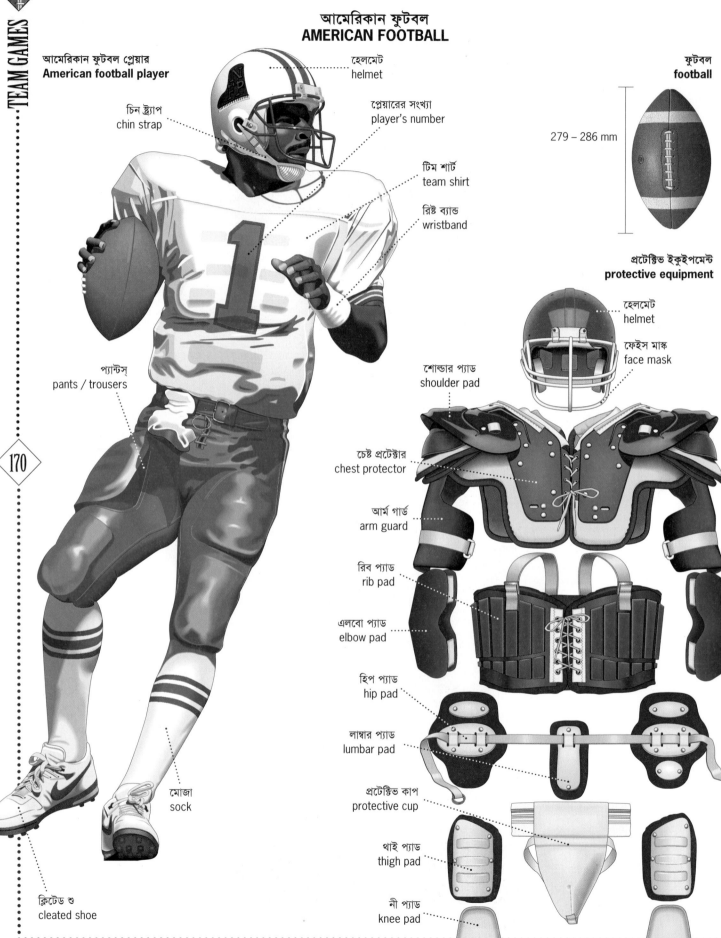

আমেরিকান ফুটবল
AMERICAN FOOTBALL

আমেরিকান ফুটবল প্লেয়ার
American football player

হেলমেট
helmet
চিন স্ট্র্যাপ
chin strap
প্লেয়ারের সংখ্যা
player's number
টিম শার্ট
team shirt
রিষ্ট ব্যান্ড
wristband
প্যান্টস্
pants / trousers
মোজা
sock
ক্লিটেড শু
cleated shoe

ফুটবল
football

279 – 286 mm

প্রটেক্টিভ ইকুইপমেন্ট
protective equipment

হেলমেট
helmet
ফেইস মাস্ক
face mask
শোল্ডার প্যাড
shoulder pad
চেষ্ট প্রটেক্টার
chest protector
আর্ম গার্ড
arm guard
রিব প্যাড
rib pad
এলবো প্যাড
elbow pad
হিপ প্যাড
hip pad
লাম্বার প্যাড
lumbar pad
প্রটেক্টিভ কাপ
protective cup
থাই প্যাড
thigh pad
নী প্যাড
knee pad

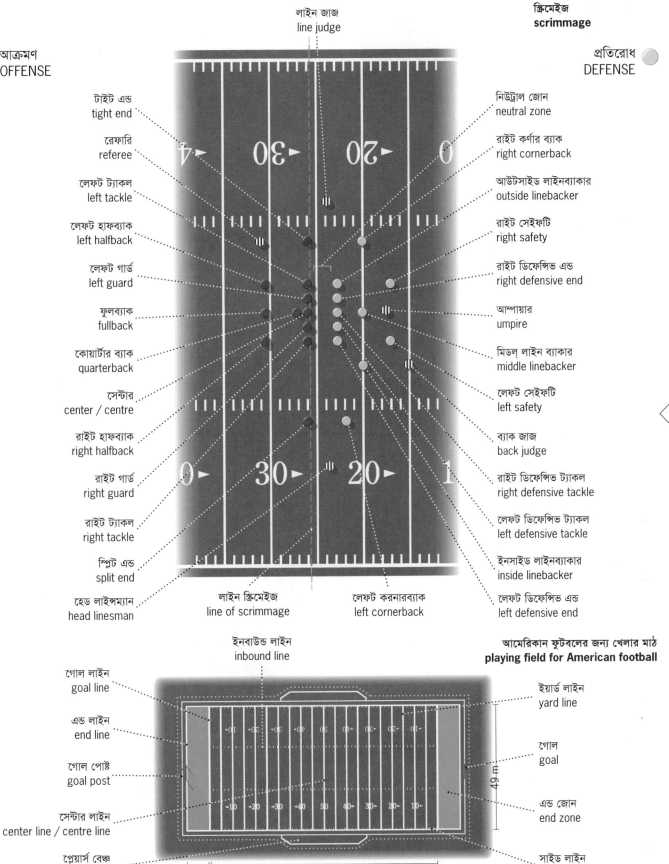

স্ক্রিমেইজ
scrimmage

আক্রমণ
OFFENSE
প্রতিরোধ
DEFENSE
লাইন জাজ
line judge
টাইট এন্ড
tight end
রেফারি
referee
লেফট ট্যাকল
left tackle
লেফট হাফব্যাক
left halfback
লেফট গার্ড
left guard
ফুলব্যাক
fullback
কোয়ার্টার ব্যাক
quarterback
সেন্টার
center / centre
রাইট হাফব্যাক
right halfback
রাইট গার্ড
right guard
রাইট ট্যাকল
right tackle
স্প্লিট এন্ড
split end
হেড লাইন্সম্যান
head linesman
লাইন স্ক্রিমেইজ
line of scrimmage
লেফট করনারব্যাক
left cornerback
নিউট্রাল জোন
neutral zone
রাইট কর্ণার ব্যাক
right cornerback
আউটসাইড লাইনব্যাকার
outside linebacker
রাইট সেইফটি
right safety
রাইট ডিফেন্সিভ এন্ড
right defensive end
আম্পায়ার
umpire
মিডল্ লাইন ব্যাকার
middle linebacker
লেফট সেইফটি
left safety
ব্যাক জাজ
back judge
রাইট ডিফেন্সিভ ট্যাকল
right defensive tackle
লেফট ডিফেন্সিভ ট্যাকল
left defensive tackle
ইনসাইড লাইনব্যাকার
inside linebacker
লেফট ডিফেন্সিভ এন্ড
left defensive end

আমেরিকান ফুটবলের জন্য খেলার মাঠ
playing field for American football

ইনবাউন্ড লাইন
inbound line
গোল লাইন
goal line
এন্ড লাইন
end line
গোল পোষ্ট
goal post
সেন্টার লাইন
center line / centre line
প্লেয়ার্স বেঞ্চ
players' bench
9,1 m
91,4 m
49 m
ইয়ার্ড লাইন
yard line
গোল
goal
এন্ড জোন
end zone
সাইড লাইন
sideline

ফুটবল খেলা
SOCCER

সকার খেলোয়াড়
soccer player
টিম শার্ট
team shirt
শর্টস্
shorts
শিন গার্ড
shin guard
সকার শু
soccer shoe / football boot
ইন্টার চেঞ্জেবল ষ্টাড
interchangeable studs

ফুটবল
soccer ball
218 mm

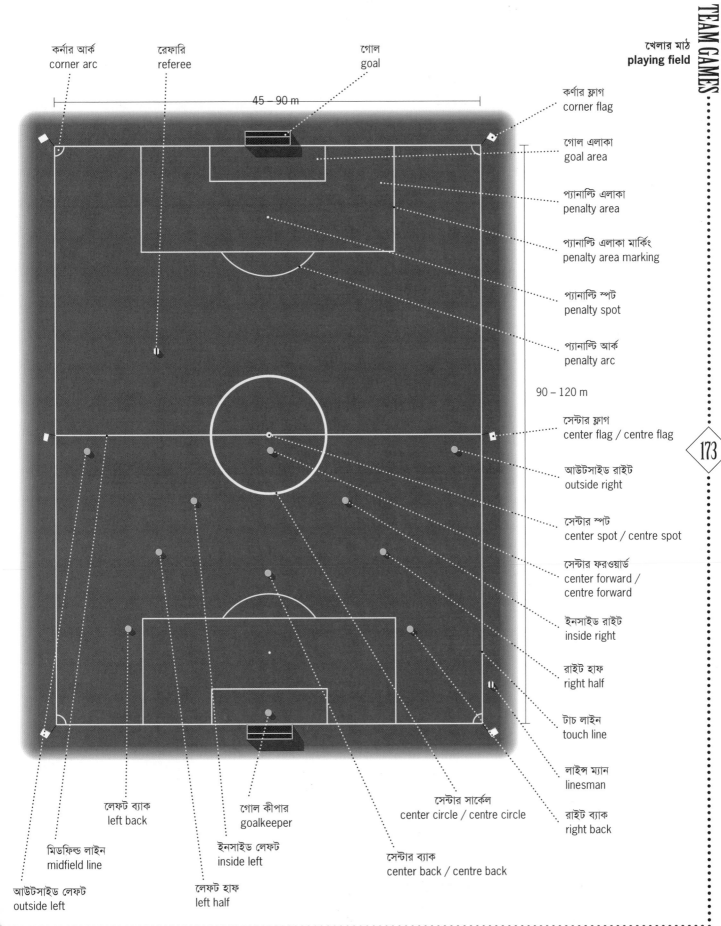

খেলার মাঠ
playing field

কর্নার আর্ক
corner arc

রেফারি
referee

গোল
goal

45 – 90 m

কর্নার ফ্ল্যাগ
corner flag

গোল এলাকা
goal area

প্যানাল্টি এলাকা
penalty area

প্যানাল্টি এলাকা মার্কিং
penalty area marking

প্যানাল্টি স্পট
penalty spot

প্যানাল্টি আর্ক
penalty arc

90 – 120 m

সেন্টার ফ্ল্যাগ
center flag / centre flag

আউটসাইড রাইট
outside right

সেন্টার স্পট
center spot / centre spot

সেন্টার ফরওয়ার্ড
center forward /
centre forward

ইনসাইড রাইট
inside right

রাইট হাফ
right half

টাচ লাইন
touch line

লাইন্স ম্যান
linesman

রাইট ব্যাক
right back

কর্নার আর্ক
corner arc

লেফট ব্যাক
left back

গোল কীপার
goalkeeper

সেন্টার সার্কেল
center circle / centre circle

মিডফিল্ড লাইন
midfield line

ইনসাইড লেফট
inside left

সেন্টার ব্যাক
center back / centre back

আউটসাইড লেফট
outside left

লেফট হাফ
left half

173

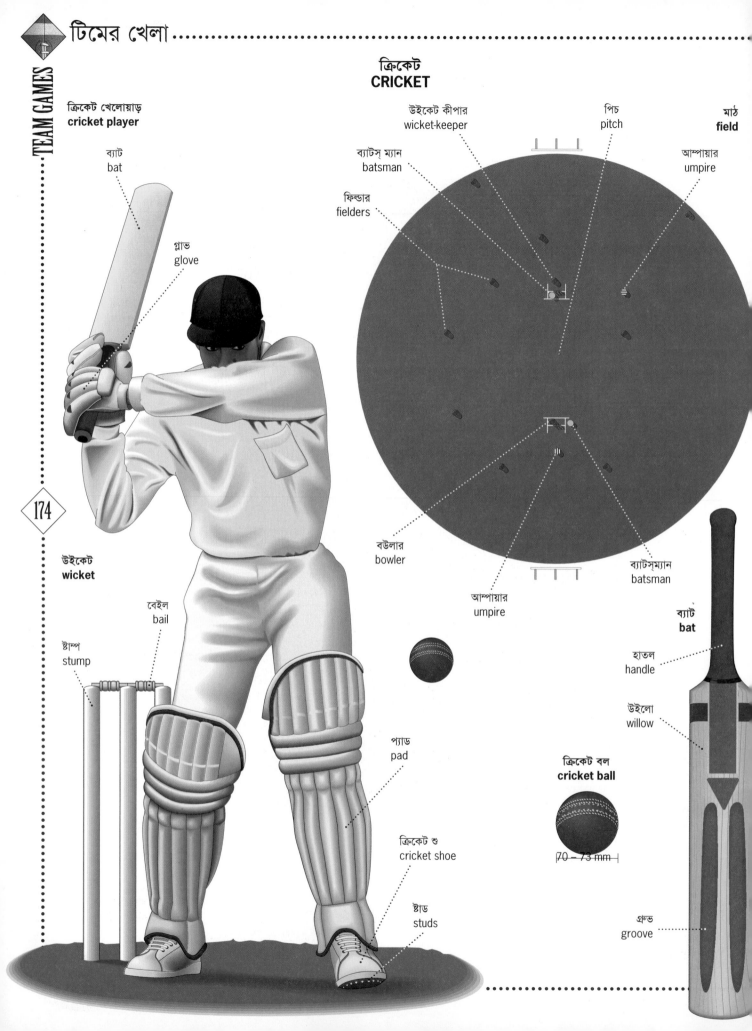

ক্রিকেট
CRICKET

ক্রিকেট খেলোয়াড়
cricket player

ব্যাট
bat

গ্লাভ
glove

উইকেট কীপার
wicket-keeper

ব্যাটস্ ম্যান
batsman

ফিল্ডার
fielders

পিচ
pitch

মাঠ
field

আম্পায়ার
umpire

বউলার
bowler

আম্পায়ার
umpire

ব্যাটসম্যান
batsman

উইকেট
wicket

বেইল
bail

স্ট্যাম্প
stump

প্যাড
pad

ক্রিকেট বল
cricket ball

ক্রিকেট শু
cricket shoe

স্টাড
studs

ব্যাট
bat

হাতল
handle

উইলো
willow

70 – 73 mm

গ্রুভ
groove

ফিল্ড হকি
FIELD HOCKEY

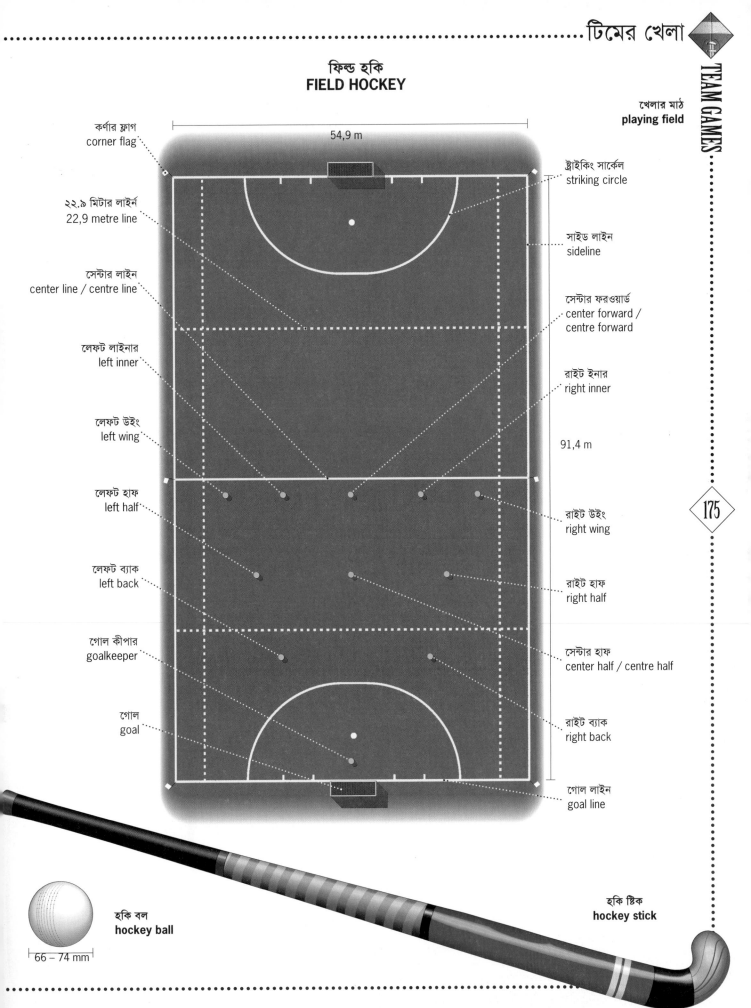

খেলার মাঠ
playing field

54,9 m
91,4 m
কর্ণার ফ্লাগ
corner flag
২২.৯ মিটার লাইর্ন
22,9 metre line
সেন্টার লাইন
center line / centre line
লেফট লাইনার
left inner
লেফট উইং
left wing
লেফট হাফ
left half
লেফট ব্যাক
left back
গোল কীপার
goalkeeper
গোল
goal
স্ট্রাইকিং সার্কেল
striking circle
সাইড লাইন
sideline
সেন্টার ফরওয়ার্ড
center forward / centre forward
রাইট ইনার
right inner
রাইট উইং
right wing
রাইট হাফ
right half
সেন্টার হাফ
center half / centre half
রাইট ব্যাক
right back
গোল লাইন
goal line

হকি বল
hockey ball

হকি ষ্টিক
hockey stick

আইস হকি
ICE HOCKEY

রিংক
rink

পাক
puck

26 – 30 m

25 mm

76 mm

গোল লাইন
goal line

গোল ক্রিজ
goal crease

ফেইস অফ সার্কেল
face-off circle

ব্লু লাইন
blue line

নিউট্রাল জোন
neutral zone

পেনাল্টি বেঞ্চ
penalty bench

অফিসিয়ালস্ বেঞ্চ
officials' bench

লেফট উইং
left wing

সেন্টার
center

লেফট ডিফেন্স
left defense

ডিফেন্ডিং জোন
defending zone

বোর্ডস্
boards

গোল জাজ
goal judge

গোল
goal

ফেইস অফ স্পট
face-off spot

এটাকিং জোন
attacking zone

রেফারি
referee

সেন্টার লাইন
center line

61 m

প্লেয়ার্স বেঞ্চ
players' bench

রাইট উইং
right wing

লাইন্সম্যান
linesman

সেন্টার ফেইস অফ সার্কেল
center face-off circle

রাইট ডিফেন্স
right defense

গোল কীপার
goalkeeper

রিংক কর্নার
rink corner

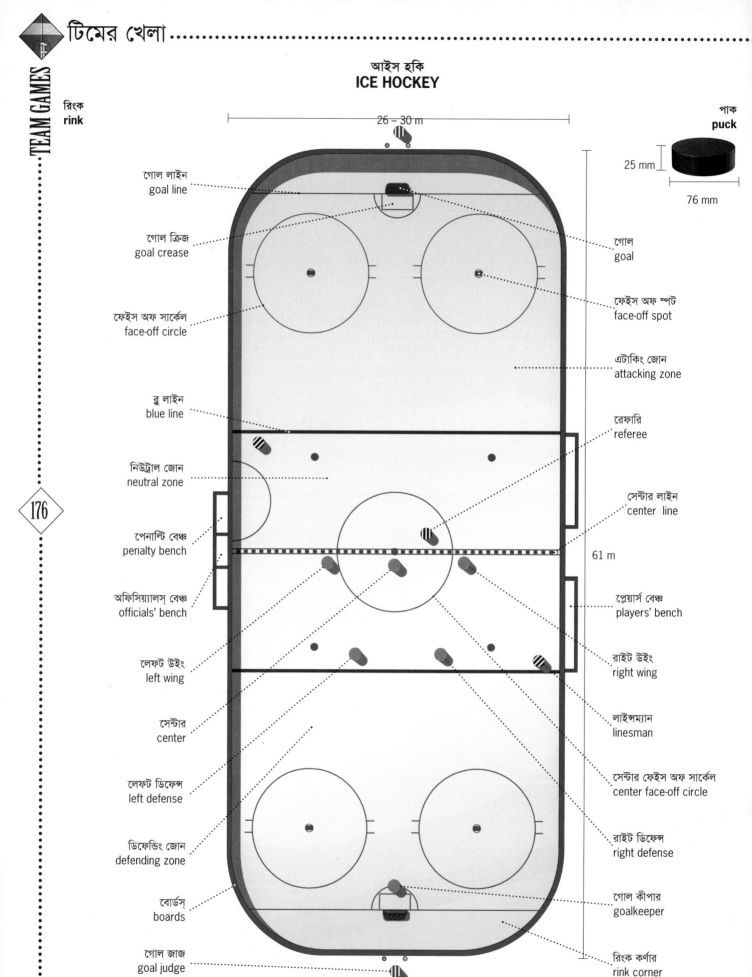

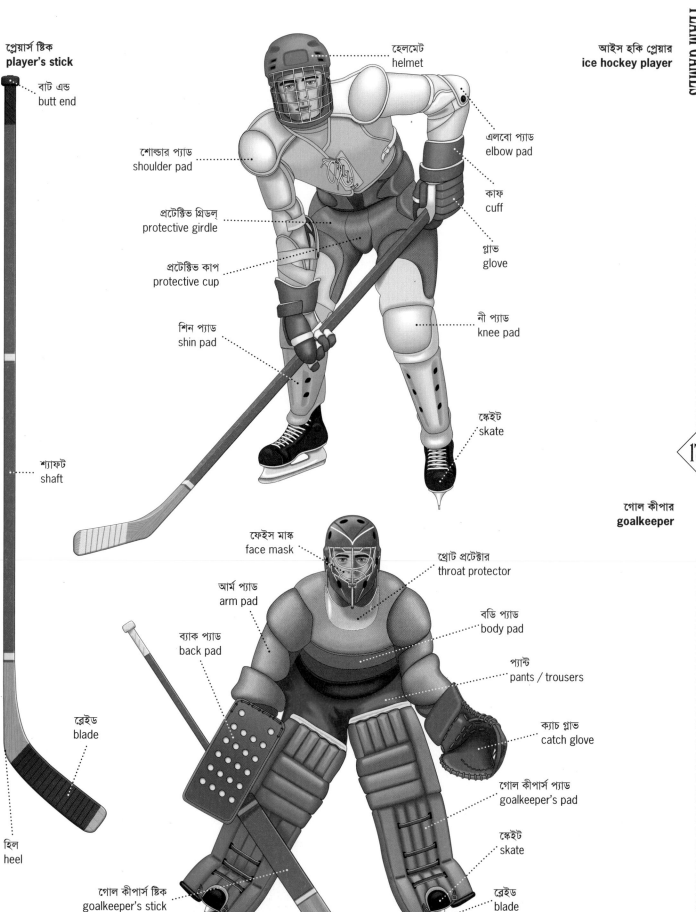

প্লেয়ার্স স্টিক
player's stick

বাট এন্ড
butt end

আইস হকি প্লেয়ার
ice hockey player

হেলমেট
helmet

শোল্ডার প্যাড
shoulder pad

এলবো প্যাড
elbow pad

প্রটেক্টিভ গিড্ল্
protective girdle

কাফ
cuff

প্রটেক্টিভ কাপ
protective cup

গ্লাভ
glove

শিন প্যাড
shin pad

নী প্যাড
knee pad

শ্যাফট
shaft

স্কেইট
skate

177

গোল কীপার
goalkeeper

ফেইস মাস্ক
face mask

থ্রোট প্রটেক্টার
throat protector

আর্ম প্যাড
arm pad

বডি প্যাড
body pad

ব্যাক প্যাড
back pad

প্যান্ট
pants / trousers

ব্লেড
blade

ক্যাচ গ্লাভ
catch glove

হিল
heel

গোল কীপার্স প্যাড
goalkeeper's pad

স্কেইট
skate

গোল কীপার্স স্টিক
goalkeeper's stick

ব্লেড
blade

বাস্কেটবল
BASKETBALL

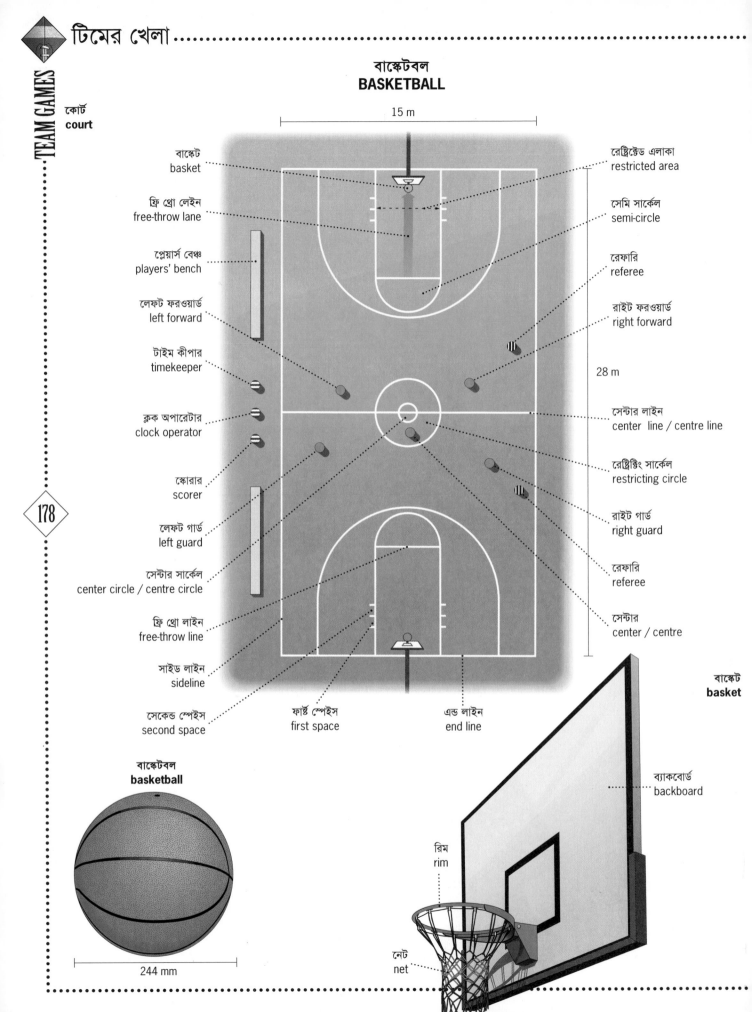

কোর্ট
court

15 m

28 m

বাস্কেট
basket

ফ্রি থ্রো লেইন
free-throw lane

প্লেয়ার্স বেঞ্চ
players' bench

লেফট ফরওয়ার্ড
left forward

টাইম কীপার
timekeeper

ক্লক অপারেটর
clock operator

স্কোরার
scorer

লেফট গার্ড
left guard

সেন্টার সার্কেল
center circle / centre circle

ফ্রি থ্রো লাইন
free-throw line

সাইড লাইন
sideline

সেকেন্ড স্পেইস
second space

ফার্স্ট স্পেইস
first space

এন্ড লাইন
end line

রেস্ট্রিক্টেড এলাকা
restricted area

সেমি সার্কেল
semi-circle

রেফারি
referee

রাইট ফরওয়ার্ড
right forward

সেন্টার লাইন
center line / centre line

রেস্ট্রিক্টিং সার্কেল
restricting circle

রাইট গার্ড
right guard

রেফারি
referee

সেন্টার
center / centre

বাস্কেটবল
basketball

244 mm

বাস্কেট
basket

ব্যাকবোর্ড
backboard

রিম
rim

নেট
net

ভলিবল
VOLLEYBALL

কোর্ট
court

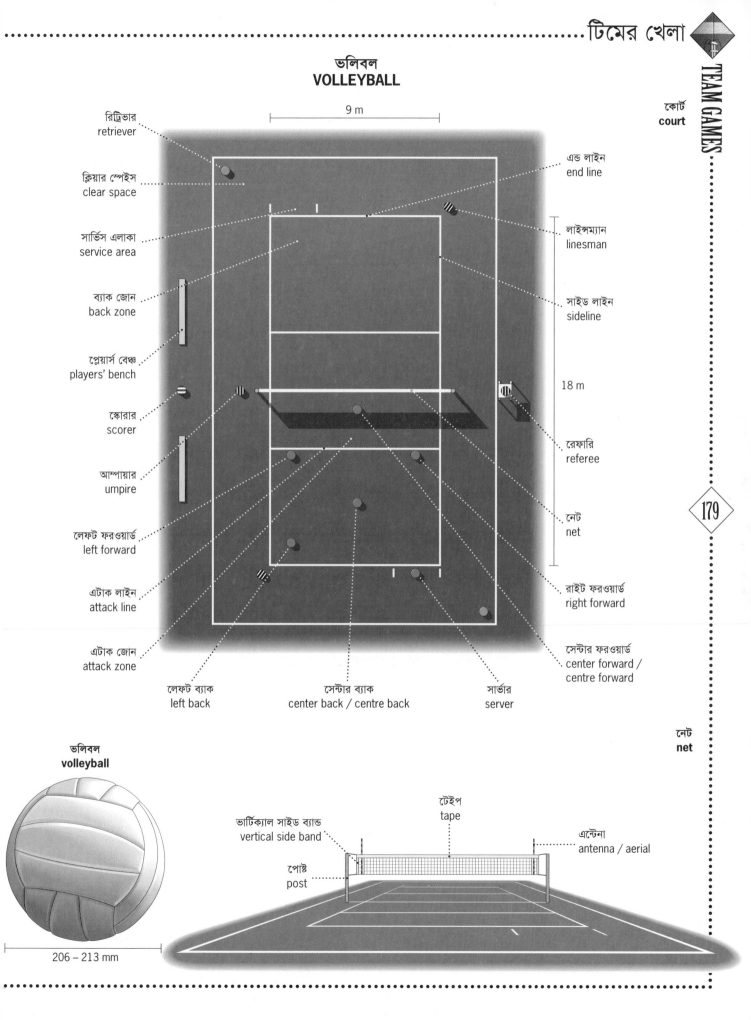

9 m
18 m
রিট্রিভার
retriever
ক্লিয়ার স্পেইস
clear space
সার্ভিস এলাকা
service area
ব্যাক জোন
back zone
প্লেয়ার্স বেঞ্চ
players' bench
স্কোরার
scorer
আম্পায়ার
umpire
লেফট ফরওয়ার্ড
left forward
এটাক লাইন
attack line
এটাক জোন
attack zone
লেফট ব্যাক
left back
সেন্টার ব্যাক
center back / centre back
সার্ভার
server
এন্ড লাইন
end line
লাইন্সম্যান
linesman
সাইড লাইন
sideline
রেফারি
referee
নেট
net
রাইট ফরওয়ার্ড
right forward
সেন্টার ফরওয়ার্ড
center forward / centre forward

ভলিবল
volleyball

206 – 213 mm

নেট
net

টেইপ
tape
ভার্টিক্যাল সাইড ব্যান্ড
vertical side band
এন্টেনা
antenna / aerial
পোস্ট
post

কোর্ট
court

টেনিস
TENNIS

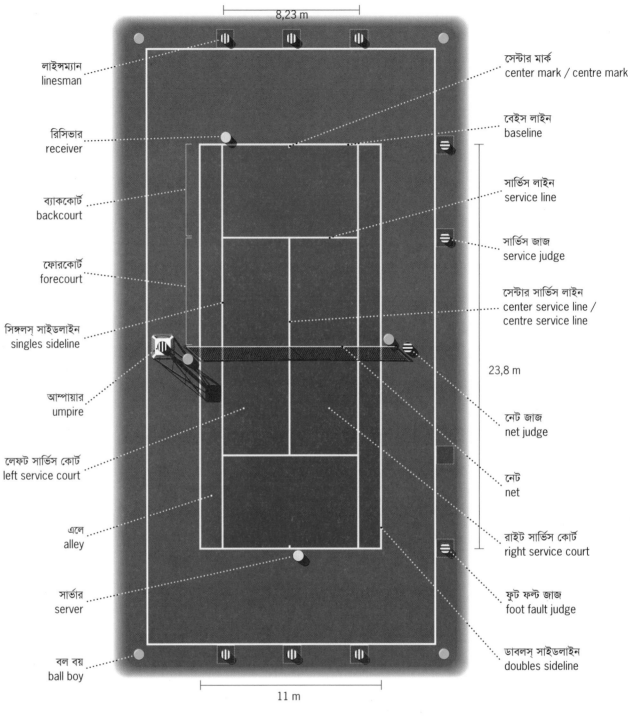

8,23 m

লাইন্সম্যান
linesman

রিসিভার
receiver

ব্যাককোর্ট
backcourt

ফোরকোর্ট
forecourt

সিঙ্গল্স সাইডলাইন
singles sideline

আম্পায়ার
umpire

লেফট সার্ভিস কোর্ট
left service court

এলে
alley

সার্ভার
server

বল বয়
ball boy

সেন্টার মার্ক
center mark / centre mark

বেইস লাইন
baseline

সার্ভিস লাইন
service line

সার্ভিস জাজ
service judge

সেন্টার সার্ভিস লাইন
center service line /
centre service line

23,8 m

নেট জাজ
net judge

নেট
net

রাইট সার্ভিস কোর্ট
right service court

ফুট ফল্ট জাজ
foot fault judge

ডাবল্স সাইডলাইন
doubles sideline

11 m

নেট
net

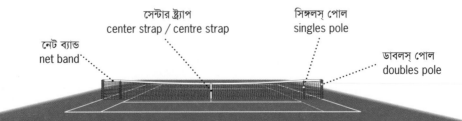

সেন্টার স্ট্র্যাপ
center strap / centre strap

সিঙ্গল্স পোল
singles pole

নেট ব্যান্ড
net band

ডাবল্স পোল
doubles pole

টেনিস বল
tennis ball

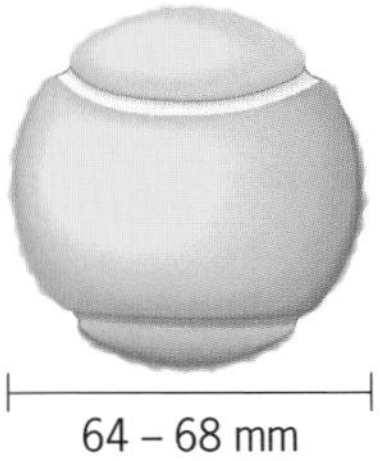

64 – 68 mm

টেনিস খেলোয়াড়
tennis player

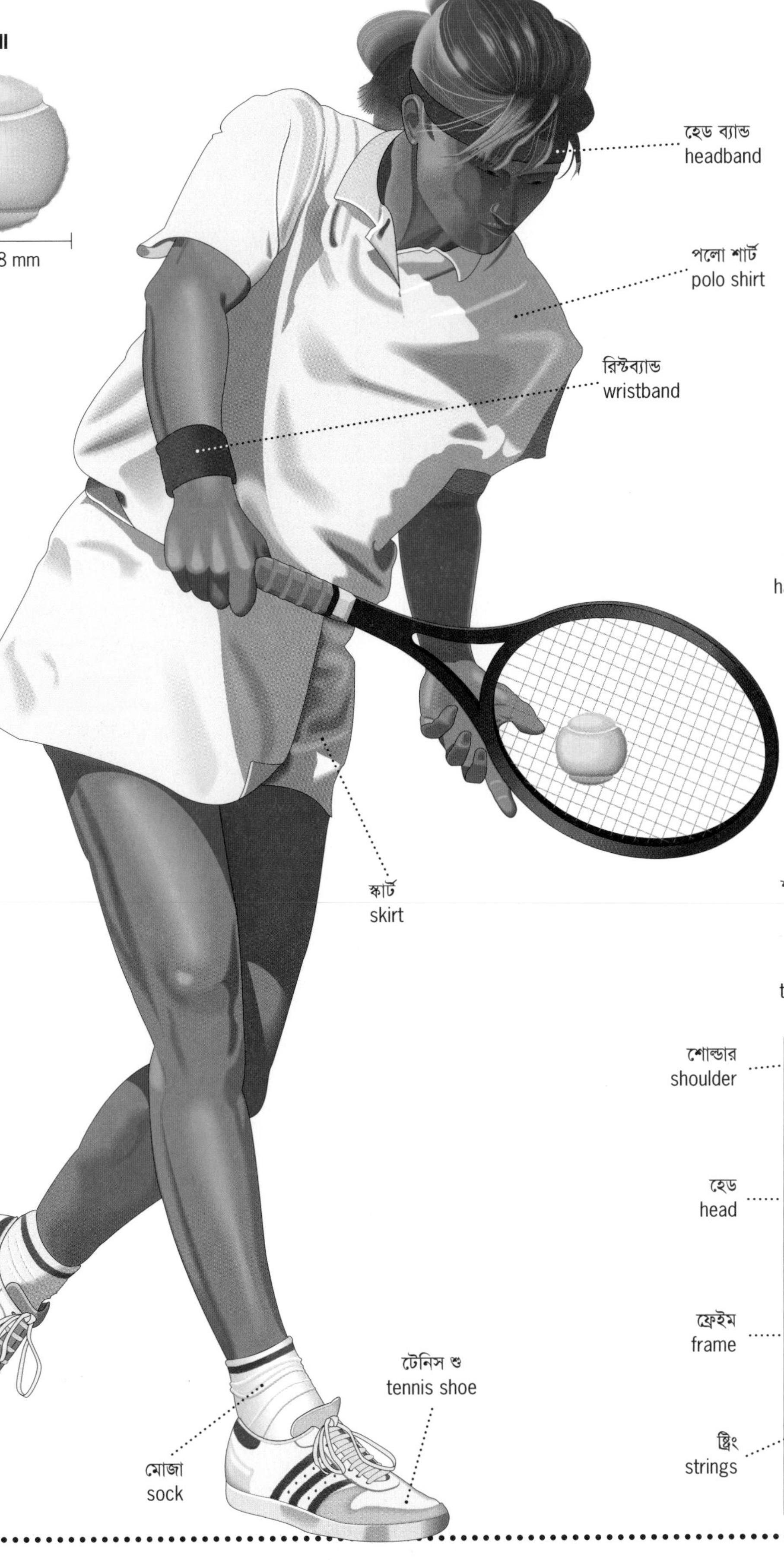

হেড ব্যান্ড
headband
পলো শার্ট
polo shirt
রিস্টব্যান্ড
wristband
স্কার্ট
skirt
মোজা
sock
টেনিস শু
tennis shoe

টেনিস র‍্যাকেট
tennis racket

বাট
butt
হাতল
handle
শ্যাফট
shaft
থ্রোট
throat
শোল্ডার
shoulder
হেড
head
ফ্রেইম
frame
স্ট্রিং
strings

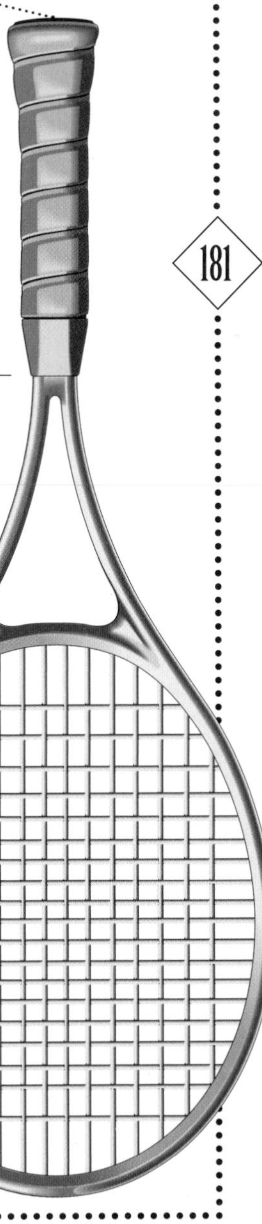

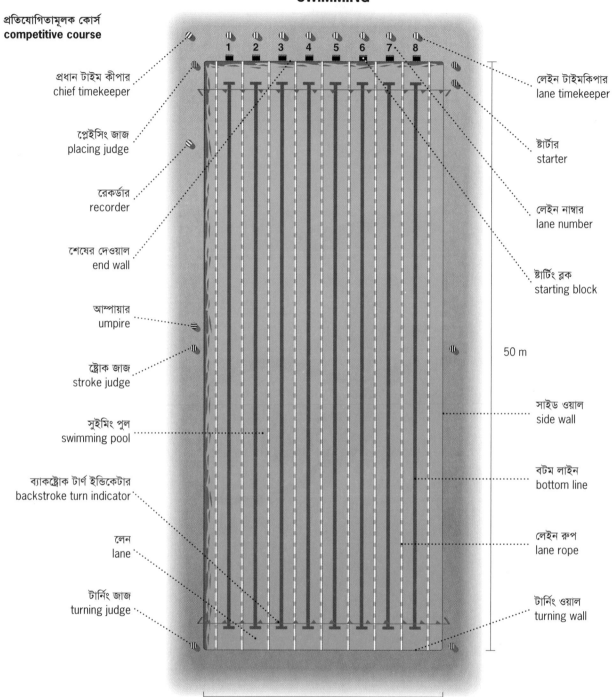

সাঁতার
SWIMMING

প্রতিযোগিতামূলক কোর্স
competitive course

2
3
5
প্রধান টাইম কীপার
chief timekeeper
প্লেইসিং জাজ
placing judge
রেকর্ডার
recorder
শেষের দেওয়াল
end wall
আম্পায়ার
umpire
স্ট্রোক জাজ
stroke judge
সুইমিং পুল
swimming pool
ব্যাকস্ট্রোক টার্ণ ইন্ডিকেটার
backstroke turn indicator
লেন
lane
টার্নিং জাজ
turning judge
লেইন টাইমকিপার
lane timekeeper
ষ্টার্টার
starter
লেইন নাম্বার
lane number
ষ্টার্টিং ব্লক
starting block
50 m
সাইড ওয়াল
side wall
বটম লাইন
bottom line
লেইন রুপ
lane rope
টার্নিং ওয়াল
turning wall
23 m

ষ্টার্টিং ব্লক
starting block

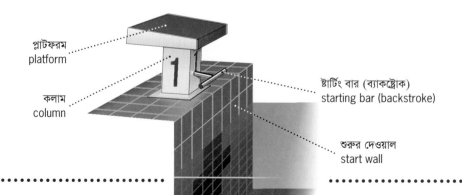

প্লাটফরম
platform
কলাম
column
ষ্টার্টিং বার (ব্যাকস্ট্রোক)
starting bar (backstroke)
শুরুর দেওয়াল
start wall

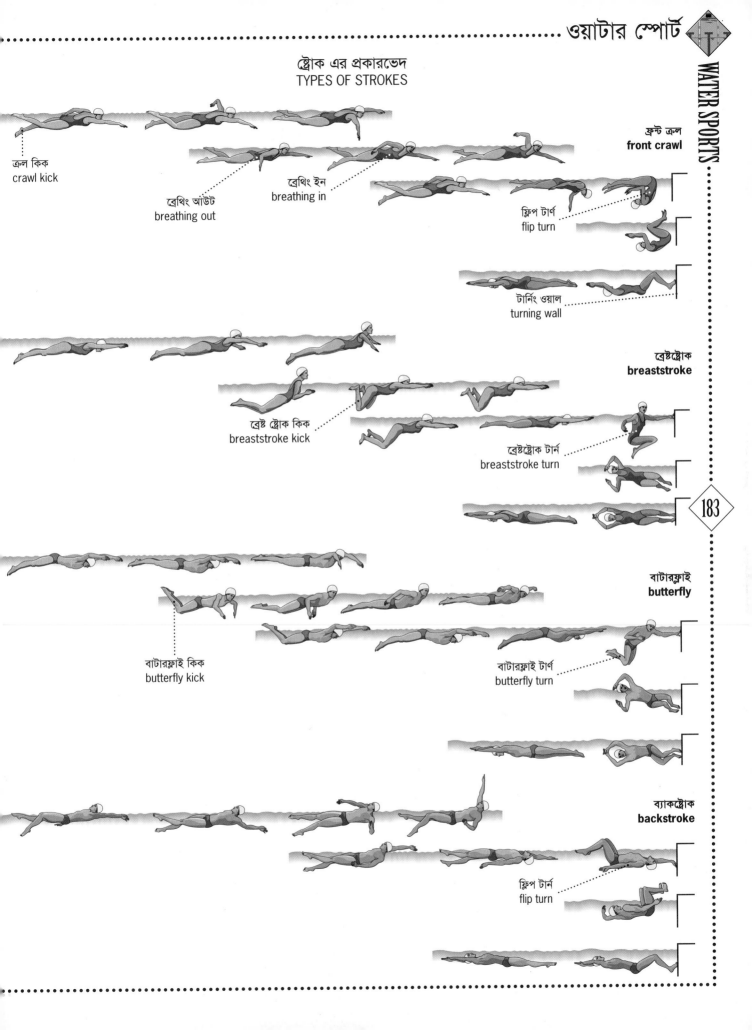

স্ট্রোক এর প্রকারভেদ
TYPES OF STROKES

ফ্রন্ট ক্রল
front crawl
ক্রল কিক
crawl kick
ব্রেথিং আউট
breathing out
ব্রেথিং ইন
breathing in
ফ্লিপ টার্ণ
flip turn
টার্নিং ওয়াল
turning wall
ব্রেষ্টষ্ট্রোক
breaststroke
ব্রেষ্ট ষ্ট্রোক কিক
breaststroke kick
ব্রেষ্টষ্ট্রোক টার্ন
breaststroke turn
বাটারফ্লাই
butterfly
বাটারফ্লাই কিক
butterfly kick
বাটারফ্লাই টার্ণ
butterfly turn
ব্যাকষ্ট্রোক
backstroke
ফ্লিপ টার্ন
flip turn

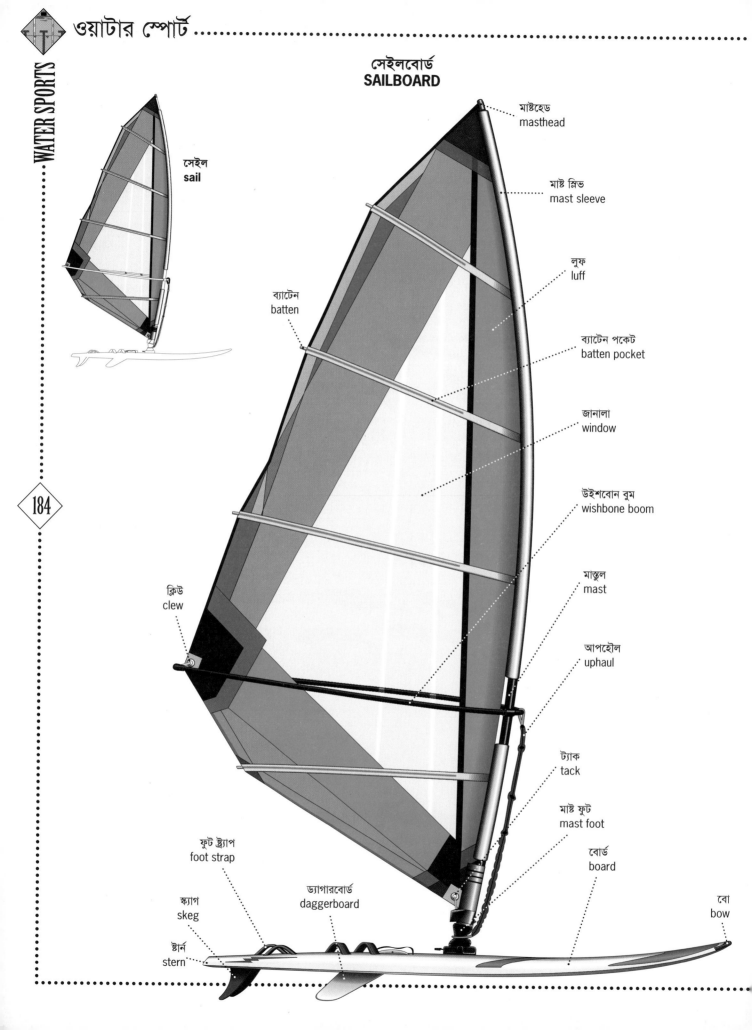

সেইলবোর্ড
SAILBOARD

সেইল
sail

মাষ্টহেড
masthead
মাষ্ট স্লিভ
mast sleeve
লুফ
luff
ব্যাটেন
batten
ব্যাটেন পকেট
batten pocket
জানালা
window
উইশবোন বুম
wishbone boom
মাস্তুল
mast
ক্লিউ
clew
আপহৌল
uphaul
ট্যাক
tack
মাষ্ট ফুট
mast foot
ফুট ষ্ট্র্যাপ
foot strap
বোর্ড
board
ড্যাগারবোর্ড
daggerboard
স্ক্যাগ
skeg
বো
bow
ষ্টার্ন
stern

স্কেটিং
SKATING

ইন লাইন স্কেইট
in-line skate

ইনার বুট
inner boot

আপার শেল
upper shell

এডজাস্টিং বাকল
adjusting buckle

বুট
boot

এক্সেল
axle

চাকা
wheel

ট্রাক
truck

হিল স্টপ
heel stop

স্পিড স্কেইট
speed skate

হকি স্কেইট
hockey skate

টেন্ডন গার্ড
tendon guard

বুট
boot

টু বক্স
toe box

পয়েন্ট
point

ব্লেইড
blade

স্কেইট গার্ড
skate guard

ফিগার স্কেইট
figure skate

হুক
hook

টাং
tongue

ব্যাকস্টে
backstay

আইলেট
eyelet

বুট
boot

লেইস
lace

স্ট্যাঞ্চন
stanchion

প্রান্ত
edge

ব্লেইড
blade

সোল
sole

টু পিক
toe pick

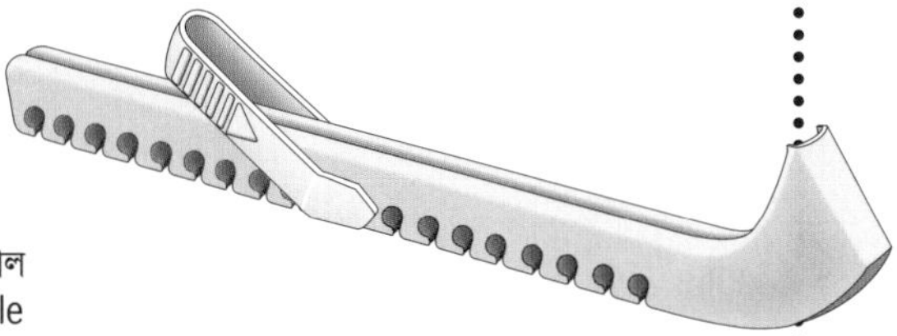

186

স্কিইং
SKIING

আল্পাইন স্কিয়ার
alpine skier

স্কি বুট
ski boot

স্কি হ্যাট
ski hat
স্কি গগলস্
ski goggles
স্কি স্যুট
ski suit
স্কি গ্লাভ
ski glove
টাং
tongue
আপার স্ট্র্যাপ
upper strap
বাকল
buckle
এডজাস্টিং ক্যাচ
adjusting catch
লওয়ার শেল
lower shell
আপার শেল
upper shell
হিঞ্জ
hinge
রিস্ট স্ট্রাপ
wrist strap
স্কি পোল
ski pole
বাস্কেট
basket
হাতল
handle
কিনার
edge
আগা
tip
লেজ
tail
তলদেশ
bottom
স্কি স্টপ
ski stop
গ্রুভ
groove
শাবল
shovel
টো পিস
toe piece
স্কি বুট
ski boot
ski
হিল পিস্
heel piece

ক্রস কান্ট্রি স্কি
cross-country ski

হিলপ্লেইট
heelplate
টো বাইন্ডিং
toe binding
লেজ
tail
টো প্লেইট
toeplate
ক্লাম্প
clamp
শাবল
shovel

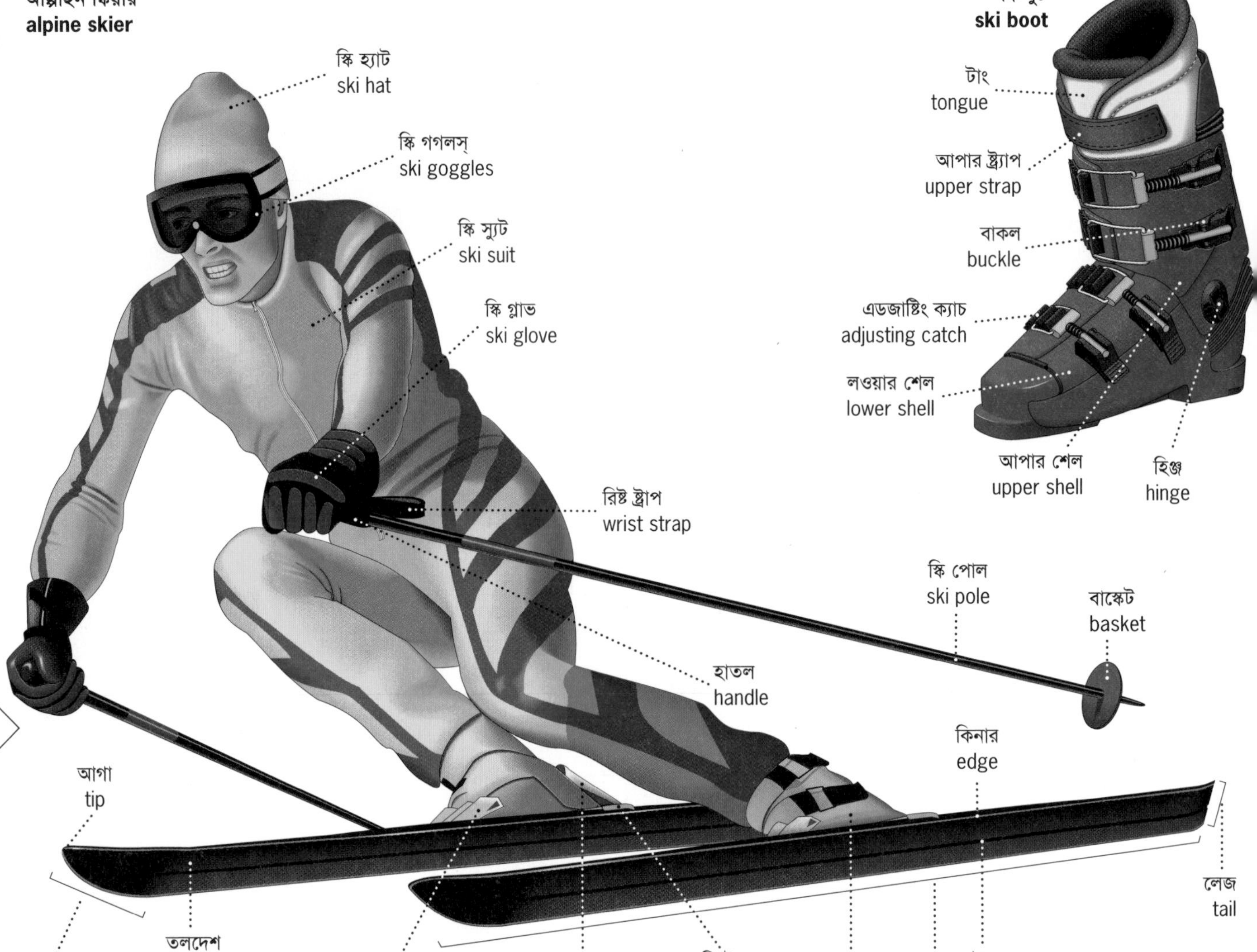

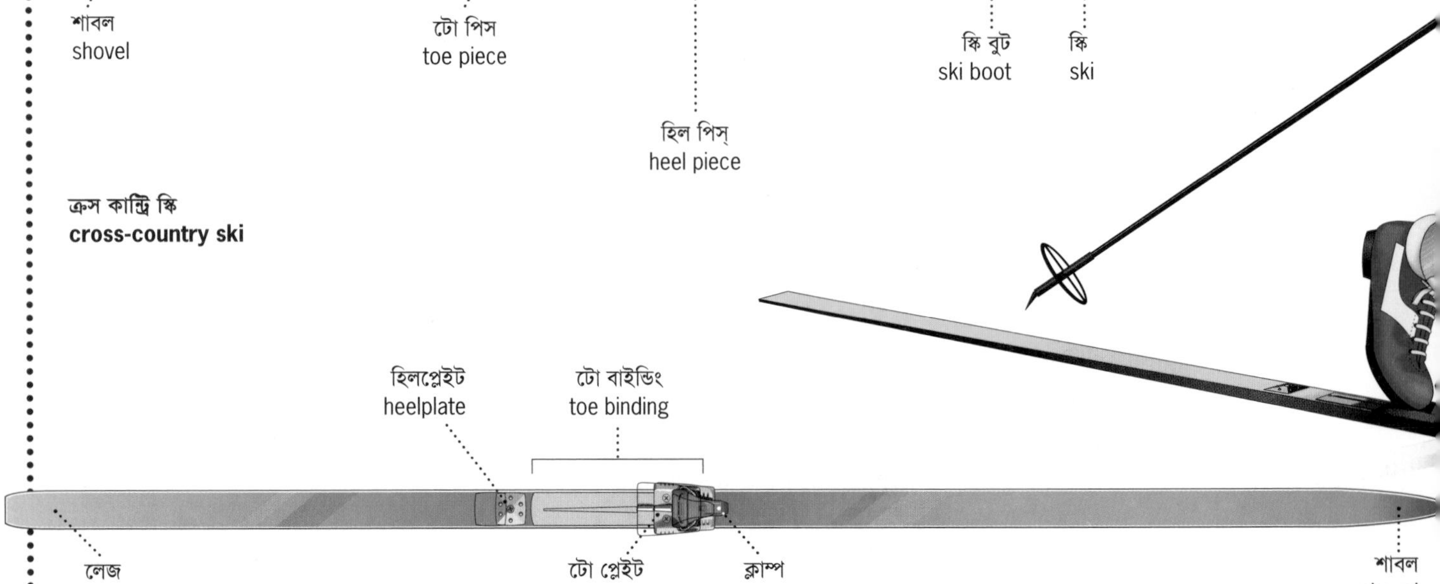

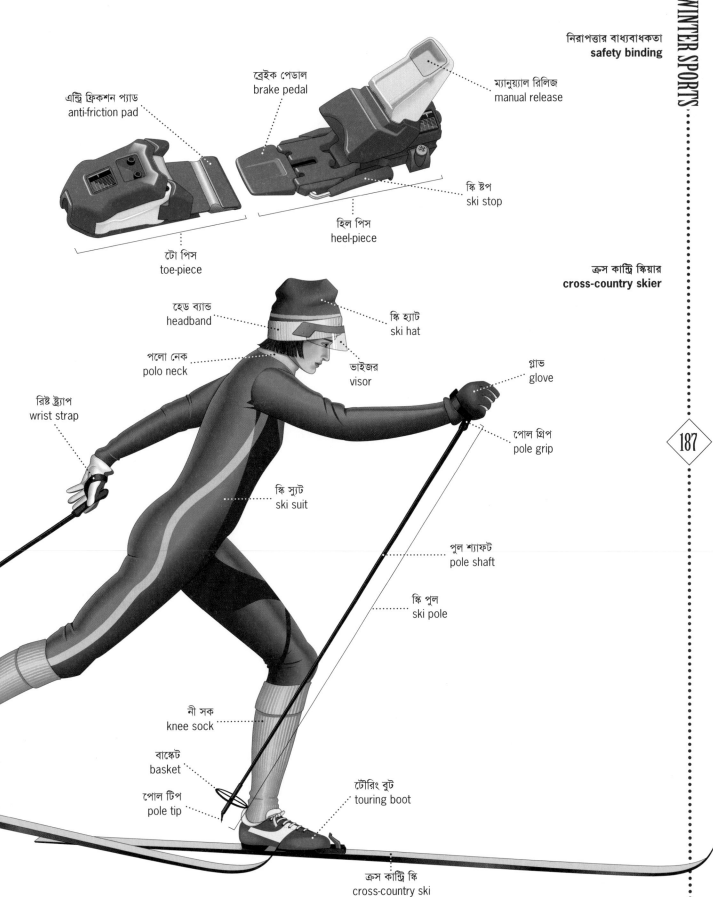

নিরাপত্তার বাধ্যবাধকতা
safety binding

ব্রেইক পেডাল
brake pedal
এন্টি ফ্রিকশন প্যাড
anti-friction pad
ম্যানুয়্যাল রিলিজ
manual release
স্কি ষ্টপ
ski stop
হিল পিস
heel-piece
টো পিস
toe-piece

ক্রস কান্ট্রি স্কিয়ার
cross-country skier

হেড ব্যান্ড
headband
স্কি হ্যাট
ski hat
পলো নেক
polo neck
ভাইজর
visor
গ্লাভ
glove
রিষ্ট ষ্ট্র্যাপ
wrist strap
পোল গ্রিপ
pole grip
স্কি স্যুট
ski suit
পুল শ্যাফট
pole shaft
স্কি পুল
ski pole
নী সক
knee sock
বাস্কেট
basket
পোল টিপ
pole tip
টৌরিং বুট
touring boot
ক্রস কান্ট্রি স্কি
cross-country ski

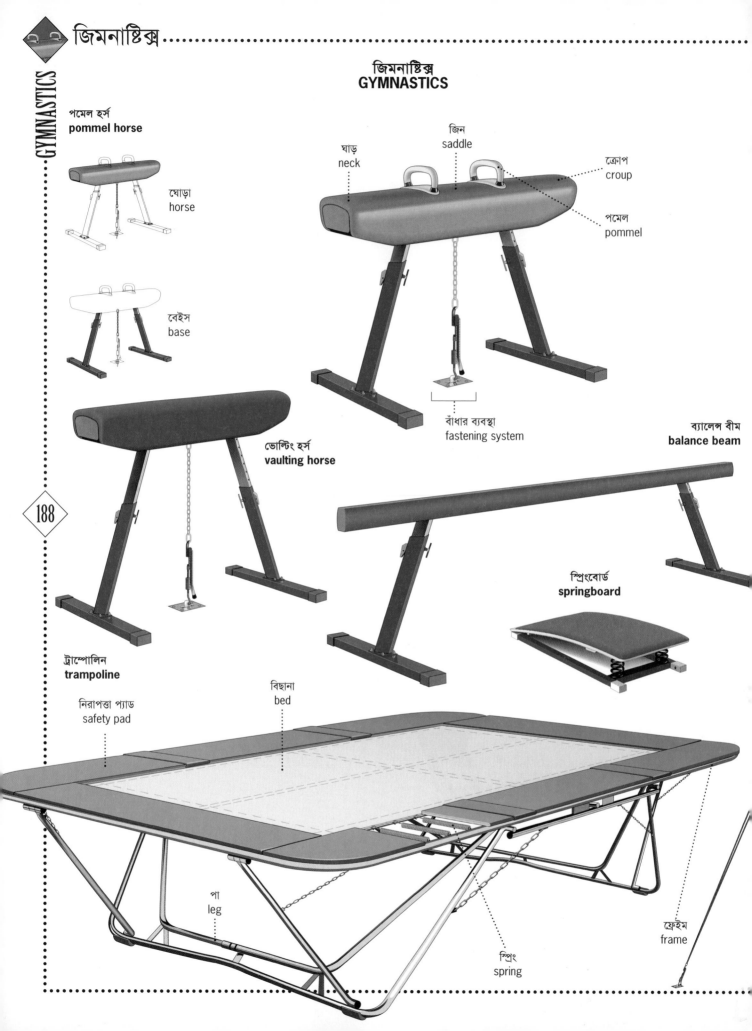

জিমনাষ্টিক্স
GYMNASTICS

পমেল হর্স
pommel horse

ঘোড়া
horse

বেইস
base

ঘাড়
neck
জিন
saddle
ক্রোপ
croup
পমেল
pommel
বাঁধার ব্যবস্থা
fastening system

ভোল্টিং হর্স
vaulting horse

ব্যালেন্স বীম
balance beam

স্প্রিংবোর্ড
springboard

ট্রাম্পোলিন
trampoline

বিছানা
bed
নিরাপত্তা প্যাড
safety pad
পা
leg
স্প্রিং
spring
ফ্রেইম
frame

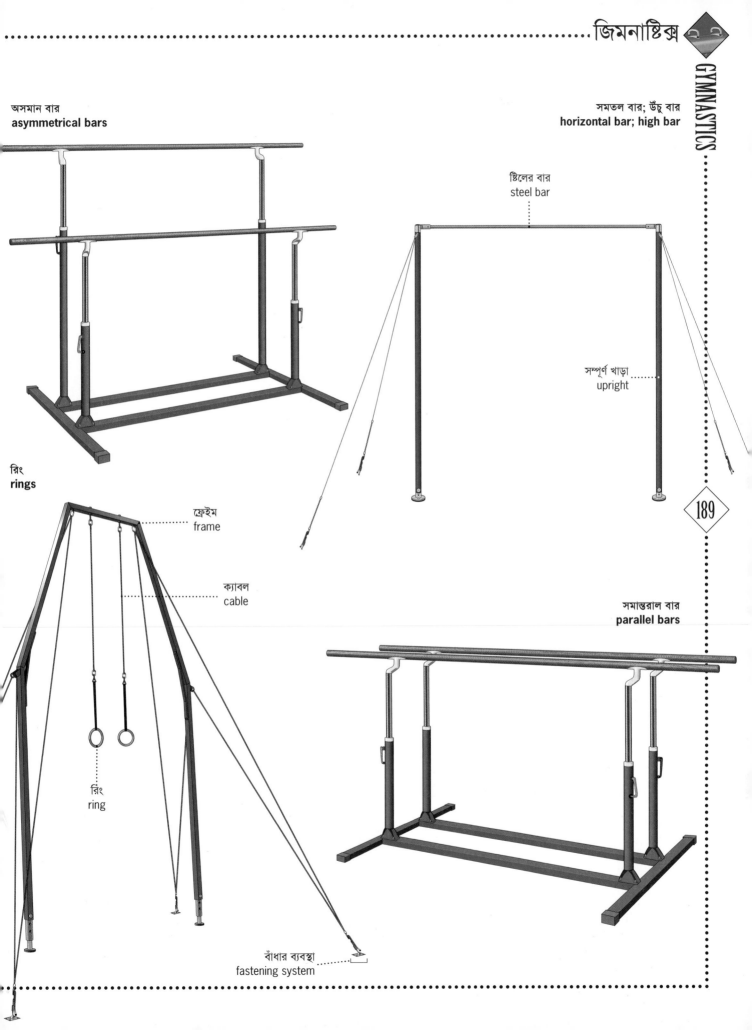

অসমান বার
asymmetrical bars

সমতল বার; উঁচু বার
horizontal bar; high bar

ষ্টিলের বার
steel bar
সম্পূর্ণ খাড়া
upright

রিং
rings

ফ্রেইম
frame
ক্যাবল
cable
রিং
ring
বাঁধার ব্যবস্থা
fastening system

সমান্তরাল বার
parallel bars

তাঁবু
TENTS

দুইজন মানুষের তাঁবু
two-person tent

রেইনফ্লাই
rainfly / flysheet

দরজা
door

আউনিং
awning

গাই লাইন
guy line /
guy rope

স্ট্রেইনার
strainer

জিপার
zipper / zip

তাবুর অভ্যন্তর ভাগ
inner tent

স্টেইক
stake / tent peg

তাঁবুর প্রধান শ্রেণীবিভাগ
MAJOR TYPES OF TENTS

ওয়াগন তাঁবু
wagon tent

ওয়াল তাঁবু
wall tent

পাপ্ তাঁবু
pup tent / ridge tent

ডোম তাঁবু
dome tent

পপ-আপ তাঁবু
pop-up tent

পারিবারিক তাঁবু
family tent

এক ব্যক্তির তাঁবু
one-person tent

ঘুমানোর সরঞ্জামাদি
SLEEPING EQUIPMENT

বিছানা এবং তোষক
BEDS AND MATTRESSES

ফোমের প্যাড
foam pad

ইনফ্লেটার
inflator

সেলফ ইনফ্লেটিং তোষক
self-inflating mattress

ইনফ্লেটার-ডিফ্লেটার
inflator-deflator

ফোল্ডিং কট
folding cot

স্লিপিং ব্যাগ
SLEEPING BAGS

আয়তাকার
rectangular

সেমি মমি
semi-mummy

বায়ুপূর্ণ তোষক
air mattress / air bed

মমি
mummy

191

ক্যাম্পিং এর যন্ত্রপাতি
CAMPING EQUIPMENT

সুইস আর্মি ছুরি
Swiss army knife

কাঁচি
scissors

রুলার
ruler

ফিশ স্কেইলার
fish scaler

ফাইল
file

ম্যাগনিফাইয়ার
magnifier

ক্রস-টিপ স্ক্রু ড্রাইভার
cross-tip screwdriver

ছোট ব্লেইড
small blade

ছিপি খোলক
bottle opener

স্ক্রু ড্রাইভার
screwdriver

স্ক্রু ড্রাইভার
screwdriver

নেইল নিক
nail nick

বড় ব্লেইড
large blade

আউল
awl

কর্কস্ক্রু
corkscrew

ক্যান খোলক
can opener / tin opener

চামড়ার আবরণ
leather sheath

ছুরি
knife

আবরণ
sheath

ফ্লাশ লাইট
**flashlight /
pocket torch**

কুড়াল
hatchet / axe

থালা
plate

রান্নার সেট
COOKING SET

কফি পাত্র
coffee pot

ফ্রাইং প্যান
frying pan

কাপ
cup

ক্যানটিন
canteen

হাতল
handle

সসপ্যান
saucepan

ব্যাক প্যাক
backpack / rucksack

টপ ফ্লাপ
top flap
শোল্ডার ষ্ট্র্যাপ
shoulder strap
সাইড কম্প্রেশন ষ্ট্র্যাপ
side compression strap
ভিতরের ফ্রেইম
internal frame
কোমরের বেল্ট
waist belt
টাইট করার জন্য বেল্ট
tightening buckle
ষ্ট্র্যাপ লুপ
strap loop
ফ্রন্ট কম্প্রেশন ষ্ট্র্যাপ
front compression strap

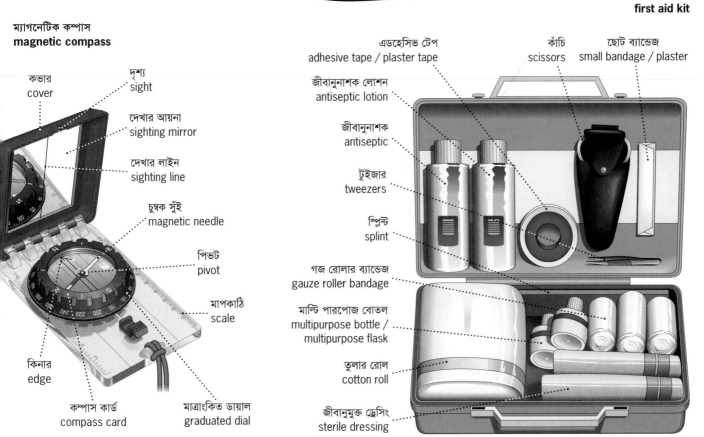

ফার্ষ্ট এইড কিট
first aid kit

এডহেসিভ টেপ
adhesive tape / plaster tape
কাঁচি
scissors
ছোট ব্যান্ডেজ
small bandage / plaster
জীবানুনাশক লোশন
antiseptic lotion
জীবানুনাশক
antiseptic
টুইজার
tweezers
স্প্লিন্ট
splint
গজ রোলার ব্যান্ডেজ
gauze roller bandage
মাল্টি পারপোজ বোতল
multipurpose bottle / multipurpose flask
তুলার রোল
cotton roll
জীবানুমুক্ত ড্রেসিং
sterile dressing

ম্যাগনেটিক কম্পাস
magnetic compass

কভার
cover
দৃশ্য
sight
দেখার আয়না
sighting mirror
দেখার লাইন
sighting line
চুম্বক সুঁই
magnetic needle
পিভট
pivot
মাপকাঠি
scale
কিনার
edge
কম্পাস কার্ড
compass card
মাত্রাংকিত ডায়াল
graduated dial

তাস খেলা
CARD GAMES

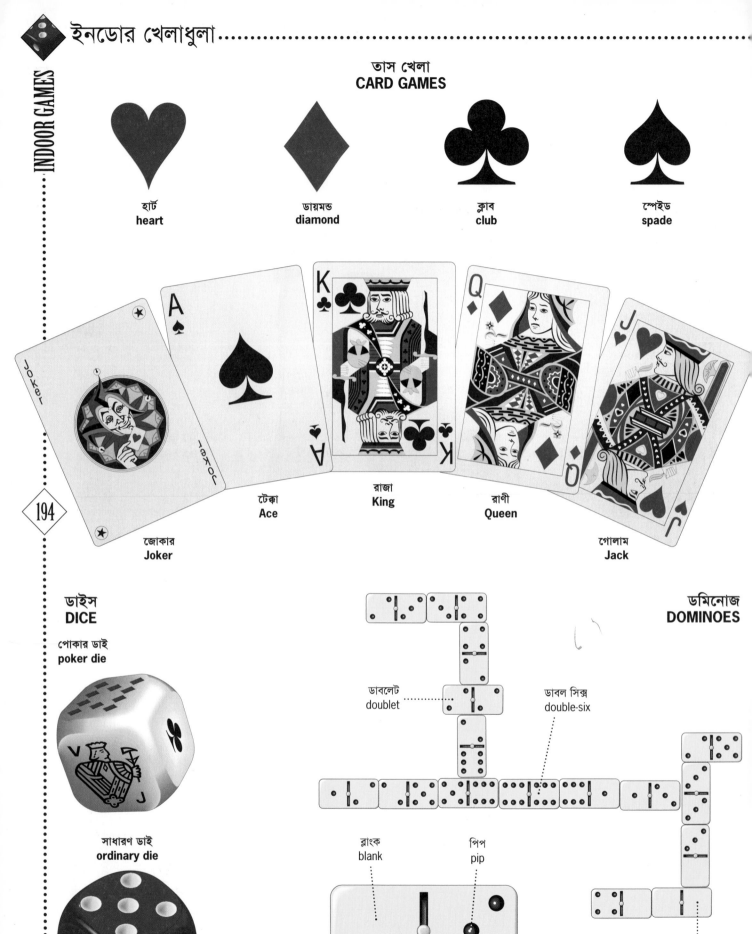

হার্ট
heart

ডায়মন্ড
diamond

ক্লাব
club

স্পেইড
spade

জোকার
Joker

টেক্কা
Ace

রাজা
King

রাণী
Queen

গোলাম
Jack

ডাইস
DICE

পোকার ডাই
poker die

সাধারণ ডাই
ordinary die

ডমিনোজ
DOMINOES

ডাবলেট
doublet

ডাবল সিক্স
double-six

ব্লাংক
blank

পিপ
pip

ডাবল ব্লাংক
double-blank

দাবা
CHESS

দাবার বোর্ড
chessboard

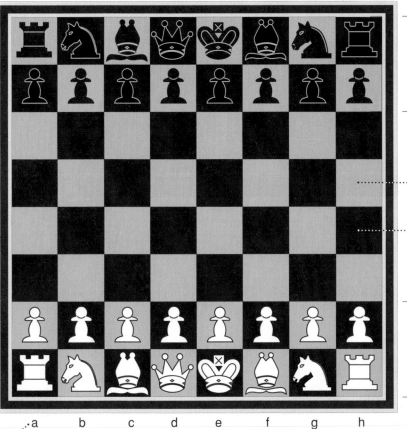

রাণীর দিক
Queen's side
রাজার দিক
King's side
কালো
Black
সাদা ঘর
white square
কালো ঘর
black square
সাদা
White
5
1
a
b
c
d
e
g
h
দাবার ব্যবহারের সংকেত
chess notation

গতির প্রকারভেদ
types of movements

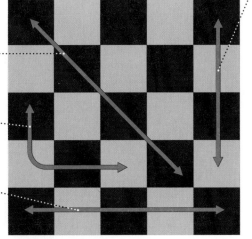

লম্বভাবে চলা
vertical movement
কোনাকোনি গতি
diagonal movement
চতুর্ভূজ গতি
square movement
সোজা গতি
horizontal movement

পুরুষ
MEN

বড়ে
Pawn
ঘোড়া
Knight
গজ
Bishop
নৌকা
Rook
রাণী
Queen
রাজা
King

195

ব্যাকগ্যামন
BACKGAMMON

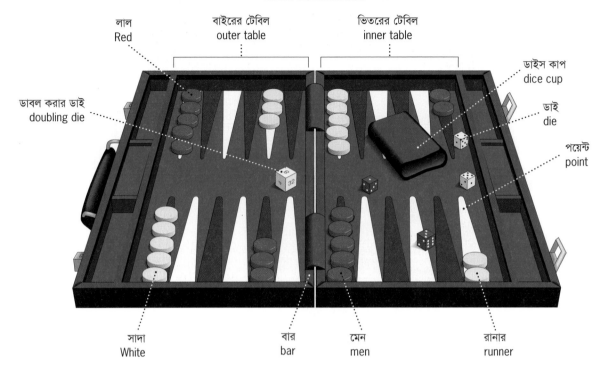

লাল
Red

বাইরের টেবিল
outer table

ভিতরের টেবিল
inner table

ডাইস কাপ
dice cup

ডাবল করার ডাই
doubling die

ডাই
die

পয়েন্ট
point

সাদা
White

বার
bar

মেন
men

রানার
runner

চেকার
CHECKERS / DRAUGHTS

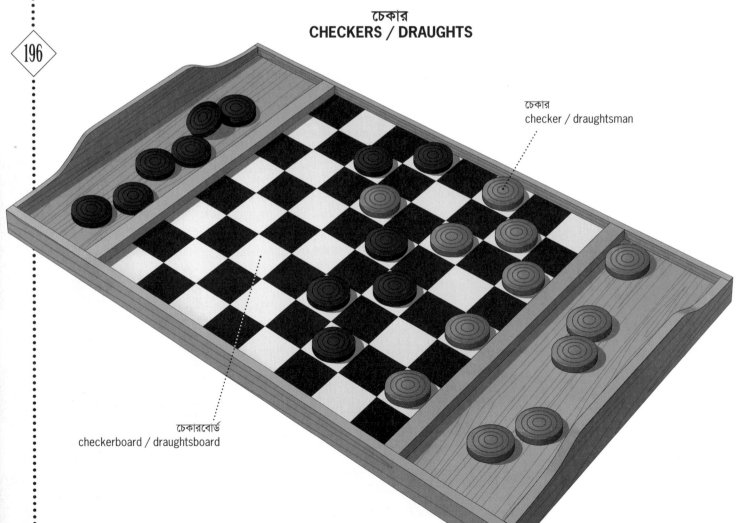

চেকার
checker / draughtsman

চেকারবোর্ড
checkerboard / draughtsboard

ভিডিও বিনোদন ব্যবস্থা
VIDEO ENTERTAINMENT SYSTEM

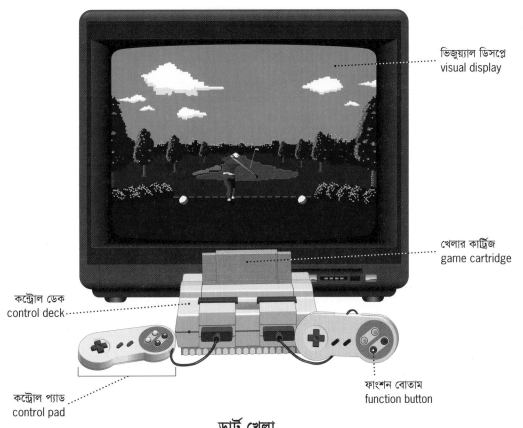

ভিজুয়্যাল ডিসপ্লে
visual display
খেলার কার্ট্রিজ
game cartridge
কন্ট্রোল ডেক
control deck
কন্ট্রোল প্যাড
control pad
ফাংশন বোতাম
function button

ডার্ট খেলা
GAME OF DARTS

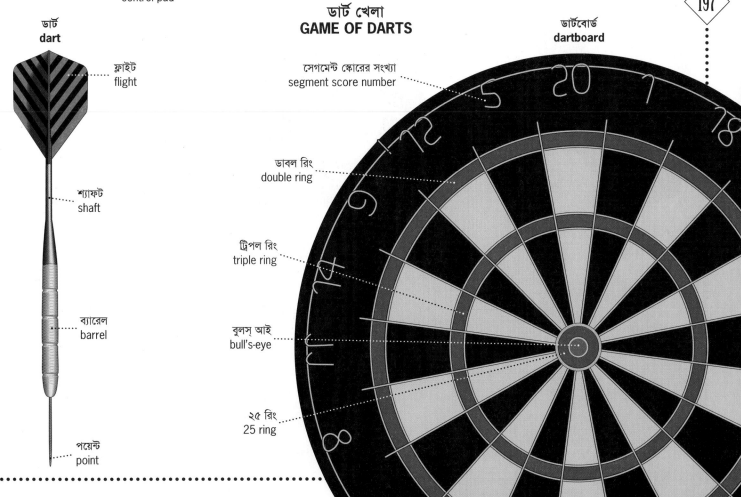

ডার্ট
dart

ফ্লাইট
flight
শ্যাফট
shaft
ব্যারেল
barrel
পয়েন্ট
point

ডার্টবোর্ড
dartboard

সেগমেন্ট স্কোরের সংখ্যা
segment score number
ডাবল রিং
double ring
ট্রিপল রিং
triple ring
বুলস্ আই
bull's-eye
২৫ রিং
25 ring

সময়ের পরিমাপ
MEASURE OF TIME

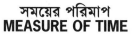

সময়ের পরিমাপ
stopwatch

স্টার্ট বাটন
start button

রিং
ring

রিসেট বাটন
reset button

স্টপ বাটন
stop button

সেকেন্ডের কাঁটা
second hand

মিনিটের কাঁটা
minute hand

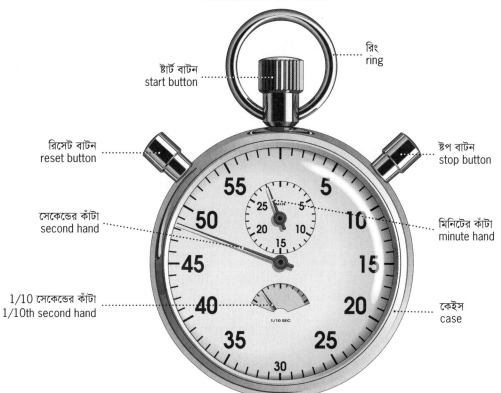

1/10 সেকেন্ডের কাঁটা
1/10th second hand

কেইস
case

198

এনালগ ঘড়ি
analog watch

এগ টাইমার
egg timer

কিচেনের টাইমার
kitchen timer

ডায়াল
dial

ডিজিটাল ঘড়ি
digital watch

কাঁটা
gnomon

সূর্যঘড়ি
sundial

ছায়া
shadow

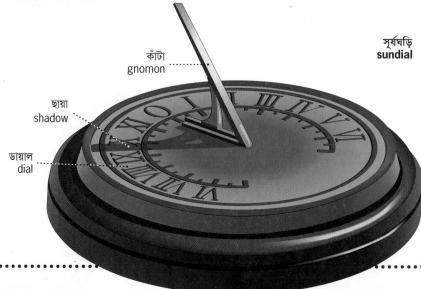

ডায়াল
dial

লিকুইড ক্রিস্টাল ডিসপ্লে
liquid crystal display

তাপমাত্রার পরিমাপ
MEASURE OF TEMPERATURE

ঘরের তাপমাত্রা মাপার যন্ত্র
room thermostat

কভার
cover

কাম্য তাপমাত্রা
desired temperature

তাপমাত্রা সেট করার পয়েন্ট নব
temperature set point knob

°C

15

10

20

25

°F

40

50

60

পয়েন্টার
pointer

10 · 20 · 30

50 · 70 · 90

প্রকৃত তাপমাত্রা
actual temperature

থার্মোমিটার
thermometer

ক্লিনিক্যাল থার্মোমিটার
clinical thermometer

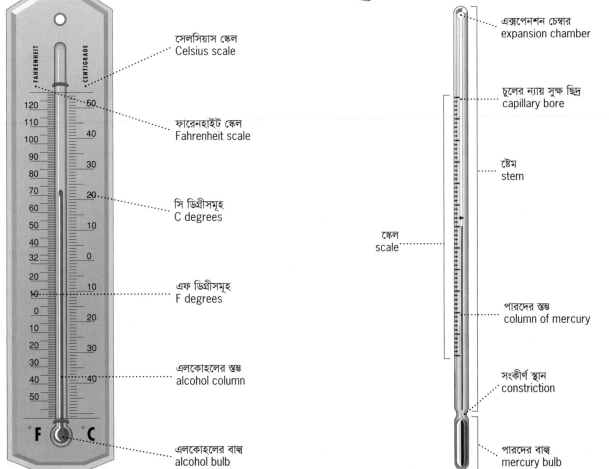

সেলসিয়াস স্কেল
Celsius scale

ফারেনহাইট স্কেল
Fahrenheit scale

সি ডিগ্রীসমূহ
C degrees

এফ ডিগ্রীসমূহ
F degrees

এলকোহলের স্তম্ভ
alcohol column

এলকোহলের বাল্ব
alcohol bulb

FAHRENHEIT   CENTIGRADE

120
110
100
90
80
70
60
50
40
32
20
10
0
10
20
30
40
50

50
40
30
20
10
0
10
20
30
40

F   C

এক্সপেনশন চেম্বার
expansion chamber

চুলের ন্যায় সুক্ষ্ম ছিদ্র
capillary bore

স্টেম
stem

স্কেল
scale

পারদের স্তম্ভ
column of mercury

সংকীর্ণ স্থান
constriction

পারদের বাল্ব
mercury bulb

ওজনের পরিমাপ
MEASURE OF WEIGHT

নিক্তি
balance

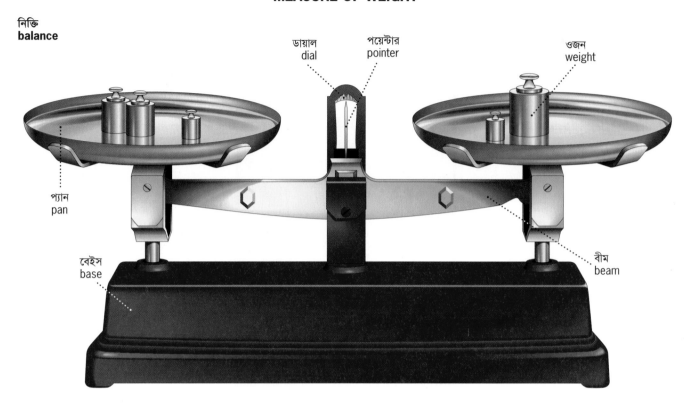

ডায়াল
dial
পয়েন্টার
pointer
ওজন
weight
প্যান
pan
বেইস
base
বীম
beam

ষ্টিলইয়ার্ড
steelyard

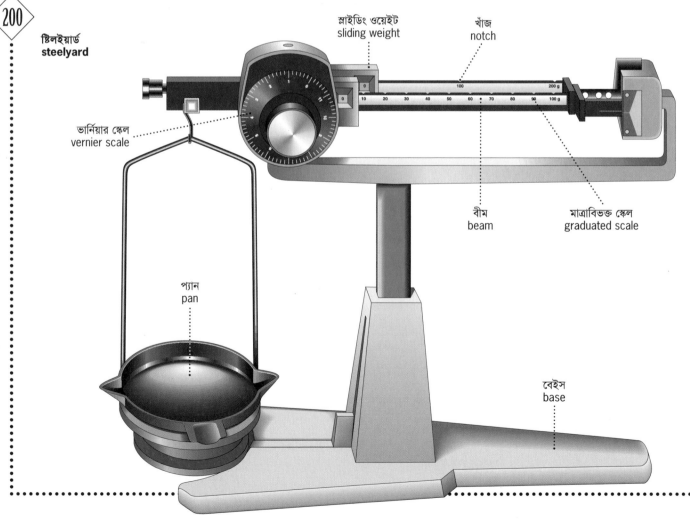

স্লাইডিং ওয়েইট
sliding weight
খাঁজ
notch
ভার্নিয়ার স্কেল
vernier scale
বীম
beam
মাত্রাবিভক্ত স্কেল
graduated scale
প্যান
pan
বেইস
base

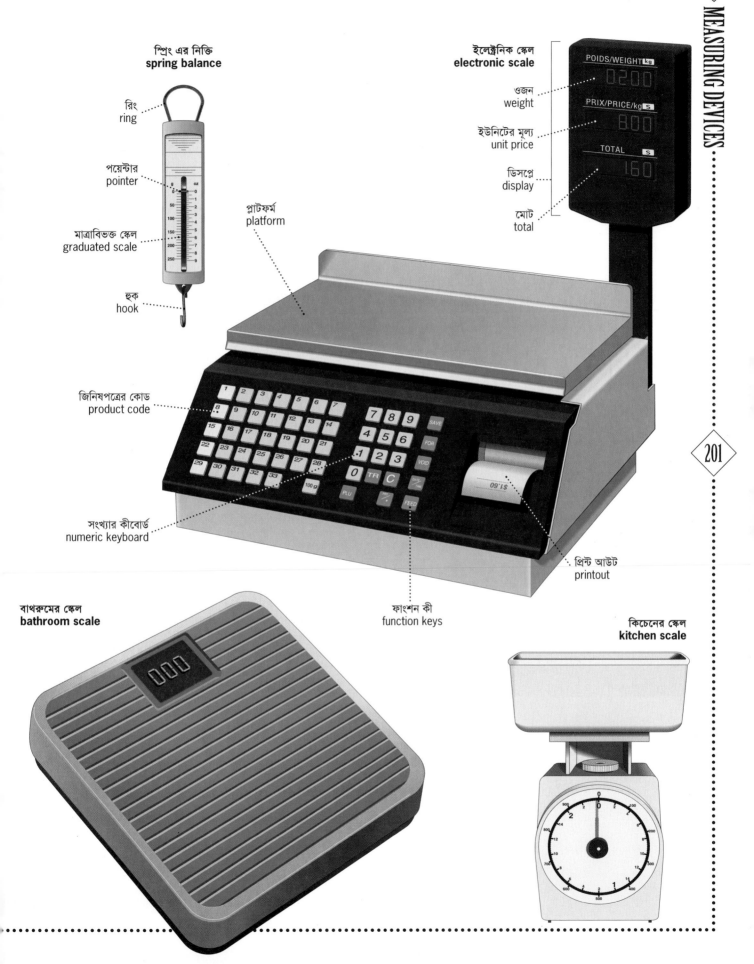

স্প্রিং এর নিক্তি
spring balance

রিং
ring

পয়েন্টার
pointer

মাত্রাবিভক্ত স্কেল
graduated scale

হুক
hook

প্লাটফর্ম
platform

ইলেক্ট্রনিক স্কেল
electronic scale

POIDS/WEIGHT kg
ওজন
weight
0.200

PRIX/PRICE/kg S
ইউনিটের মূল্য
unit price
8.00

TOTAL S
ডিসপ্লে
display
1.60

মোট
total

জিনিষপত্রের কোড
product code

সংখ্যার কীবোর্ড
numeric keyboard

বাথরুমের স্কেল
bathroom scale

ফাংশন কী
function keys

প্রিন্ট আউট
printout

কিচেনের স্কেল
kitchen scale

201

তেল
OIL

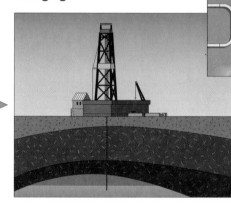

অনুসন্ধান
PROSPECTING

ভূপৃষ্ঠে অনুসন্ধান
surface prospecting

খনন
DRILLING

খননের যন্ত্র
drilling rig

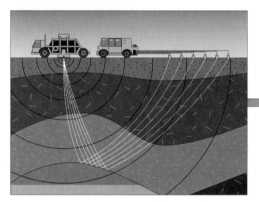

স্থলপথে পরিবহন
GROUND TRANSPORT

পাইপলাইন
pipeline

ট্যাংক ট্রেইলার
tank trailer / road trailer

সমুদ্রে অনুসধান
offshore prospecting / offshore drilling

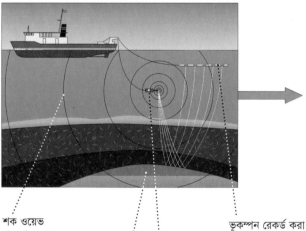

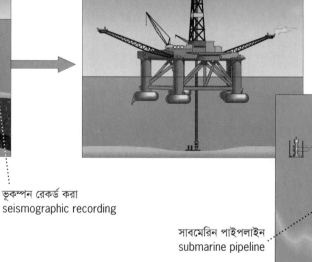

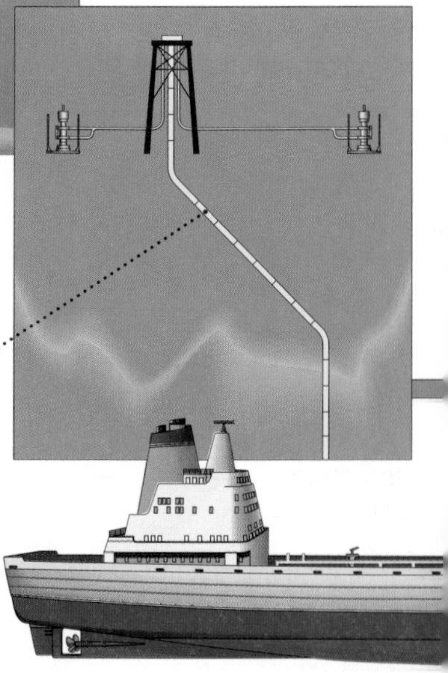

শক ওয়েভ
shock wave

ভূকম্পন রেকর্ড করা
seismographic recording

পেট্রোলিয়াম ট্রাপ
petroleum trap

বিস্ফোরক চার্জ করা
blasting charge

উৎপাদনের প্লাটফরম
production platform

সামুদ্রিক পরিবহন
MARITIME TRANSPORT

সাবমেরিন পাইপলাইন
submarine pipeline

রিফাইনারীর উৎপাদিত সামগ্রী
REFINERY PRODUCTS

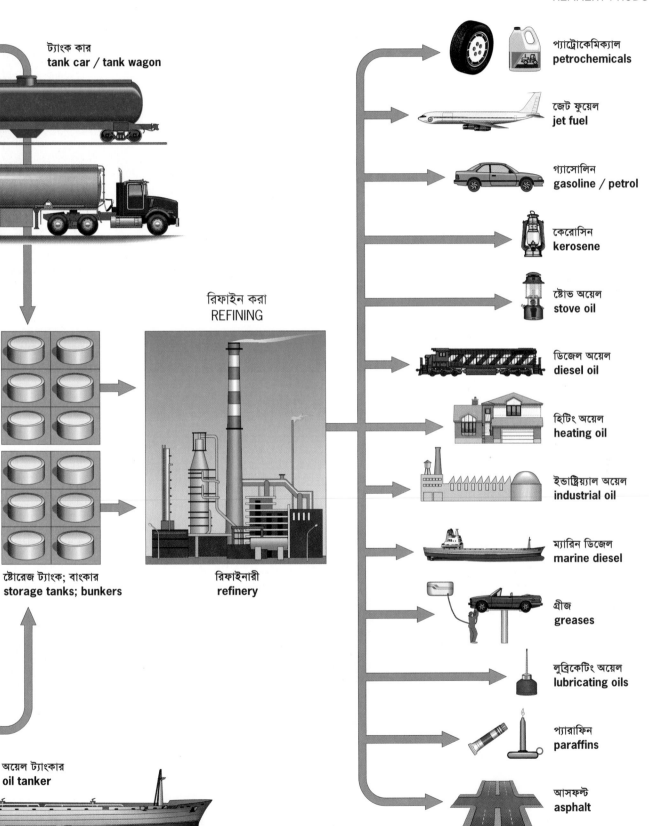

ট্যাংক কার
tank car / tank wagon

রিফাইন করা
REFINING

স্টোরেজ ট্যাংক; বাংকার
storage tanks; bunkers

রিফাইনারী
refinery

অয়েল ট্যাংকার
oil tanker

প্যাট্রোকেমিক্যাল
petrochemicals

জেট ফুয়েল
jet fuel

গ্যাসোলিন
gasoline / petrol

কেরোসিন
kerosene

স্টোভ অয়েল
stove oil

ডিজেল অয়েল
diesel oil

হিটিং অয়েল
heating oil

ইন্ডাস্ট্রিয়াল অয়েল
industrial oil

ম্যারিন ডিজেল
marine diesel

গ্রীজ
greases

লুব্রিকেটিং অয়েল
lubricating oils

প্যারাফিন
paraffins

আসফল্ট
asphalt

ENERGY

জলবিদ্যুৎ শক্তি
HYDROELECTRIC ENERGY

জলবিদ্যুৎ কমপ্লেক্স
hydroelectric complex

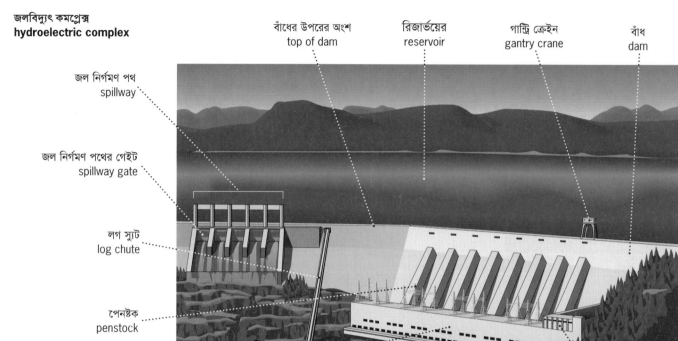

বাঁধের উপরের অংশ
top of dam
রিজার্ভয়ের
reservoir
গান্ট্রি ক্রেইন
gantry crane
বাঁধ
dam
জল নির্গমণ পথ
spillway
জল নির্গমণ পথের গেইট
spillway gate
লগ স্যুট
log chute
পেনস্টক
penstock
পাওয়ার হাউস
powerhouse
মেশিনের রুম
machine hall
কন্ট্রোল রুম
control room

জলবিদ্যুৎ উৎপাদন কেন্দ্রের বিভিন্ন অংশ
cross section of hydroelectric power station

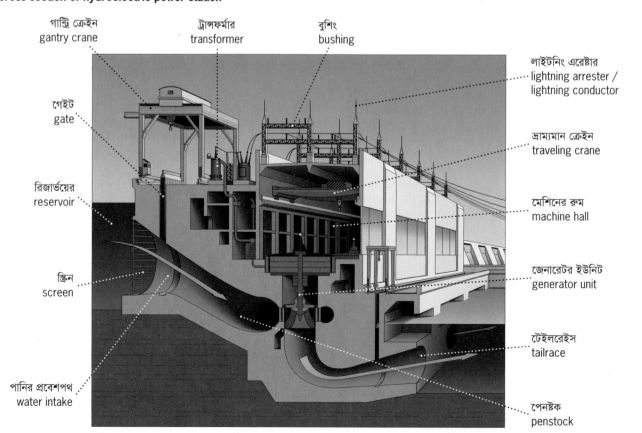

গান্ট্রি ক্রেইন
gantry crane
ট্রান্সফর্মার
transformer
বুশিং
bushing
লাইটনিং এরেষ্টার
lightning arrester / lightning conductor
গেইট
gate
ভ্রাম্যমান ক্রেইন
traveling crane
রিজার্ভয়ের
reservoir
মেশিনের রুম
machine hall
স্ক্রিন
screen
জেনারেটর ইউনিট
generator unit
টেইলরেইস
tailrace
পানির প্রবেশপথ
water intake
পেনস্টক
penstock

বৈদ্যুতিক সার্কিট
electric circuit

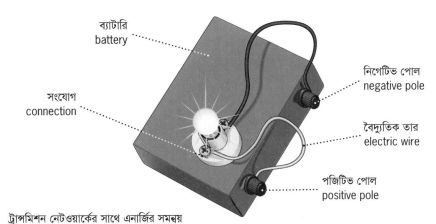

ব্যাটারি
battery

নিগেটিভ পোল
negative pole

সংযোগ
connection

বৈদ্যুতিক তার
electric wire

পজিটিভ পোল
positive pole

বিদ্যুৎ উৎপাদনের পর্যায়সমূহ
steps in production of electricity

ট্রান্সমিশন নেটওয়ার্কের সাথে এনার্জির সমন্বয়
energy integration to the transmission network

জেনারেটর দ্বারা বিদ্যুৎ উৎপাদন
production of electricity by the generator

পানি সরবরাহ
supply of water

ভল্টেজ বৃদ্ধি
voltage increase

হাই টেনশন বিদ্যুৎ ট্রান্সমিশন
high-tension electricity transmission

ভল্টেজ কমানো
voltage decrease

ব্যবহারকারীদের মধ্যে বিতরন
transmission to consumers

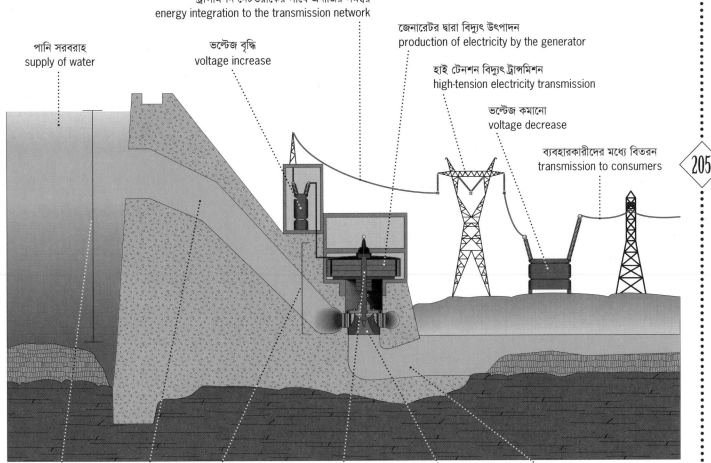

হেড অব ওয়াটার
head of water

টারবাইনকৃত পানিকে বের করে দেয়া
turbined water draining

চাপের অধীনে পানি
water under pressure

আবর্তনমূলক নড়াচড়াকে রোটরে রূপান্তর
transmission of the rotative movement to the rotor

মেকানিক্যাল কাজকে বিদ্যুতে রূপান্তর
transformation of mechanical work into electricity

টারবাইনের আবর্তন
rotation of the turbine

আণবিক শক্তি
NUCLEAR ENERGY

আণবিক পাওয়ার স্টেশন
nuclear power station

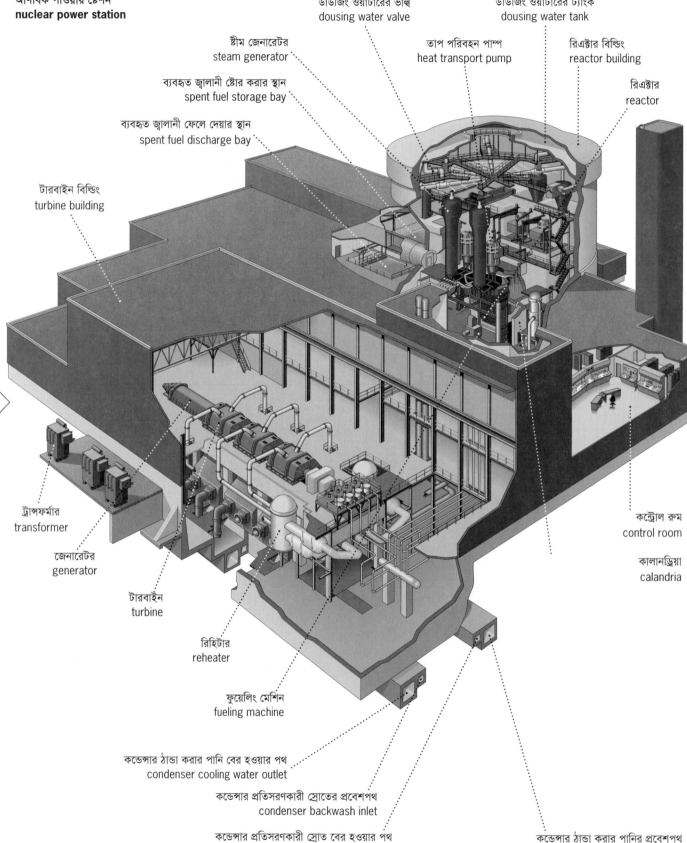

স্টীম জেনারেটর
steam generator

ব্যবহৃত জ্বালানী স্টোর করার স্থান
spent fuel storage bay

ব্যবহৃত জ্বালানী ফেলে দেয়ার স্থান
spent fuel discharge bay

টারবাইন বিল্ডিং
turbine building

ডাউজিং ওয়াটারের ভাল্ব
dousing water valve

তাপ পরিবহন পাম্প
heat transport pump

ডাউজিং ওয়াটারের ট্যাংক
dousing water tank

রিএক্টার বিল্ডিং
reactor building

রিএক্টার
reactor

ট্রান্সফর্মার
transformer

জেনারেটর
generator

টারবাইন
turbine

রিহিটার
reheater

ফুয়েলিং মেশিন
fueling machine

কন্ডেন্সার ঠান্ডা করার পানি বের হওয়ার পথ
condenser cooling water outlet

কন্ডেন্সার প্রতিসরণকারী স্রোতের প্রবেশপথ
condenser backwash inlet

কন্ডেন্সার প্রতিসরণকারী স্রোত বের হওয়ার পথ
condenser backwash outlet

কন্ট্রোল রুম
control room

কালানড্রিয়া
calandria

কন্ডেন্সার ঠান্ডা করার পানির প্রবেশপথ
condenser cooling water inlet

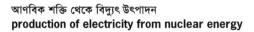

আণবিক শক্তি থেকে বিদ্যুৎ উৎপাদন
production of electricity from nuclear energy

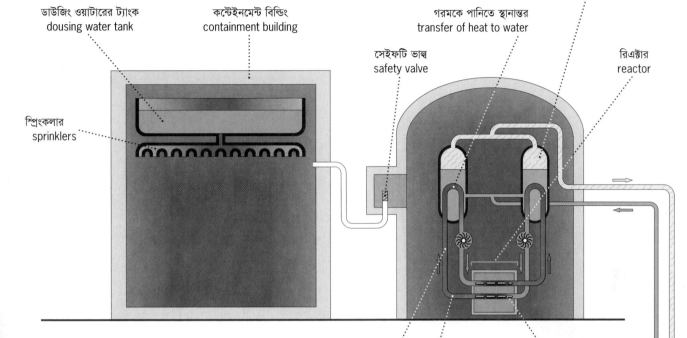

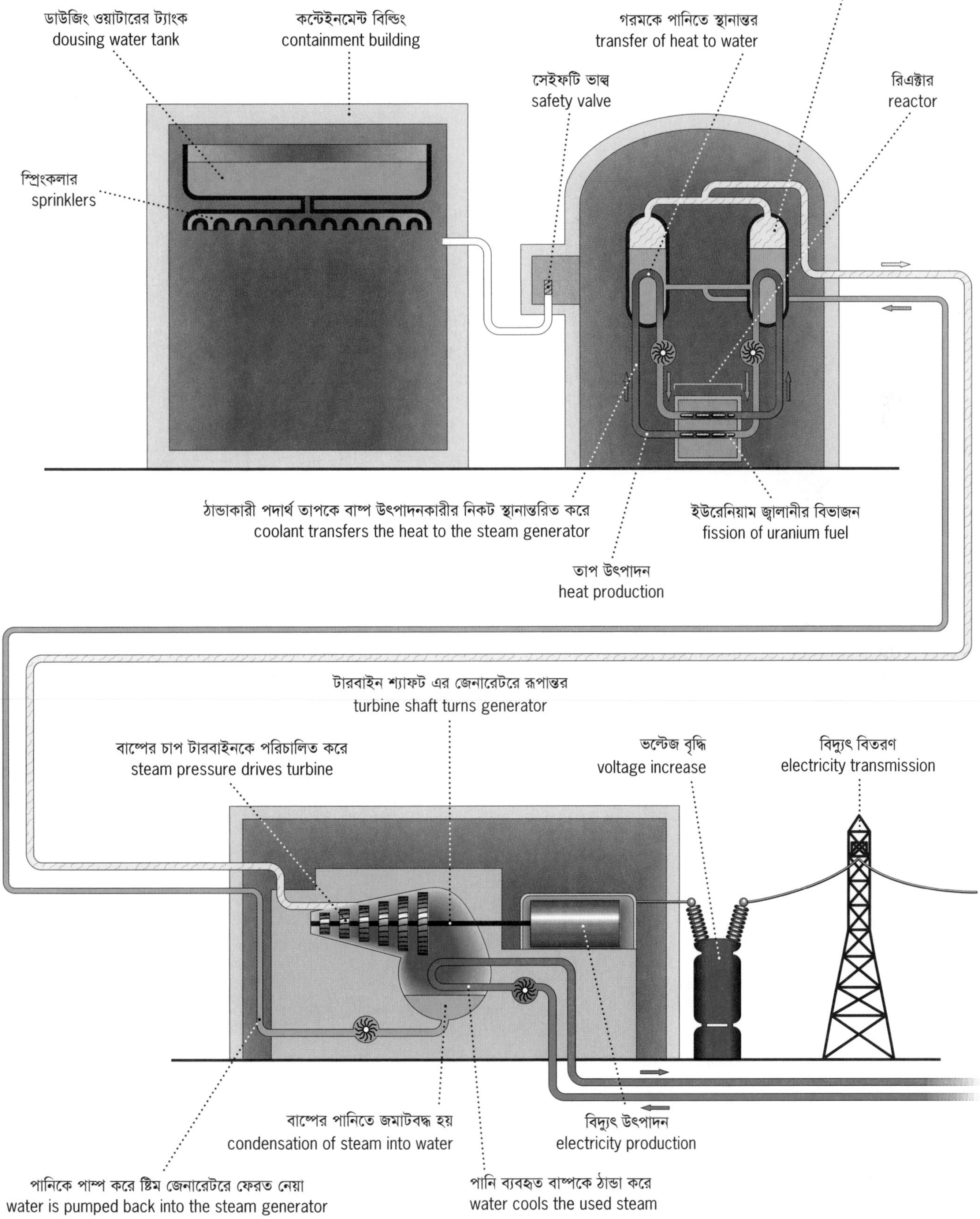

ডাউজিং ওয়াটারের ট্যাংক
dousing water tank
কন্টেইনমেন্ট বিল্ডিং
containment building
গরমকে পানিতে স্থানান্তর
transfer of heat to water
পানির বাষ্পে রূপান্তর
water turns into steam
সেইফটি ভাল্ব
safety valve
রিএক্টার
reactor
স্প্রিংকলার
sprinklers
ঠান্ডাকারী পদার্থ তাপকে বাষ্প উৎপাদনকারীর নিকট স্থানান্তরিত করে
coolant transfers the heat to the steam generator
ইউরেনিয়াম জ্বালানীর বিভাজন
fission of uranium fuel
তাপ উৎপাদন
heat production
টারবাইন শ্যাফট এর জেনারেটরে রূপান্তর
turbine shaft turns generator
বাষ্পের চাপ টারবাইনকে পরিচালিত করে
steam pressure drives turbine
ভল্টেজ বৃদ্ধি
voltage increase
বিদ্যুৎ বিতরণ
electricity transmission
বাষ্পের পানিতে জমাটবদ্ধ হয়
condensation of steam into water
বিদ্যুৎ উৎপাদন
electricity production
পানিকে পাম্প করে ষ্টিম জেনারেটরে ফেরত নেয়া
water is pumped back into the steam generator
পানি ব্যবহৃত বাষ্পকে ঠান্ডা করে
water cools the used steam

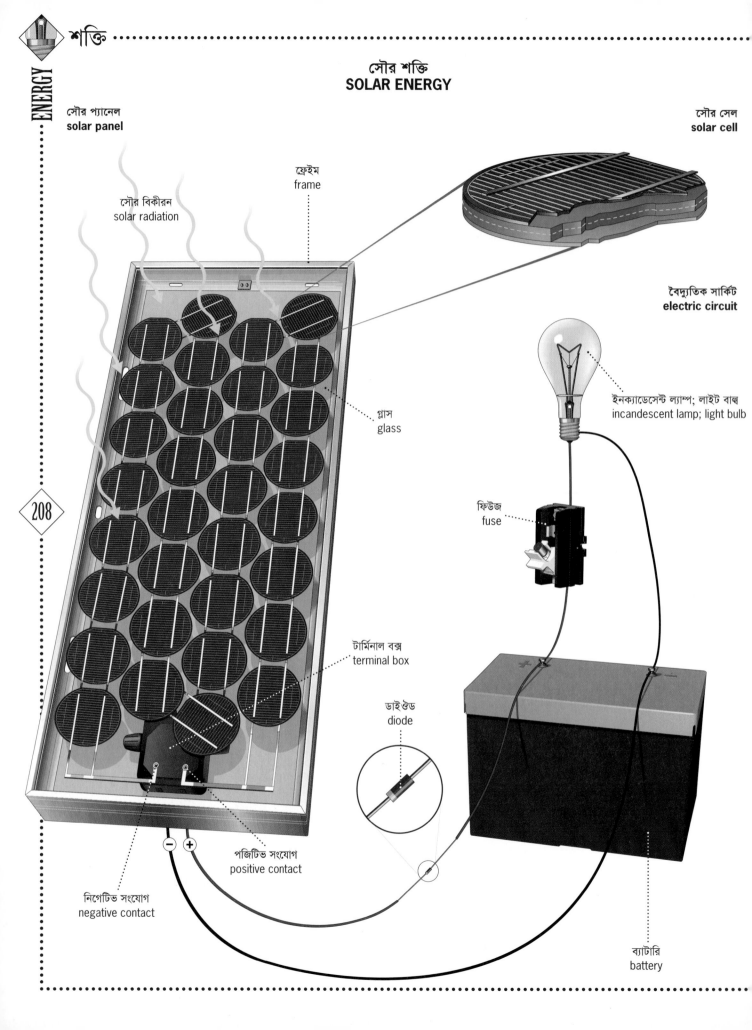

সৌর শক্তি
SOLAR ENERGY

সৌর প্যানেল
solar panel

সৌর সেল
solar cell

ফ্রেইম
frame

সৌর বিকীরন
solar radiation

বৈদ্যুতিক সার্কিট
electric circuit

ইনক্যাডেসেন্ট ল্যাম্প; লাইট বাল্ব
incandescent lamp; light bulb

গ্লাস
glass

ফিউজ
fuse

টার্মিনাল বক্স
terminal box

ডাইওড
diode

পজিটিভ সংযোগ
positive contact

নিগেটিভ সংযোগ
negative contact

ব্যাটারি
battery

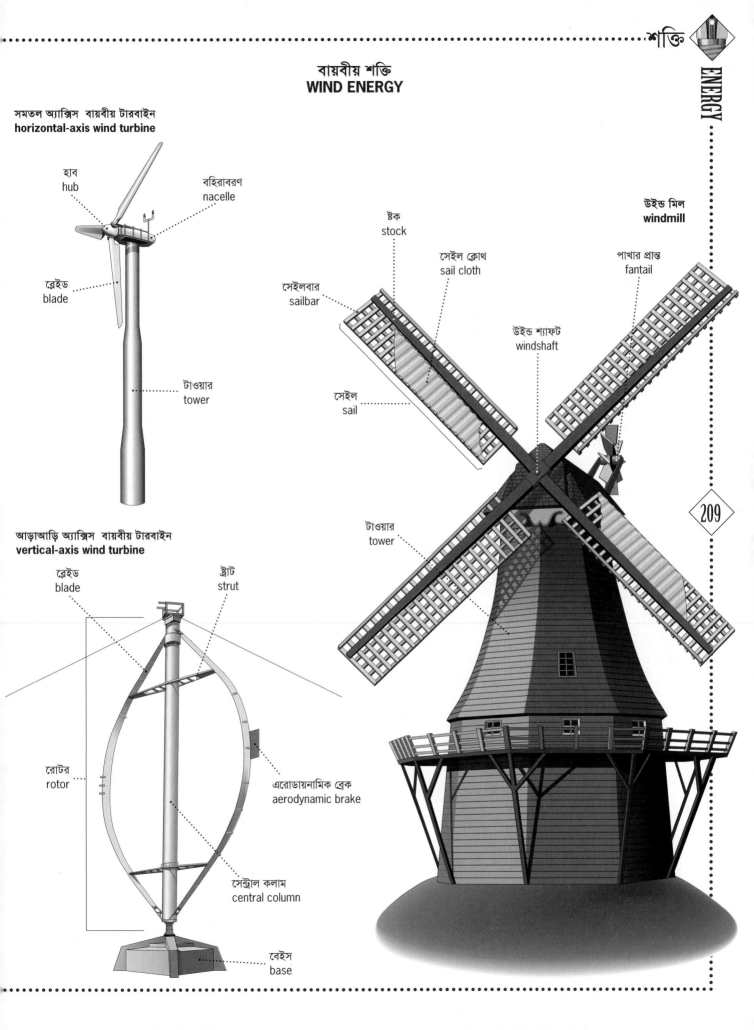

বায়বীয় শক্তি
WIND ENERGY

সমতল অ্যাক্সিস বায়বীয় টারবাইন
horizontal-axis wind turbine

হাব
hub
বহিরাবরণ
nacelle
ব্লেইড
blade
টাওয়ার
tower

আড়াআড়ি অ্যাক্সিস বায়বীয় টারবাইন
vertical-axis wind turbine

ব্লেইড
blade
স্ট্রাট
strut
রোটর
rotor
এরোডায়নামিক ব্রেক
aerodynamic brake
সেন্ট্রাল কলাম
central column
বেইস
base

উইন্ড মিল
windmill

স্টক
stock
সেইল ক্লোথ
sail cloth
পাখার প্রান্ত
fantail
সেইলবার
sailbar
উইন্ড শ্যাফট
windshaft
সেইল
sail
টাওয়ার
tower

অগ্নি প্রতিরোধ
FIRE PREVENTION

ফায়ার হোস
fire hose

বহনযোগ্য ফায়ার এক্সটিংগুইশার
portable fire extinguisher

ফায়ার হাইড্রেন্ট
fire hydrant

ব্যবহার করার নাট
operating nut

পানি সরবরাহের পয়েন্ট
water supply point

ক্যাপ
cap

খাড়া পাইপ
upright pipe

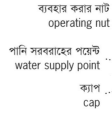

ফায়ার ইঞ্জিন
fire engine

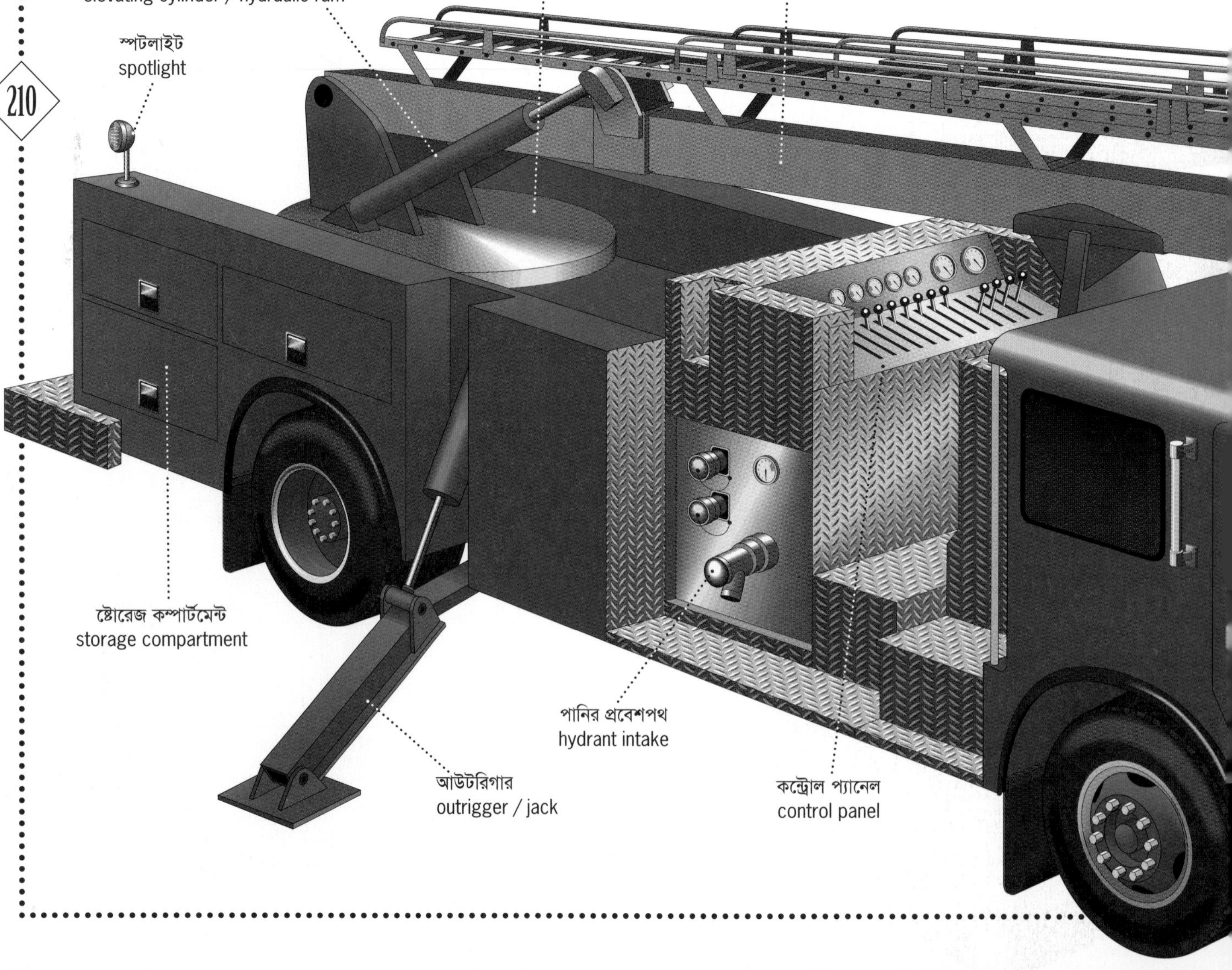

ভারোত্তোলনকারী সিলিন্ডার
elevating cylinder / hydraulic ram

স্পটলাইট
spotlight

টার্নটেবিল মাউন্টিং
turntable mounting

টেলিস্কোপিক বুম
telescopic boom

210

স্টোরেজ কম্পার্টমেন্ট
storage compartment

পানির প্রবেশপথ
hydrant intake

আউটরিগার
outrigger / jack

কন্ট্রোল প্যানেল
control panel

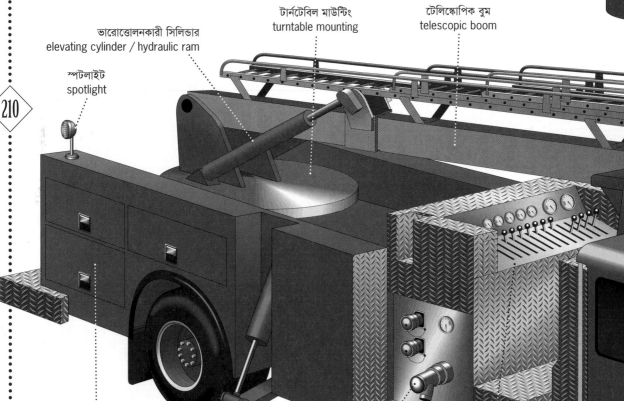

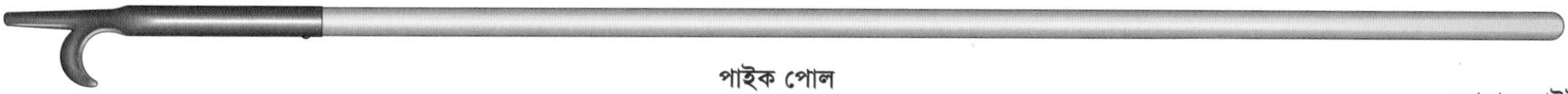

পাইক পোল
pike pole

ফায়ার ফাইটার
fire-fighter

কম্প্রেসড় এয়ার সিলিন্ডার
compressed-air cylinder

ফায়ার ফাইটারের কুড়াল
fire-fighter's hatchet / fireman's axe

হেলমেট
helmet

ফুল ফেইস মাস্ক
full face mask

স্বয়ং সম্পূর্ণ শ্বাস গ্রহণের যন্ত্র
self-contained breathing apparatus

বাতাস সরবরাহের টিউব
air-supply tube

টাওয়ার ল্যাডার
tower ladder

ফ্লাশিং লাইট
flashing light

সর্বোচ্চ সিঁড়ি
top ladder

সতর্কীকরণ যন্ত্র
warning device

ল্যাডার পাইপ নোজল
ladder pipe nozzle

অগ্নিপ্রতিরোধক এবং ওয়াটারপ্রুফ পোষাক
fireproof and waterproof garment

রবারের জুতা
rubber boot

211

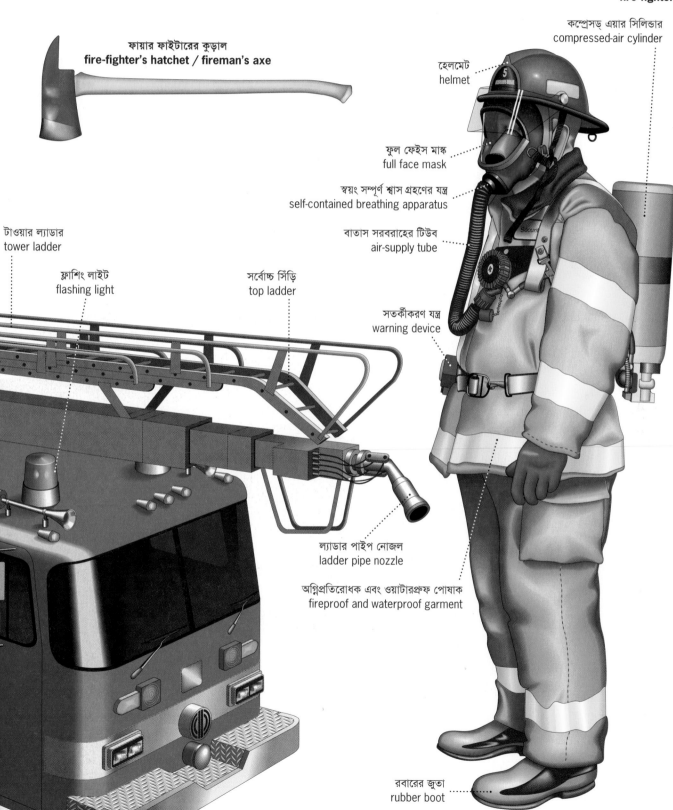

HEAVY MACHINERY

ভারী যানবাহন
HEAVY VEHICLES

লোডার
loader

ব্যাক হু কন্ট্রোল
back-hoe controls

বাহু
arm

বুম
boom

আর্ম সিলিন্ডার
arm cylinder

ফ্রন্ট এন্ড লোডার
front-end loader

বাকেট
bucket

হুইল ট্রাক্টর
wheel tractor

লিফট আর্ম
lift arm

ডিজেল ইঞ্জিন
diesel engine

পিছনের বাকেট
backward bucket

বাকেট হিঞ্জ পিন
bucket hinge pin

ব্যাক হু
back-hoe

বুলডোজার
bulldozer

এয়ার ফিল্টার
air filter

ডিজেল ইঞ্জিন
diesel engine

একজাস্ট পাইপ
exhaust pipe

ক্যাব
cab

ব্লেইড লিফট সিলিন্ডার
blade lift cylinder

ব্লেইড
blade

ব্লেইড
blade

ক্রলার ট্রাক্টর
crawler tractor

কাটিং এজ
cutting edge

ফ্রেইম পুশ
frame push

ট্রাক
track

রিপারের দাঁত
ripper tooth

রিপার
ripper

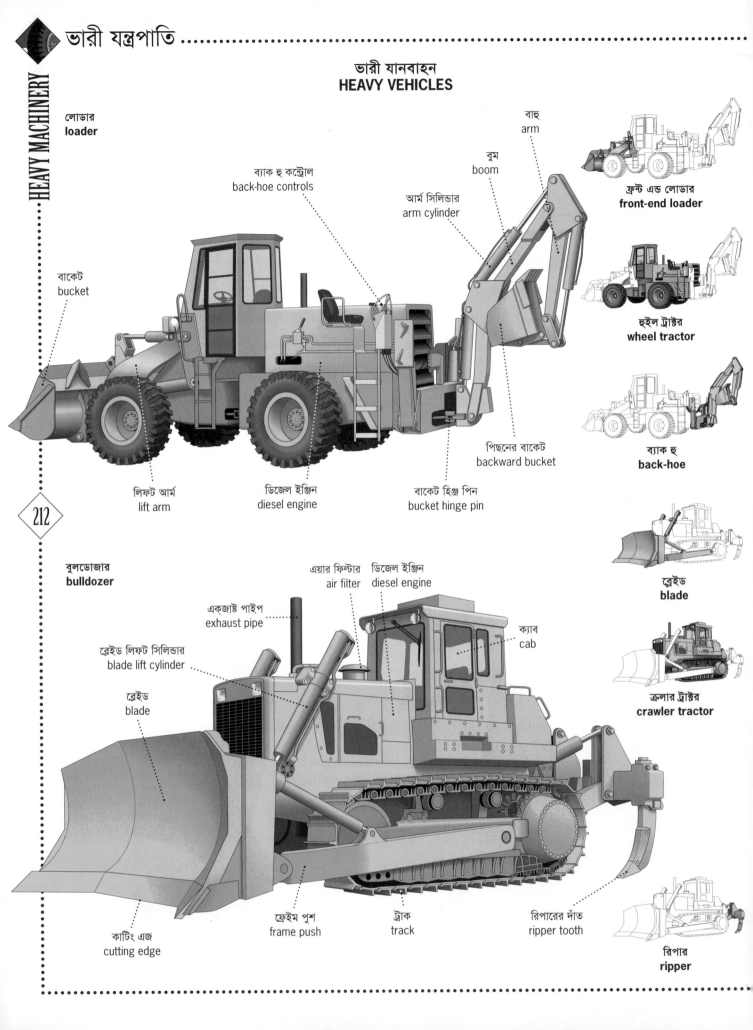

ডাম্প ট্রাক
dump truck

শামিয়ানা
canopy

ডাম্প বডি
dump body

রিব
rib

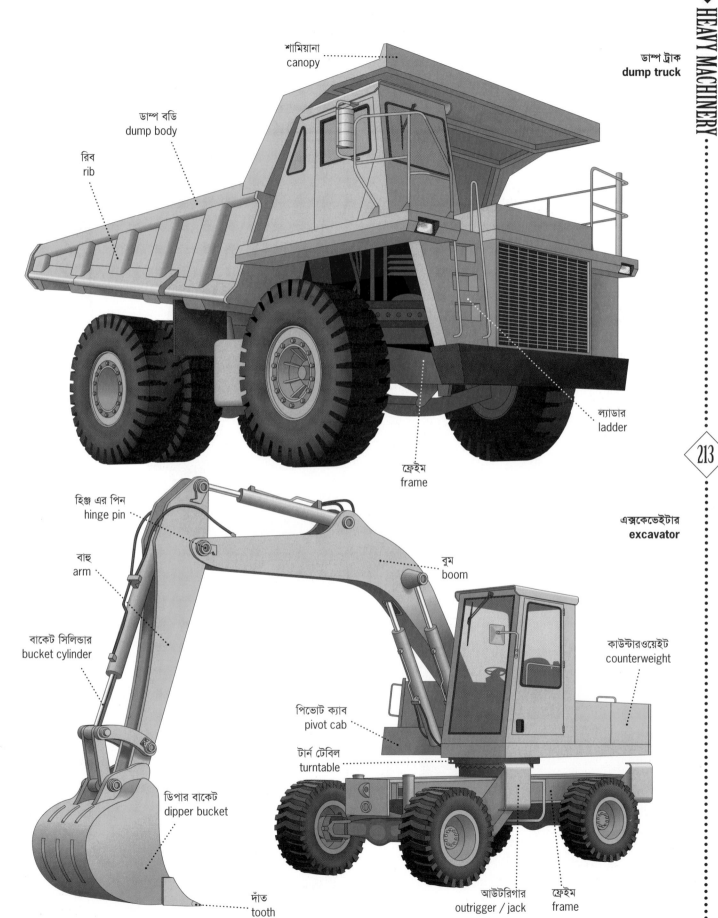

ল্যাডার
ladder

ফ্রেইম
frame

এক্সকেভেইটার
excavator

হিঞ্জ এর পিন
hinge pin

বাহু
arm

বুম
boom

বাকেট সিলিন্ডার
bucket cylinder

কাউন্টারওয়েইট
counterweight

পিভোট ক্যাব
pivot cab

টার্ন টেবিল
turntable

ডিপার বাকেট
dipper bucket

দাঁত
tooth

আউটরিগার
outrigger / jack

ফ্রেইম
frame

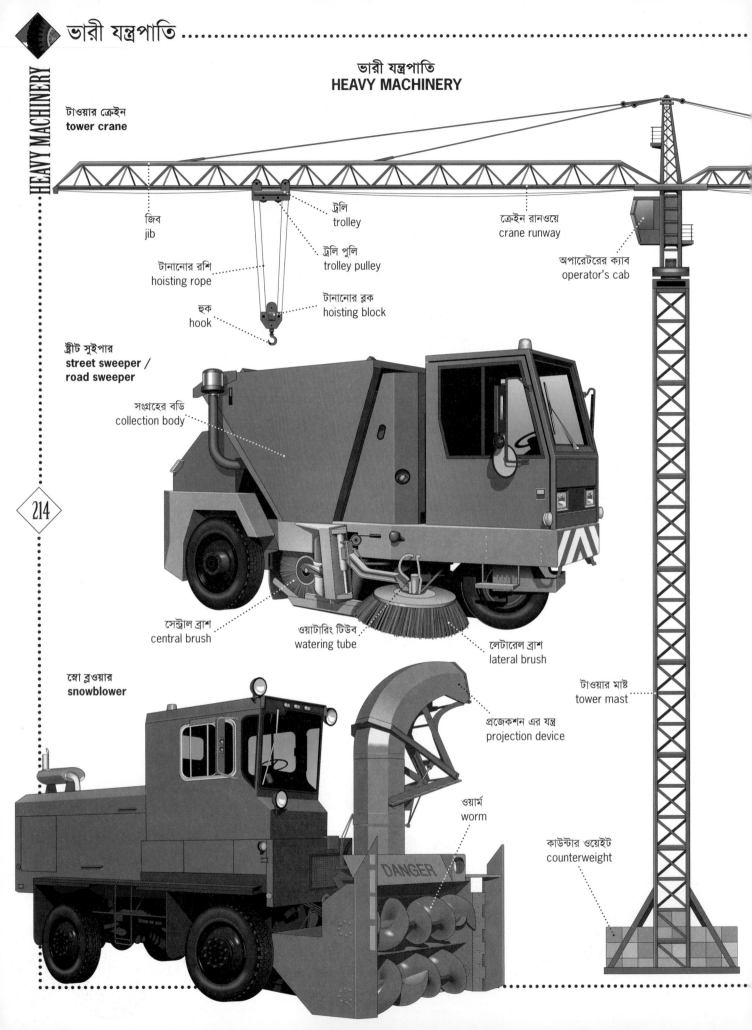

ভারী যন্ত্রপাতি
HEAVY MACHINERY

টাওয়ার ক্রেইন
tower crane
জিব
jib
ট্রলি
trolley
ক্রেইন রানওয়ে
crane runway
ট্রলি পুলি
trolley pulley
টানানোর রশি
hoisting rope
অপারেটরের ক্যাব
operator's cab
হুক
hook
টানানোর ব্লক
hoisting block
স্ট্রীট সুইপার
street sweeper / road sweeper
সংগ্রহের বডি
collection body
সেন্ট্রাল ব্রাশ
central brush
ওয়াটারিং টিউব
watering tube
লেটারেল ব্রাশ
lateral brush
স্নো ব্লওয়ার
snowblower
টাওয়ার মাষ্ট
tower mast
প্রজেকশন এর যন্ত্র
projection device
ওয়ার্ম
worm
কাউন্টার ওয়েইট
counterweight
DANGER

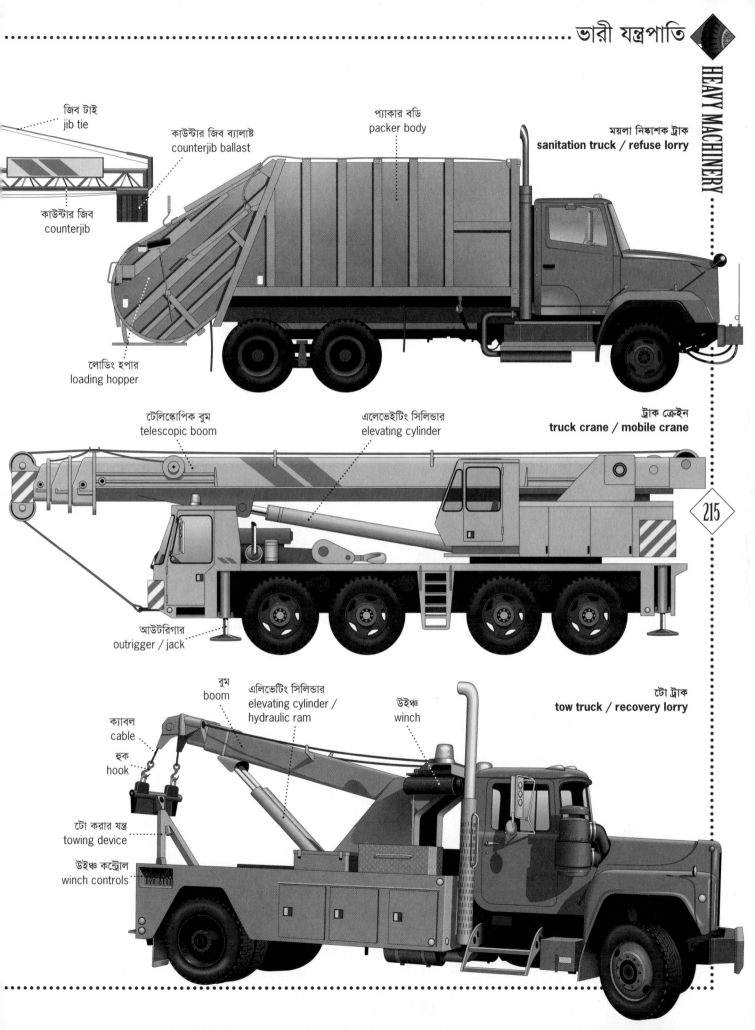

জিব টাই
jib tie

কাউন্টার জিব ব্যালাষ্ট
counterjib ballast

প্যাকার বডি
packer body

ময়লা নিষ্কাশক ট্রাক
sanitation truck / refuse lorry

কাউন্টার জিব
counterjib

লোডিং হপার
loading hopper

টেলিস্কোপিক বুম
telescopic boom

এলেভেইটিং সিলিন্ডার
elevating cylinder

ট্রাক ক্রেইন
truck crane / mobile crane

আউটরিগার
outrigger / jack

বুম
boom

এলিভেটিং সিলিন্ডার
elevating cylinder /
hydraulic ram

উইঞ্চ
winch

টো ট্রাক
tow truck / recovery lorry

ক্যাবল
cable

হুক
hook

টো করার যন্ত্র
towing device

উইঞ্চ কন্ট্রোল
winch controls

215

সাধারণ সংকেতসমূহ
COMMON SYMBOLS

মহিলাদের বিশ্রামকক্ষ
women's rest room / women's toilet

পুরুষদের বিশ্রামকক্ষ
men's rest room / men's toilet

হুইলচেয়ারের প্রবেশ
wheelchair access

হাসপাতাল
hospital

টেলিফোন
telephone

ধূমপান নিষেধ
no smoking

ক্যাম্প করার স্থান
camping (tent)

ক্যাম্প করা নিষিদ্ধ
camping prohibited

রাস্তার মিলনস্থলে থামুন
stop at intersection

নিরাপত্তামূলক সংকেতসমূহ
SAFETY SYMBOLS

ক্ষয়কর পদার্থ
corrosive

বৈদ্যুতিক ঝুঁকি
electrical hazard

বিস্ফোরক
explosive

দাহ্য পদার্থ
flammable

তেজস্ক্রিয়
radioactive

বিষাক্ত
poisonous

রক্ষা ব্যবস্থা
PROTECTION

চোখের রক্ষা ব্যবস্থা
eye protection

কানের রক্ষা ব্যবস্থা
ear protection

মাথার রক্ষা ব্যবস্থা
head protection

হাতের রক্ষা ব্যবস্থা
hand protection

পায়ের রক্ষা ব্যবস্থা
foot protection

শ্বাস প্রশ্বাসের রক্ষা ব্যবস্থা
respiratory system protection

217

The terms in **bold type** correspond to an illustration; those in CAPITALS indicate a title.

The terms in **bold type** correspond to an illustration; those in CAPITALS indicate a title.

The terms in **bold type** correspond to an illustration; those in CAPITALS indicate a title.

The terms in **bold type** correspond to an illustration; those in CAPITALS indicate a title.

E

F

The terms in **bold type** correspond to an illustration; those in CAPITALS indicate a title.

The terms in **bold type** correspond to an illustration; those in CAPITALS indicate a title.

H

I

The terms in **bold type** correspond to an illustration; those in CAPITALS indicate a title.

J

K

L

The terms in **bold type** correspond to an illustration; those in CAPITALS indicate a title.

The terms in **bold type** correspond to an illustration; those in CAPITALS indicate a title.

The terms in **bold type** correspond to an illustration; those in CAPITALS indicate a title.

The terms in **bold type** correspond to an illustration; those in CAPITALS indicate a title.

The terms in **bold type** correspond to an illustration; those in CAPITALS indicate a title.

The terms in **bold type** correspond to an illustration; those in CAPITALS indicate a title.

229

The terms in **bold type** correspond to an illustration; those in CAPITALS indicate a title.

U

The terms in **bold type** correspond to an illustration; those in CAPITALS indicate a title.

The terms in **bold type** correspond to an illustration; those in CAPITALS indicate a title.